短论新见说旅游

——旅游经济发展多维探索

厉新建 等著

旅游教育出版社
·北京·

责任编辑：刘彦会

图书在版编目(CIP)数据

短论新见说旅游：旅游经济发展多维探索／厉新建等著. -- 北京：旅游教育出版社，2017.4
 ISBN 978-7-5637-3550-1

Ⅰ.①短… Ⅱ.①厉… Ⅲ.①旅游经济—文集 Ⅳ.①F59-53

中国版本图书馆 CIP 数据核字（2017）第 069059 号

短论新见说旅游——旅游经济发展多维探索
厉新建　等著

出版单位	旅游教育出版社
地　　址	北京市朝阳区定福庄南里 1 号
邮　　编	100024
发行电话	(010)65778403 65728372 65767462(传真)
本社网址	www.tepcb.com
E-mail	tepfx@163.com
排版单位	北京旅教文化传播有限公司
印刷单位	北京柏力行彩印有限公司
经销单位	新华书店
开　　本	787 毫米×1092 毫米　1/16
印　　张	15
字　　数	250 千字
版　　次	2017 年 4 月第 1 版
印　　次	2017 年 4 月第 1 次印刷
定　　价	59.00 元

（图书如有装订差错请与发行部联系）

前　言

2013年以来，行政事务渐多。杂事扰心，就难以静心细细思考、研究问题，不敢再长篇大论、洋洋洒洒地写论文"自我陶醉"。但终因身在校园，不敢丢了本分，不敢荒废了手中的笔。因此，在教学和行政工作之余，边走、边看、边想、边记，陆陆续续地形成了一些文字。尽管所得未敢称治学，但因为花了心力，故而多数还是可以作为一孔之见。这其中，有些文章还得到同行的认可和业界的赞许，有些文章尽管所思尚浅，但自忖或可为未来研究和实践发展的方向。故遂将这些文字归为"宏观评论""入境分析""地方建言""热点关注""研究回望"等，并集而成书，以"短论新见说旅游"而名之，作为对我国旅游经济发展探索的一个侧写。

这些文字之所以能够得以呈现，要特别感谢中国旅游报的龚立仁老师、中国旅游舆情传播智库的班若川老师、中国青年报旅游版主编姜蕾老师。正是龚立仁老师的屡次热情邀请，才使得我能够时常就"十三五旅游规划""全域旅游发展""旅游就业和创业""旅游投资与消费"等事关我国旅游业发展的宏观问题进行有针对性的思考，这构成了"宏观评论"的主体内容。因为班若川老师的邀请，使得我在美国访学期间，得以充分利用相对安静、自由的环境，专门针对中国旅游舆情传播智库的调研报告就我国入境旅游市场问题进行系列性的分析。入境旅游市场一直是我国旅游经济发展的重点，近些年也碰到了些问题，能结合鲜活的调研数据进行研究是很有益的学术经历。姜蕾老师一直鼓励我发表一些日常的学术观点和思考，关于"'十三五'旅游发展重点和保障""旅游扶贫工作深化""旅游主体功能区"等领域的文字都是通过中国青年报这个国家级平台传播的。

在这本书中，尽管文章都比较短，但在这些简短的文章中还是融合了一些对我国旅游经济较长一段时间的思考和基于这些思考后的发现。这其中"非对称性过境免签网络""旅游业价值再发现""旅游资源差别化管理""旅游发展的平台经济思维""国家休闲区体系和国民休闲旅游度假体系""概念打造与产品支撑""观景道的距离感知""在线声誉机制""旅游选择悖论与信息过滤机制""非物化吸引物的资源所有权""微旅游市场""文化自信、他信和自省""旅游警察制"等方面可算是具有较强理论和现实意义的探索,尽管探索的尽头可能并没有出口。

最后要感谢旅游教育出版社编辑刘彦会细致的修订和时间上的极度宽容,让文字的整体呈现效果大为改善;亦要感谢北京第二外国语学院"专业建设—专业综合改革—旅游管理课程建设"项目的经费支持,最终使得这些短论得以成书出版。

凡是为学、治学,总是力求能够出新,但实属能力所限,难免疏漏,还望读者诸君多加指教。

厉新建

2017 年 2 月 24 日

目 录

第一篇 宏观评论

改革再出发、发展再深化 …… 3
"十三五"旅游发展：问题与思路 …… 7
"十三五"旅游发展：重点任务和保障措施 …… 12
全域旅游战略的改革意义 …… 16
立足全局、战略谋划"一带一路"旅游发展 …… 20
沿"一带一路"推进对外旅游投资的战略意义 …… 22
加快布局"一带一路"沿线旅游投资 …… 25
坚定有效地推进旅游投资与消费发展 …… 28
全面理解　动态推进　有效落实 …… 31
旅游投资大有可为、可有大为 …… 35
简化公民出境手续　彰显国家自信 …… 37
让中韩民众互访像邻居串门一样 …… 39
正确认识旅游就业和旅游教育中的问题 …… 41
旅游专业人才培养任重道远 …… 44
高度重视年轻人的旅游创业 …… 46
深化推进旅游扶贫工作的四点思考 …… 48
走出"门票经济"困局 …… 51

第二篇 入境分析

科学求真、扎实有效地推动美国旅华市场增长 …… 57

立足长远　抓好英国旅华市场 ………………………………………… 62
把握新情况，推进德国旅华市场新发展 …………………………………… 66
重视法国来华旅游地位 ………………………………………………………… 70
打好组合拳，促进澳大利亚旅华市场新常态下新增长 …………………… 73
开发意大利入境旅游市场的可行之策 ……………………………………… 77
加强旅游宣传与推广，培养及拓宽西班牙旅华市场 ……………………… 81
直面不足，深度开发俄罗斯旅华市场 ……………………………………… 84
推动新加坡旅华市场止跌企稳再增长 ……………………………………… 89
四步曲助推越南旅华市场持续发展 ………………………………………… 93
抓好促进印度旅华市场的战略重点 ………………………………………… 97
影响香港往内地旅行的主要因素分析 ……………………………………… 101
系统视角探究我国入境旅游发展 …………………………………………… 104

第三篇　地方建言

把握旅游消费新常态，开创旅游增长新局面 ……………………………… 111
旅游主体功能区发展建议
　　——以北京大栅栏为例 ……………………………………………… 116
破除旅游制约因素，推动我国新型城镇化 ………………………………… 121
构建北京旅游立体培训体系 ………………………………………………… 124
对苏州入境旅游市场营销的几点看法 ……………………………………… 129
东营全域旅游发展 …………………………………………………………… 134
三清山旅游发展：超越与回归 ……………………………………………… 141
横店影视城的发展经验 ……………………………………………………… 144
旅游开发十点思考：以德钦为例 …………………………………………… 147

第四篇　热点关注

网络舆情呼唤旅游在线声誉评价机制 ……………………………………… 155
大众旅游时代的在线旅游 …………………………………………………… 159

共享经济:温暖的当下与长远的未来 ………………………………… 163
旅游智库建设的二元融合之路 …………………………………… 167
旅游法若干解读 …………………………………………………… 170
创新五问 …………………………………………………………… 174
学习、忠诚与信任
　　——关于执行力的故事 ………………………………………… 177
新常态下的旅游业新发展
　　——国务院 31 号文件学习笔记 ……………………………… 180
如何看待中国企业跨国旅游投资 ………………………………… 189

第五篇　研究回望

发展旅游经济的几个关键问题 …………………………………… 203
文化旅游、旅游凝视及其他 ……………………………………… 206
谈谈旅游安全与旅游警察 ………………………………………… 210
假日经济现象的理论透视 ………………………………………… 214
关于创造未来文化遗产之灵山宣言 ……………………………… 224
关于休闲城市国际论坛之成都宣言 ……………………………… 226
"中国服务"发展论坛之泰山宣言 ………………………………… 228
国际旅游度假目的地舟山宣言 …………………………………… 230

第一篇　宏观评论

改革再出发、发展再深化

在"十二五"收官之年,"旅游+"、厕所革命、投资与消费新政、资本并购等诸多旅游领域内的各项举措充实了2015年中国旅游业发展的大格局,也为"十三五"期间的发展奠定了良好的基础。缓缓开启2016年的大幕后,将要上演的是一场以"创新、协调、绿色、开放、共享"为核心理念的旅游领域改革发展大戏。在新的一年,我们期待着旅游发展的措施再深化、空间再拓展以及价值再发现。

一、供给侧发力

"供给侧改革"高频次出现,不断进入人们的视野,其根本在于调整供给相关的要素,包括劳动力、土地、资本、制度等。在这些要素改革领域,旅游业都可以发挥自身独特作用。尽管我们无法判断旅游是否可以像改革开放之初领风气之先,但完全可以预见旅游将成为供给侧改革的重要领域。因为劳动力优化配置的重要出路在于推动服务业发展,而旅游业显然是服务业领域最闪亮的"星星",旅游业已经成为"大众创业、万众创新"的主战场。加快进入生活性服务业领域是提升资本配置效率的重要选项,而"大力发展旅游业"是改善民生、提高幸福感最重要的路径,我们完全有理由相信2016年将会有更多的资本进入旅游业,也将有更多的旅游类企业登陆新三板等资本市场。当然我们也要预防借刺激之名制造新的无效供给,形成新的泡沫。

供给侧改革的重点之一是充分利用共享经济模式推动房地产的去库存化以及其他过剩资产的充分利用。共享经济的重要特征就是强调使用权而非所有权。这恰恰是旅游消费最根本的特征之一。旅游消费所需要的就是在异空间消费时特定时段的使用权而非所有权的转移。没有旺盛的旅游消费需求,恐怕共享经济模式的蓬勃发展将少了充沛的需求侧支撑。旅游消费需求的高涨将在2016年以及更久远的未来,为我国的供给侧改革提供重要的需求侧保证。在2016年伊始,我们完全可以期待一个富有战略意义的旅游化时代的到来。

二、综改再提速

供给侧改革包含着制度层面的创新。在2016年旅游领域制度创新的方面最值得期待的是旅游综合改革的再提速。

第一,国家旅游局已经在2015年启动了国家级旅游业改革创新区和全域旅游示范区这两项具有全局带动作用的改革举措。相较于国家旅游局之前推动的国家旅游综合改革试验区工作,在改革的内容、制度的创新等方面显然都有很多新的突破,在集聚各方力量融合发展和梳理发展成果与民共享等方面也更加务实、更加可行。

第二,如同其他领域一样,原有的土地政策一直是影响旅游业转型升级、制约旅游业更快更好发展的核心,《关于支持旅游业发展用地政策的意见》的施行将为"十三五"期间旅游业新发展开辟出新路,旅游业也有望为我国棕地治理、扶贫减困、老区发展等探索出全新的用地政策改革新方向。

第三,随着境外各旅游目的地不断推出针对中国游客的便利化政策措施,2016年出境旅游市场仍将持续快速增长。出境旅游大发展是人民生活水平显著提高的自然结果,但也涉及国内市场供给能力明显不足、市场秩序存在明显缺陷以及国内旅游的挤出效应、服务质量亟待提高等诸多问题。相信2016年国家旅游局会协同相关部门,在丰富有效旅游供给的制度建构与完善方面有更具针对性的政策。我们或许不仅可以期待72小时免签政策将逐步向144小时过境免签政策突破,通过时间的延长来增加对入境旅游的吸引力;我们还可以期待已经实施了过境免签政策的城市目的地之间能够形成网络化,通过进出非对称的过境免签政策来发挥政策的区域性带动作用,深化过境免签政策对入境旅游的进一步吸引力,最大程度上推动入境旅游市场的回暖。当然,在2016年伊始,我们完全可以期待,通过旅游综合改革再提速,在即将召开的世界旅游发展大会上,全世界都将惊奇于中国旅游的实力、魅力和潜力。

三、发展再深化

第一,企业始终是中国旅游业发展不可或缺的中坚力量。在过去的2015年,旅游领域的国有企业舞动资本大旗,收购了诸多民营资本品牌,壮大了旗下品牌数量,提升了在企业排行榜上的地位。但是相较于数量的扩张,并购的"消化"、质量的提升和体制的变革显得更为重要。从这个角度看,如果要呼应中共十八届五中全会的开放发展理念,就要在国有企业体制内引入民间资本,形成混合所有制,激活国有旅游企业适应市场经济的能力。在引进外部资本、战略投资、构建混合所有制的过程中,还要处理好国有资产不流失、民间资本有发言权等诸多现实问题,因此2016年会是旅游类国有企业进行混合所有制深入探索的一年。

第二,扶贫减困一直是旅游发展的重要功能,"十三五"期间,旅游扶贫将更是承担17%的减贫任务。为此,需要在坚持以往行之有效的旅游扶贫经验的基础上,继续探索旅游扶贫减困新道路。如何让旅游规划扶贫不沦为规划编制单位的形象工程、如何发挥土地在旅游扶贫中的积极作用、如何让艺术走进旅游扶贫村落的旅游生活、如何构建旅游扶贫成为长效化机制、如何探索从发展旅游脱贫到发展旅游奔小康的目标转变,等等,都需要在2016年开始逐步解答。

第三,红色旅游发展在精神弘扬、老区发展等方面都发挥了积极作用,但是否需要在红色教育之余注入新鲜的发展理念?是否需要在红色旅游发展的新战略、新方向、新形象方面作出更多的思考?需不需要根据国内外市场需求的变化,对红色旅游发展的核心元素进行重新梳理?对于红色旅游发展中的红色经典是否需要探索一种现代表达,以适应现代年轻人的消费方式?红色旅游国际化发展是否需要采取体系借鉴、比照解读的方式?红色旅游是否应该建立独特的品牌体系?这些都需要在2016年开始的红色旅游第三期发展中予以回答。

第四,乡村旅游已经成为中国旅游业不可忽视的一部分,但乡村旅游的农家乐化、民宿化发展应该不是乡村旅游的唯一方向。乡村旅游应该如何寻找、展示自身差异化的价值?应该如何深耕乡村旅游的乡愁内涵?应该如何解读乡村在现代都市人生活中的意义?应该如何理解乡村旅游发展中的乡村文化角色?应该如何重构吸引精英人士回流到乡村的机制和政策基础?应该如何让乡村的发展不只停留在历史的基石上,而是再融入现代的基因?在2016年出发的时候,我们需要有一个扎实的回答。

四、价值再发现

任何产业的发展都是基于市场的价值发现,一个没有发展前景、没有进入价值的产业,无法取得可持续的发展。可喜的是,最近几年来,旅游业的价值正在被重新发现和认识,这不仅体现在国家层面对于旅游之于刺激消费、改善民生、带动就业等诸多方面的战略性价值的认可,也在于投资者对旅游的商业性价值和成长性空间的重新认识。旅游业已经成为互联网创业最重要、最活跃的领域之一,很多之前没有进入旅游领域的资本也在加快进入旅游业,这其中尤其是房地产企业转型进入旅游景区、旅游度假区领域的案例引人关注。在接下来的发展中,旅游资源控制作为涉旅企业发展的核心竞争力的价值将进一步受到重视。相应地,旅游景区评定新标准必将受到各利益相关主体的高度重视。

旅游业价值再发现还包括原来曾经一度被忽略的企业类型重新被重视。比如随着OTA的兴起,线下旅行社曾经一度受到忽视,但现在很多线上旅行服务机构在积极进行线下发展,也收购了很多线下旅行社。随着旅游者对服务要求的逐步提高,线上旅行服务机构意识到线下质量保障能力建设的重要性,会有越来越多的线下旅行社的价值被重新发现,也会有越来越多的线下旅行社成为资本市场追逐并购的对象。自然,旅游业价值的再发现也就包括了旅游业发展从价格竞争向服务优化的回归,旅游经营将重新发现服务的价值,这也是国家旅游局加强市场秩序治理的重要出发点。

旅游业价值的再发现还包括从资本市场的视角对旅游企业价值的再判断，因此我们也可以预期在不久的将来将会出现专门的旅游并购基金，加快对处于价值洼地的旅游资产进行快速、强势的并购，并推动这些旅游资产的增值发展。此外，供给侧改革也意味着旅游业还有很多有效供给需要充实补足，需要产生很多新业态来应对市场新需求，但同时也需要注意别让增量旅游资产成为无效的存量。所以旅游业价值的再发现还包括对于那些还没有发现有效盈利模式的新业态领域的继续探索。这包括对国家大力倡导的房车营地、露营地等新兴业态的价值再发现。在参考学习国外先进经验的同时，一定不能脱离中国特色的土壤，一旦离开了中国旅游市场的现实情况，很有可能在供给侧改革的大潮中产生出新的供给泡沫。

2016年，"十三五"规划开局、世界旅游发展大会召开、长征胜利80周年、中美旅游年举办等一系列影响旅游发展的大事将要发生，我们希望能够通过旅游综合改革再提速、旅游发展再深化、旅游价值再发现，使旅游业在改革再深化中成为践行"供给侧改革"大战略中表现最突出的排头兵，为中国经济社会再发展做出应有的贡献！

(2016年1月4日，中国旅游报，特约评论员文章，"旅游业应做供给侧改革的排头兵")

"十三五"旅游发展:问题与思路

一、定位问题

"十三五"期间要实施二维定位,产业的归产业,事业的归事业。

经过三十多年的发展,把旅游事业作成了旅游产业,在社会经济发展中发挥了重要作用。在市场经济发展大潮中,旅游产业还需要大力发展,充分发挥其在促进消费、投资等方面的积极作用。但是,小康社会目标的实现以及更长远的百年发展目标的实现,需要我们在发展旅游的过程中适度回归、积极强调旅游的事业性。这既是社会发展的必然,也是在未来很长一段时间内提升旅游业社会地位的主要路径。产业是事业发展的必然结果,而不是催生出来的。

实际上,我们在《中华人民共和国旅游法》中能够发现,除了规定制定旅游法的目的的第一条和旅游法约束范围的第二条,紧接着的第三条就是"国家发展旅游事业,完善旅游公共服务"。相信把这一条放在这个位置上是有其独特的意义和深邃的考虑的。但可惜的是,在《中华人民共和国旅游法》的各种解读中,对如此重要的第三条似乎都没有给予应有的重视。

在"十三五"旅游发展规划中要突出旅游公共服务体系建设的篇幅,这其中包括自驾车旅游公共服务体系、与旅游目的地发展阶段相适应的旅游问询服务体系、能够满足自由行需要的无缝链接交通服务等;需要突出重视发展旅游对于年轻人素质提升和人格完善的积极作用,积极谋划和布局与此相关的旅游设施、服务、产品的扶持与建设任务;需要突出旅游发展与全民小康之间的关系,要区分因小康而旅游、以旅游示小康、展旅游之小康三者之间的差异,在初步小康型旅游大国到全面小康型旅游大国再到初步富裕型旅游强国的转变过程中,明确温饱型旅游与小康型旅游之间的差异。目前有太多的旅游消费只是温饱型的旅游而没有达到小康型的旅游之程度。

为此,除了常规所涉及的旅游公共服务设施规划与发展外,需要结合已经提出的研学旅游发展构想,从土地政策、税收政策、公益组织培育或商业组织的公益行动等多个层面,加强夏令营体系、青年旅舍体系、背包客栈体系等方面的发展政策支撑体系的设计;需要立足更加亲民的价格、更加开放的空间、更加自主的体验,加快构建国家公园体系、国家休闲区体系、国家度假区体系等相关供给体系;需要将休闲/旅游公共设施建设与彩票公益金的使用结合起来,规定使用相应比例的彩票公益金建设休闲/旅游有关的公共服务设施,尤其是面向青少年夏令营/冬令营等户外休闲/旅游活动需要的相关设施。

二、权威性问题

这主要是要解决"十三五"旅游发展规划发布主体的问题,争取通过国务院旅游工作部际联席会议来通过并发布。

以往的旅游发展五年规划对于全国旅游发展产生了积极的作用与影响,但客观上这些五年规划的落实效果还是有很大的提升空间的。其中原因很多,有两个方面值得重视,一方面是因为以往的旅游发展五年规划存在越位嫌疑,不仅规划涉及内容庞杂,更重要的是规划文本还掺杂了不少本来应该由市场自身解决的内容,但市场未必听政府的,政府的规划自然容易沦为一纸空文。另一方面是由规划权威性与规划覆盖面之间的非耦合性关系所致。旅游业突出的综合带动作用其实也可以理解为旅游业对其他行业的多重依赖性,但显然其他行业成为旅游发展的掣肘的时候,旅游行政主管部门的五年发展规划显然无法调动其他行业的发展建设,旅游规划的权威性受制于旅游规划部门的权威性。全国性旅游规划的实施有赖于与各省市旅游规划的衔接,但由于全国旅游规划的施动者和受动者之间不具有行政隶属规范关系,行政权威在全国旅游发展规划的贯彻落实过程中显然无法发挥作用,旅游发展五年规划流产的概率会大大提高。

这些现象与问题完全有可能随着 2014 年 9 月成立的国务院旅游工作部际联席会议制度的出台而发生根本性的变化。如果"十三五"旅游发展规划能够由部际联席会议来通过并发布的话,其权威性以及执行的保障性将会有极大的提升。

三、理念问题

(1)战略规划与规划战略。"十三五"旅游发展规划是面向 2020 年全面建成小康社会以及 2049 年建成富强民主文明和谐的社会主义现代化国家的规划,因此实际上是围绕未来五年和 35 年的国家战略来制定旅游发展规划,而不是简单地制定旅游发展的战略。这两者是有着根本的区别的,前者是"跳出旅游看旅游"的思路,后者则是"就旅游论旅游"的思路。在"十三五"旅游发展规划制定过程中,可以通过"旅游+"的方式来突破以往旅游发展过程的障碍,比如在长江经济带等大战略基础上规划旅游发展路径,有可能通过区域社会经济一体化来带动旅游区域一体化合作的步伐;通过"旅游+"来融合其他产业,为其他产业带去新的消费能力,在拓展其他产业的市场空间和发展动力的过程中提升旅游业的地位。

（2）大国旅游与旅游大国。无论是国内旅游还是出境旅游，中国都堪称大国，但细究下来，更准确的提法恐怕不是旅游大国，而是大国旅游。这主要体现在中国的旅游市场需求庞大，旅游出游人口增长迅速。但是在大国旅游阶段，推动旅游供给面增长的并不一定是企业自身的能力。这就像是一个孩子长了个儿，但还依然是个孩子一样，中国还很难在这个阶段真正成为世界旅游大国，真正的世界旅游大国应该是具有结构优化作为基础、有庞大产业规模的旅游国家。未来建设世界旅游强国的目标，不仅在于旅游产业规模、旅游市场规模，更主要的应该表现为产业自信、市场开放、体验满意、产业融通、旅行自由、无缝服务（公共服务设施）、环境优良。

同时也表现为具有真正自生发展能力的大型甚至巨型旅游或涉旅企业集团，同时应该具有铺天盖地的有着旺盛生命力、扎实承接旅游服务需求、确切带动旅游就业的中小旅游企业。顶天立地的大企业与铺天盖地的小企业都是建设世界旅游强国所需要的。当然，小企业需要互联网技术来衔接需求与供给，在"十三五"规划中需要加强对中小旅游企业互联网方面的支持，如果能够争取平台型大企业对这些中小旅游企业进行有效整合，那么传统意义上的"小散弱差"就未必是取缔、取代的对象，在整合与提升中，"小散弱差"旅游企业将能够焕发出新的生机，成为有效应对分散性、个性化旅游需求的重要力量。同时要出台政策引导巨无霸型涉旅企业真正从创新基因、学习能力等方面不断提高自身实力，处理好自主发展和外部购买之间的关系。现在很多企业热衷于通过国际并购迅速壮大规模、提升"国际地位"，但急速的并购埋下了很多隐患（包括标的评估、后续整合、能力置换、品牌转移等）。

（3）点线旅游与全域旅游。点轴理论在区域旅游发展过程中依然适用，但在中小尺度空间内的旅游发展需要将"点"进一步拓展到"面"，这符合旅游消费转型升级的大方向。未来旅游消费的休闲化、度假化发展需要从"面"上更全方位的满足，全域旅游的发展就成了旅游发展的必然要求。当然，全域旅游并不是有些人理解的全面开花，更不是"村村点火、户户冒烟"的模式。全域旅游主要还是一种发展理念，强调的是各行各业积极融入其中、各级部门齐抓共管、全体居民共同参与、各类要素全面利用的发展模式，突出体现居民与游客共享，着力提供全过程、全时空、全方位的旅游体验。团队游时代的旅游体验质量可以通过节点的管控来加以控制和保障，而散客化时代由于游客的行动空间的分散性，极大地加大了旅游体验质量的保障难度。散客化发展潮流所推动的全域化旅游发展，要求旅游行政管理体制及时调整与创新。一方面旅游领域的政府主导应该更多地突出旅游目的地公共服务体系的建设；另一方面，则需要及时调整旅游行政管理体制的规格，以强化对公共资源的调控能力，通过资源协调、服务对接等具体措施来保证全域旅游理念的落地。目前各地积极推进的旅游发展委员会模式是一种可行的模式，有些地方的旅游发展委员会在具体设立过程中，参照了国务院旅游工作部际联席会议制度的模式进行了领导的高配，比如有些县一级的旅游发展委员会由县长任旅游委书记，由县委常委任旅游委主任，从而显著地提高了旅游委的协调能力,有力地推动了全域旅游的发展。

(4)入境疲软与出境强劲。入境疲软与出境强劲相互关联,可能源于同样的原因。入境旅游发展疲软并不是因为中国没有优质的资源,而是因为依托这些优质资源所形成的旅游产品往往是孤立的,缺乏优良的旅游产品生态群落以及优良的旅游产业生态群落和旅游体验生态群落作为支撑和依托。一定程度上可以说,我国的入境旅游发展还没有脱离传统上入境旅游孤岛型发展的思路和理念(以前我国入境旅游是自成体系的封闭式运行),新时期生态圈发展理念尚未形成。如果有好资源却没好空气环境作为背景、有好产品却没有即时分享的技术环境(这显然不符合入境旅游的年轻人群体),那显然是不利于入境旅游发展的。要明确的是,当前入境旅游发展的目的并不是创汇,而是通过吸引更多境外游客入境旅游,可以让外部世界了解中国、理解中国。

入境游促销经费额度也需要进一步提高,从经费来源保障角度看,除了目前国家旅游发展基金外,可以考虑从入境签证费中按照一定比例划转给旅游部门用于对外促销宣传。

入境签证体系也需进一步提高便利化程度,完善或施行签证服务中心、网上电子签证等服务,逐步施行有条件的旅游免签证制度,破除入境自由行发展的签证障碍,继续推进入境团队旅游市场的发展。突破现行免签政策有关"单点进出"的规定,充分利用高铁等城市间高速交通网络所产生的"时空收缩效应",在72小时免签城市网络中实现自由进出。在总结72小时免签政策施行的经验基础上,优先在北京、上海等商务旅行和自由行市场规模较大的城市优先推行免签证制度,在入境团队游客规模较大的中西部地区推行团队入境免签证制度试点;在国家旅游综合改革试点地区以及转型升级重点地区优先推行规定时限内的旅游免签证制度。

(5)初级化"旅游+"与高级化"旅游+"。"旅游+"不仅是"旅游产业+",更是"旅游消费+"。如果从这个扩展意义上去看,"旅游+"实际上是源于对社会文明演进的规律性的观察。从大的阶段上粗略地看,人类社会发展变迁大致是这样的:游牧社会是移动生产方式、移动生活方式重叠;农业社会是定居生产方式、定居生活方式重叠;进入工业社会,定居生产方式、移动生活方式开始游离、延伸,人们可以离开常住地,短时间、近距离为主;到发达工业化和后工业社会,则是定居生产方式、移动生活方式更频繁分离,人们可以走得更遥远、更自由,甚至重新开始了生活方式、生产方式的双重移动性,人类进入"追求高生活质量的社会阶段",仿佛回归到前工业社会,但这是在更高文明程度上的生活追求。

作为一种移动生活方式,旅游就是寻找体验异托邦,是在有限时间内活出无限生命的过程,是在相异空间中观照后体悟自我存在和发展的过程。在异地想起常住地生活是观照自我存在,在异地融入进去则是自我发展的重要方式。这会指导回归常住地之后的自我发展甚至影响更广泛范围的社会发展。

"旅游+"预示着的产业化供给需求以及旅游业对其他产业的带动影响,都可以看成是这种生活方式与生产方式的大规模、趋势化分离后,人类社会在"非惯常环境"下异地化消费的内生要求。异域空间或旅游世界里所有东西都可以构成旅游消费的对象,所以"+"可以不断延伸,但若以产业视角而论,则不然。产业是供给视角的产物,必须要有边界。所以"旅游+"不是简单的"旅游产业+",不是简单地做大旅游规模,而是要立足"在地消费"向"异地消费"变迁的机遇,突出旅游消费对产业发展、社会变革、投资促进的积极作用和巨大潜力。"旅游+"不是从供给从产业,而应从需求从消费者角度来思考,提高旅游消费抽样调查科学性,旅游行政主管部门最大的存在价值也在于为旅游者服务,若亦以产业而计,"旅游+"的价值将极大地大打折扣。当然,为了全面衡量"旅游业+"的积极影响,可以考虑结合国家或各省市投入产出表,编制旅游消费的全产业贡献度。

与"1+2=2+1"不同,"旅游+"与"+旅游"两者有着完全不同的意义。前者强调了旅游的主动性,后者表达的是被动性。对于夕阳产业或产业周期面临下行压力的产业而言,"旅游+"有着巨大的价值空间,旅游消费可以给这些产业带去新的消费市场,甚至改变这些产业的"生命周期";而对于那些旅游发展所依赖的产业而言,则主要是"+旅游"的问题,比如近些年高速交通体系的发展所产生的"时空压缩效应"使得旅游的发展有了更广阔的空间。

应搁置"'旅游+'还是'+旅游'"的争议,以有利于旅游发展,有利于充分发挥旅游在国民经济和社会发展中的积极作用为唯一准绳。同时,需要考虑旅游发展中"-"的问题,"十三五"发展规划要全面而非选择性地看待旅游发展中存在的问题,正如不能只看到高等级旅游景区景点的拥挤而无视其他景区景点艰难生存的现状。旅游供不应求与供过于求同样存在。旅游发展既存在供给创新的需要,也存在"去库存化"的需要,存在着旅游生产能力"去库存化"的需要。"旅游+"是要增加有效的供给,而"旅游-"则是要减少无效供给、不符合现实发展需要的供给。

"旅游+"有初级化的"旅游+"和高级化的"旅游+"。只是表明旅游对其他产业或领域具有影响作用,那是初级化的"旅游+",能够对其他产业或领域产生全面甚至颠覆性的影响时,才是高级化的"旅游+",这才是"旅游+"应该追求的目标。旅游固然有很多突出的作用与价值,但寄予太多希望也可能因为"旅游不能承受之重"而被"压垮"。希望通过"十三五"期间的发展,旅游能够真正被纳入国民经济与社会发展工作的中心。

(2015年10月,《旅游调研》,后被国家旅游局收录在《中国旅游业改革发展研究》一书中,中国旅游出版社,2015.12)

"十三五"旅游发展：重点任务和保障措施

一、重点任务

（一）完善旅游市场开拓手段，推动有质量的旅游总量扩张

重点在于围绕高质量的国际入境市场完善国际旅游目的地营销体系建设，包括改善服务环境、加强品牌建设、突出目的地形象推广；围绕国内高质量旅游体验，形成旅游公共服务体系建设、旅游诚信体系建设、旅游消费能力提升计划等多层次发展规划；围绕低收入人群的旅游权利实现，制订国民福利旅游计划；针对中小学生等特殊群体建立夏令营制度，每年安排专项经费予以支持，同时对中小学生参加夏令营的费用在家庭成员的所得税中进行抵扣，对家庭经济困难的学生参加夏令营进行部分或全额资助。

（二）继续优化旅游业自身结构，积极优化旅游业在国民经济与社会结构中的地位

旅游业自身结构重在推动所有制结构优化，打破旅游业集团化、连锁化发展的制度与政策壁垒，进一步简政放权；积极通过鼓励创业创新，重点在围绕乡村建设、缓解贫困等方面形成更多的创业创新企业，推动旅游业在城乡结构平衡中的突出作用。旅游业在国民经济与社会结构中的地位优化主要在于构建科学客观的旅游统计体系（包括总量统计、投资统计以及增加值统计等），利于摸清家底，有效决策；全面梳理并强化旅游业发展在社会和谐、国际关系、文化交流等方面的作用，打造旅游外交工程、旅游和谐工程、旅游文化交流工程等；从产业结构分类深化的角度引导旅游与幸福感、旅游与增进新知、旅游与社会病治理等方面的创业创新和产品供给升级。

（三）大力推进旅游业与信息化融合发展

重点在于与相关部门合作，推动围绕互联网技术等方面的旅游创业创新；推动形成中国旅游大数据研究中心体系，在全国重点企业、重点旅游科研院所已有建设的基础上，在全国布局若干个旅游大数据重点实验室和省部级旅游大数据研究中心；围绕大数据时代对旅游业发展的新影响，梳理国家旅游局现有的各项规章制度和市场监

管措施,对原有制度和政策进行评估和检讨,以适应"十三五"乃至更长远时期的技术与市场发展需要;加强跨境旅游电子商务业务发展的政策引导与支持,包括境外购买境内旅游相关产品和境内购买境外旅游相关产品的跨境旅游贸易,探索建立旅游电子商务园;立足大数据,对旅游者的体验评价、关注焦点等进行实时跟踪、阶段分析,建立旅游目的地在线声誉评价机制;立足大数据建立旅游流量的监测和预警制度。

(四)抓住重点,扩大旅游业开放,加快边境旅游发展

重点围绕"一带一路"国家战略抓开发开放;走出去、引进来相结合,围绕战略能力重构式和战略能力渐进式这两种不同的对外旅游投资模式,建立中国对外旅游投资服务体系,完善吸引旅游外资的清单和评估引导机制;在边境地区建立旅游经济特区体系,在内地地区评估旅游综合改革试验区,借鉴自贸区经验,探索建立若干个国家级的旅游服务贸易特区;加快面向国内民众的免税店体系建设;以中国出境游市场规模扩张为基础,改善旅游人才培养体系,储备更多高层国际性旅游管理人才,加强国际旅游市场的中国治理,建立新型国际性旅游组织,提高在现有国际性旅游组织中的主导权,构建与中国国际旅游市场地位相适应的国际旅游发展协调与管制能力体系。会同国家统计局等相关部门,尽快建立出境旅行统计框架,力求全面、科学地掌握我国出境旅行的流向、消费、诉求、评价等相关信息,这既是准确了解我国出境旅行消费状况的需要,同时也是国家有关部门就出境旅行者获得更好的目的地服务与有关目的地国家(地区)有效协商的基础。

(五)积极推进旅游资源差别化管理

加强旅游资源差别化管理,平衡高附加值的旅游产品出口和资源型旅游产品的进口,促进可持续发展。从全面建设小康社会目标实现的角度评估中国境内现有资源的旅游接待能力,从全球资源配置的角度评估出境旅游市场发展对中国入境旅游市场质量提升和中国国内旅游需求能力满足的积极作用。在现行旅游资源管理体制基础上探索建立国家休闲区,平衡资源保护和休闲利用之间的关系;向社会公众开放更多的国家公园游憩空间,建立包括国家公园、历史纪念地等多种形态在内的全新国家公园管理模式,完善国家公园体制,突出国家旅游行政主管部门对国家公园的管辖权限;适应高速交通体系发展、自驾车出行潮流的兴起以及我国众多的线性旅游资源,研究建立国家风景廊道体系。

二、保障措施

要立足旅游综合改革手段和机制的构建,落实跨部门协调机制,形成行业部门、综合功能、综合保障的新格局。

（一）优化签证政策等便利化保障

充分利用中国庞大的出境消费能力，通过双方、多方谈判，为中国公民便利的出境旅行争取更多的签证便利；检讨我国目前的签证政策，建立多元化的签证便利体系。探索更便利、多层次、分阶段的签证体系。完善或施行签证服务中心、网上电子签证等服务，逐步施行有条件的旅游免签证制度，破除入境自由行发展的签证障碍，继续推进入境团队旅游市场的发展。在总结72小时免签政策施行经验的基础上，优先在北京、上海等商务旅行和自由行市场规模较大的城市优先推行免签证制度，在入境团队游客规模较大的中西部地区推行团队入境免签证制度试点；在国家旅游综合改革试点地区以及转型升级重点地区优先推行规定时限内的旅游免签证制度。

（二）提高旅游目的地营销的制度保障

签证费用与国家旅游发展基金尤其是旅游目的地营销经费挂钩。远程市场的开发严重依赖航空运力的安排和航空制度的创新，应进一步探索航权开放安排，为旅华市场的产品创新提供扎实的基础。重视休闲度假类国家标准的研发与施行，建设真正国际化的休闲度假环境，全面提升中国入境产品和服务的吸引力。

（三）强化旅游投资负面清单制度和公共服务保障

对于境外来华的旅游投资以及民营旅游领域投资，需要建立以生态环境保护等核心指标在内的旅游投资负面清单制度，实现事前规制和引导；落实差别化旅游投资管理，重点在土地供给、金融支持、财税管理等方面加强引导和保障；对于中国对外的旅游投资，需要科学推进战略性对外旅游投资和金融性对外旅游投资，要通过海外发展基金等金融支持方面的创新，强化市场化、专业化的对外旅游投资，鼓励民营资本的境外旅游投资，限制跟风式、不负责任甚至是资产转移、逃避监管的国企对外旅游投资。完善对外旅游投资聘请法律、税务、财务等专业顾问团队的机制，引导有效利用境外居间投资公司模式推进对外旅游投资。建立对外旅游投资的特色智库。以出境旅行消费带动我国对外旅游及相关领域的投资，树立"中国服务"品牌，推动"中国服务"走向全球。

（四）加强公共基础设施建设，持续改善硬环境

核心在于未来的公共基础设施的建设必须考虑到休闲旅游发展的需要，预留休闲旅游功能。新的公共基础设施投资需要优先考虑主要旅游目的地以及新型旅游形态空间。增拨国家旅游局在旅游公共服务设施建设方面的财政预算。规范旅游市场秩序，优化旅游软环境。用互联网思维来制定旅游市场秩序治理的新制度。

（五）致力于旅游业人才队伍水平提升

除了传统的旅游人才供求关系的平衡发展外，还要在旅游领域设立国家重点实

验室、人文社科重点基地等高层次人才培养机制。国家旅游局要研究与全国哲学社会科学规划办公室、国家自然科学基金委员会办公室的合作,争取设立旅游类专项国家社会科学、国家自然科学基金的评审合作机制。争取将旅游学科建设纳入国家新一期世界一流特色学科建设的总盘子中。

(2015年6月1日,参加国家行政学院 我国"十三五"旅游规划纲要课题委托时发言提纲)
(2016年2月18日,中国青年报,"'十三五'中国旅游业五大重点任务")
(2016年2月25日,中国青年报,"立足构建旅游综合改革手段与机制 打造行业新格局")

全域旅游战略的改革意义

"全域旅游"从地方实践和学术研究转化成全行业的发展战略之后,引起了各方的高度关注和强烈反响。其中对于全域旅游的积极意义的分析以及具体推进过程中需要注意的问题的研判都很有价值。作为中国旅游业发展的重要战略转向,还应在其对中国社会经济整体改革的突破和探索上的战略价值予以重视。

旅游业曾经是我国改革开放的突破口和先锋队。1979年7月,邓小平黄山谈话及其此后的数十次关于旅游的谈话,"实际上是要为中国现代化发展开出一条新路,这条新路首先需要选取一个突破口,这个突破口很可能就是旅游";1979年6月关于引进外资建设建国饭店的报告,以及1979年11月珠海石景山旅游中心项目的签约,1984年国务院"全国学建国"的通知,在一定程度上开启了中国引进外资的进程,使旅游业在我国改革开放进程中扮演了至关重要的探索者角色,为其他行业的现代化发展做出了重要的贡献。

我国当前所面临的改革发展任务甚至比当年更加艰巨,向改革要红利的要害在于全面深化改革的力度,而全面深化改革面临着诸多严峻的形势和客观的阻碍。在新时期的新发展进程中,旅游业要想再展当年雄风、再担历史重任,或许当前大力推进的全域旅游战略就是一个很好的着力点。所不同的是,30多年前的那场改革主要是通过向外开放来推动发展的,而30多年后的今天,这场改革可能主要是通过内部流动来推动发展的。

一、全域旅游是"以(区)外促(区)内"来推进全面深化改革的重要突破口

全域旅游不是唯旅游论,不是说这个地区只发展旅游不发展其他产业;也不是所有的地方都适合将旅游业作为区域发展的主业,但这并不妨碍这些地区以全域旅游发展的理念来推动地区整体发展水平的提升。在国内货物贸易流动过程中,可能会有很多地方保护主义,但对旅游这种需要流动性的经济形态则几乎无法设置障碍。为了获得更多的消费能力,旅游流的承接地就必须千方百计满足这些"流动的钱包"的需求,必须加快供给侧改革,这其中包括管理能力(如社会管理、规划发展)、服务水平(如公共服务、技术适应)、政策调整(如土地政策、公私关系)、产品创新(如休闲业

态、度假产品)、资源配置(如闲置资源、乡村资源)、环境整治(如社会环境、乡村环境)、部门协同(如市场监管、市场体系)等。比如,传统上以专项治理整顿为主的市场治理模式显然无法满足全面深化改革、建立综合治理体系的要求,而旅游警察、旅游巡回法庭、旅游工商分局等市场治理方式以及旅游市场综合监管机制,恰恰可能是建立我国市场综合治理体系的有益探索。再比如,巨额境外购物绝非仅仅消费的数额和价差问题,背后有国内市场信任、质量监管和品牌建设落后等深层次原因,也反映了国内对市场销售产品质量、价格信息等信任缺失。可以想象,如果能够在家门口买到称心如意、价格公道、质量可靠的产品,谁又愿意到遥远的异国他乡大包小包地买呢? 因此,巨额的境外购物支出将刺激有关部门重视完善国内市场体系、净化竞争环境的工作上来。

二、全域旅游是"以(流)动促定(居)"来推进全面深化改革的重要突破口

因为全域旅游已经不再局限在传统的景区,因此把涉及游客消费环节的工作真正做到位,从而让游客愿意驻足停留在旅游空间,也一定可以改善当地居民的生活空间。我们都知道,人都在时空中凸显自己的存在。无论是面向流动的游客还是面向定居的居民,所有的供给,只有重视人的时空行为,才能够真正具有价值和意义。我们也知道,习以为常之后的行为惯性和惰性,以及定居模式给各种改革改良冲动施加的无形影响,都可能减缓定居空间的优化发展步伐;旅游中偶尔为之的非惯常消费特性和享乐性需求,自然提高了对非惯常空间和社会服务的要求,迫使这些旅游目的地在功能空间、社会空间以及管理响应能力、服务质量水平等方面做出更妥善的配置、更高效的保障。

三、全域旅游是不断打破约束来推进全面深化改革的重要突破口

全域旅游发展不是大杂烩,不是因为有了"全",就什么都可以往里装。只有处理好发展中的各种约束,全域旅游才能有良性发展。这其中至少包含着时空约束、消费约束、耦合约束等约束问题。第一,全域旅游必须建立在研究游客的时空轨迹与规律的基础上来发展,全域旅游绝对不是"见物不见人""见景不见人",不是建了一堆旅游设施却无人消费,终了还成为干扰旅游市场秩序的"无效供给"。国家旅游局倡导的数据中心以及智慧旅游、大数据等方面的建设显然有助于更好地了解游客的时空特征。从这个意义上看,全域旅游的理念显然对城乡规划领域解决"见设施不见人""重设施不重人"的问题同样适用。第二,全域旅游的一个重要方向就是树立全新的旅游资源观,但旅游资源效用的发挥必须建立在消费利用上,因此全域旅游必须高度

重视消费约束问题。但打开消费约束并不是顺其自然，而是要主动作为，这其中包括对游客进行旅游教育，但绝对不仅是文明旅游的问题，而是还应该包括对消费市场进行引导，以培养社会意义上的旅游意识和旅游能力。第三，全域旅游的一个重要原则就是全局整合、协同共享。全域旅游的发展必然面临耦合约束问题，但并不是说只要市场需要的、供给还没有的，就要采取全面补缺的方式建设补上，而是要采取全面协同、共享推动的模式。比如当前的旅游厕所革命问题，除了在必要的地方增建厕所外，是否还需要用共享经济的思想，通过共享思路来解决厕所数量不足的问题呢？旅游的临时短暂性需求不是恰好符合共享经济强调使用权的特征，从而有助于解决房地产去库存、推动改革发展深化吗？

当然，全域旅游成为我国旅游业的发展战略，并不是说我们对全域旅游已经有了丰厚的学术积累和实践基础。相反，对全域旅游需要研究的内容还有很多，对全域旅游也还有不少理解上的误区、似是而非的争论需要系统梳理。"全"不是指全部，"域"不只是空间，"全域"自然也不是"筐"，什么都可以往里装。全域旅游作为新时期旅游发展战略的创新理念，所涉及的不仅是"小旅游"和"大旅游"的问题，也不是"全域旅游"的"新瓶"装"大旅游"的"旧酒"这么简单，而是需要在以往探索实践和学术研究的基础上，根据旅游发展环境、阶段、问题的变化，形成多个方面的创新。

四、全域旅游发展要解决好"五化"方面的问题

除了要重视全域旅游在促进新型城镇化、新型工业化、网络信息化、农业现代化和发展生态化等方面"一业促五化"的重要作用，全域旅游自身也要处理好"五化"问题，那就是通道功能旅游化、公共服务在线化、传统设施再深化、空间结构体系化、城乡发展多核化。旅游交通是连接观光旅游、休闲度假各相关板块的要素之一，这个要素要通过旅游化改造，以适应自驾旅游的需要，从而完成从旅游资源的辅助要素向关键要素的转变；全域旅游公共服务的很大一部分是游客咨询服务体系，但这个服务体系不是要重复传统的构筑物形态的游客中心，而是要通过在线工具的完善来满足咨询等信息性服务；类似度假酒店之类的旅游设施需要完成角色再定位，除了满足度假住宿需求外，还要转型成为酒店所在区域内休闲度假活动的组织者；空间结构体系化就是要求全域旅游的实现过程中要形成包含"景区—度假区—主题城镇—旅游目的地"各个层级的品牌体系架构，以推动全域旅游理念真正落地；全域旅游空间中的城市（镇）和乡村要采取多目标发展，成为驱动全域旅游的多核支撑，比如北京提出的"城区加强治理、郊区加快发展"的思路。

五、全域旅游发展要处理好"六要"方面的问题

在全域旅游发展过程中,要以人本性为指引、要以同理心为方法、要以幸福感为准绳、要以共生化为依归、要以智慧化为手段、要以多规化为保障。旅游设施与城市(镇)设施的建设要真正重视居民与游客的需要;要利用互联网等技术,搭建政府公益性平台与企业市场化平台,推动旅游供给与需求的匹配均衡机制的高效运转;要深刻地认识到,旅游的市场化改革不只是简单地通过市场化来提高资源配置的效率,更重要的是通过效率的提升和资源配置的改善,促进社会本身的发展,使人们更加幸福;要处理好居民、企业、政府之间,核心企业和外围企业之间,旅游部门和非旅游部门之间,旅游企业和非旅游企业之间的共享共生问题;要真正重视旅游的综合带动作用,把旅游作为国民经济和社会发展的中心工作来对待,多规合一,以旅游领域改革来推动整个供给侧改革。

(2016年3月16日,中国旅游报,"把全域旅游作为供给侧改革的着力点",厉新建 马蕾)

立足全局、战略谋划"一带一路"旅游发展

自"一带一路"国家战略提出以来,各行各业都进行了研究,提出了自己的战略对接思路。作为未来重点打造的国民经济战略性支柱产业和人民群众更加满意的现代服务业,旅游业在国家"一带一路"战略中的地位、作用和战略支点等问题都很有必要认真、深入地思考,我们需要立足全局,及早对"一带一路"旅游发展做出战略谋划。

第一,旅游业是国际社会更加全面认识并接受"一带一路"战略必不可少的战略力量。很多已有的评论都指出,"一带一路"战略有助于推动中国过剩产能的输出。我们暂且不考虑这种说法的可行性,单从战略理念传播的角度看,过剩产能输出具有明显的局限性,不利于"一带一路"战略设想的推广。重视"一带一路"的旅游发展、突出中国旅游消费能力的输出,将有力地缓解沿线国家和地区对中国的紧张与警惕心理。同时,重视旅游业在"一带一路"战略中的作用,有助于从全局、全面的角度来阐释这一国家战略。一方面,过剩产能的输出主要是面向那些经济发展落后于中国的发展中国家和地区而言的,"一带一路"的发达国家和地区显然不需要中国的过剩产能。另一方面,无论是发展中国家还是发达国家,都需要中国强大的出境旅游消费能力,而且这种消费能力在世界范围内都是名列前茅的,具有可持续增长的、巨大的消费动力来源。

第二,"一带一路"旅游发展战略要立足于中国在两个百年目标实现后以及更长远的未来的休闲度假资源需求。中国已经成为全球最大的出境旅游市场。相信在全面实现小康和基本实现现代化之后,中国将释放出更多的休闲度假需求,而且以中国目前的休闲度假资源而言,极有可能是无法满足巨量的休闲度假需求的。我们也可以设想并确定,在中国矿产能源资源领域曾经碰到过的问题,也必将在中国休闲度假旅游资源领域再现;未来中国旅游业碰到的将不是产能过剩问题,而是休闲度假资源供给不足的问题。因此,不仅要立足中国旅游发展战略角度,更要立足国家整体战略的高度,加强与"一带一路"国家和地区在旅游发展战略方面的协同与合作,既为沿线国家和地区输送强大的旅游消费能力,同时也要及早谋划,为中国公民更加长远的休闲度假福利提供资源上的准备和保障。

第三,"一带一路"战略在鼓励中国旅游消费输出的同时,要高度重视世界旅游市场的中国治理战略。中国未来将会有上亿旅游者在全球各地旅行流动。巨量的跨境旅游流动不仅给全球各个旅游目的地国家和地区输送了可观的消费能力,同时,为了

应对如此庞大的旅游流动人口，这些国家和地区将面临着旅游产业规划、旅游产品设计、旅游服务保障、旅游市场管理等诸多方面的挑战。同时，中国在旅游领域积累起来的治理经验完全可以推广到"一带一路"沿线的相关国家和地区，也可以推动并加强中国在旅游领域的市场品牌、管理能力、设计力量、规划咨询等方面的多元输出，以旅游服务贸易为重要载体和突破口，更好地推动"中国服务"走向世界，与"中国创造"共同成为中国腾飞的两翼。

第四，"一带一路"战略提示中国要积极推动中国化与国际化观念的重构。"一带一路"战略的实施将有助于推动国内知名旅游学者提出的"中国旅游的世界化与世界旅游的中国化"的进程，同时也将引申出"国际化的中国和中国化的国际"这样一个源自旅游又跳出旅游的、更具有广泛意义的研究命题。我们可以认为，以外促内的国际化是传统世界格局下的全球观，以内促外的国际化则是新型世界格局下的全球观。以前，我们认为中国的国际化就是向外国学习；当前，中国化已经越来越多地成为很多国家的国际化，我们已经到了把传统的国际化放在一个更加客观、理性的角度来重新加以审视的时候。"一带一路"战略的实施将是中国旅游业国际化观念进而中国经济社会发展的国际化观念进行重构的有效时间节点。

第五，"一带一路"旅游的发展需要我们有战略理性。中国出境旅游消费的特征使得我们需要理性地看到，"一带一路"战略所蕴含的旅游发展机遇并不是完全适用于沿线所有国家和地区，也并不是所有国家和地区都已经做好了接待中国旅游者的准备。目前中国很大一部分出境旅游消费是在旅游购物等方面，这使得很多"一带一路"沿线发展中国家尚难有效承接中国出境消费能力。因此，我们需要用政策推动中国出境旅游消费能力的战略均衡，作为市场自发力量的有效补充，提升中国旅游对"一带一路"沿线国家全面的影响力；需要加强与有关国家和地区的协调，让这些国家和地区在投资引进优先的政策中高度重视中国普通民众前往这些国家进行旅游的需求，为跨境旅游提供更为便利和高效的服务。

第六，"一带一路"旅游的发展需要我们有更多的政策创新。"一带一路"旅游的发展并不是单向的输出，而是双向的互动。我们要通过大胆改革、大胆创新，以政策的变革来推动我国入境旅游的发展。这其中就包括在"一带一路"的边境地区设立边境旅游经济特区，探索在关税政策、产业政策、负面清单等方面的突破，既能够很好地丰富中国入境旅游吸引力，同时对于活跃边境地区的经济发展、稳定边境地区的社会治安、丰富中国空间经济政策等也都具有积极而深远的影响。

(2015年6月8日，中国旅游报，特约评论员文章，"立足全局谋划'一带一路'旅游发展")

沿"一带一路"推进对外旅游投资的战略意义

一、中国对外旅游投资发展迅速

"一带一路"战略无疑是当下我国统筹国内外发展的首要战略。在这一战略背景下,我国地缘政治、经济发展、国际贸易、文化交往等领域都发生着巨大的变化,对外直接投资也出现了崭新的局面,正迎来新一轮的"走出去"的高潮。

在我国能源、矿产、制造、金融等产业"走出去"的同时,中国旅游业也加紧在"一带一路"沿线布局。2014年11月26日,锦江之星韩国首尔明洞酒店正式对外开张营业,这是锦江集团在国外的首家特许经营酒店,也是我国经济型酒店"走出去"的先锋;2014年12月30日,中国国旅集团在柬埔寨暹粒市的免税店正式开业,成为国旅首家大中华区之外的免税店。2015年1月,中国复星集团成功收购法国地中海俱乐部;2015年4月,复星集团入股世界上最大的旅行社集团托马斯库克旅行集团。经济型酒店、免税店开业以及收购国外度假型企业、入股老牌旅行社集团都是我国新时期新战略下对外旅游投资的新突破。

发展实践表明,"一带一路"战略背景下中国对外旅游投资正加速发展,并呈现出投资主体多元、投资模式多样、投资区域扩大等特征。因此,应充分认识到在"一带一路"沿线进行旅游投资的战略意义,加快我国旅游企业"走出去"的步伐。

二、中国"一带一路"旅游投资的战略意义

无论是跟随出境市场赚取利润还是寻求先进技术以增强竞争力,抑或作为配套企业配合公司主营业务发展,中国企业在"一带一路"沿线国家和地区的旅游投资都能够起到响应国家战略、引领对外投资以及减少旅游服务贸易逆差等作用,推动中国企业在"一带一路"沿线国家和地区的旅游投资从宏观角度、行业角度、企业角度都有重要意义。

(1)响应国家宏观战略、引领对外投资。旅游合作被认为是"一带一路"国家和地区互联互通中共识最多、分歧最小和基础最扎实的领域。对外旅游投资有助于提升东道国旅游服务设施水平,帮助东道国吸引更多入境游客,同时跨国间的旅游流带

动大量的资金流、商贸流、信息流,带动新的投资机会,进一步带动一系列商业、金融、基础设施等领域的对外投资。对外旅游投资将推动我国对外投资的良性发展,有助于我国"一带一路"战略积极有效的实现。事实上,旅游投资的这种引领作用在我国国内落后地区的发展中并不鲜见。

(2)减少旅游服务贸易逆差、形成利润回流机制。旅游服务贸易逆差逐年扩大是近年来我国旅游业发展的重要特征之一。国家旅游局资料显示,"一带一路"沿线国家在未来五年将迎来1.5亿人次中国游客、超过2000亿美元的旅游消费。这将对我国旅游服务贸易逆差持续扩大产生重要影响。其中"一带一路"沿线发展中国家和地区将成为中国旅游服务贸易逆差的重要来源。考虑到这些国家和地区旅游设施不足的实际情况,如果我国能有序推进在"一带一路"沿线国家和地区的旅游投资,在旅游开发、饭店建设等旅游供应链上显示中国存在、中国力量,则将有助于与中国出境旅游需求链有效对接,通过中国旅游需求走出去带动中国旅游服务走出去,有效构建旅游领域的利润回流机制,缓解我国旅游服务贸易逆差压力。

(3)提升投资企业综合竞争力和影响力。总体而言,对外旅游投资对于提升投资企业的综合竞争力和影响力大有裨益。"一带一路"战略范围内的地区如东南亚、南亚、中亚等主要是发展中地区,中国企业对这些地区的旅游投资首先是市场范围的扩大,是市场竞争力的提升,有助于增强中国旅游相关企业的网络布局能力;其次是在境外推广企业发展经验,是技术竞争力的提升,如锦江集团通过品牌输出扩大其影响力。

三、"一带一路"沿线对外旅游投资的推进措施

(1)加强国际旅游合作,创造良好投资环境。创造良好的投资环境,需要加强政府间、企业间、企业与政府间各种合作。一是将旅游投资促进作为中国—东盟、中国—中东欧等国际合作机制的优先发展领域,为对外旅游投资创造良好的国际环境;二是积极利用中国—东盟自贸区、中澳自贸区、中韩自贸区等双边贸易机制,推动无障碍旅游,扩大双边旅游规模,壮大对外旅游投资的市场基础;三是推动双边或多边签订战略框架协议,鼓励东道国出台吸引外资投资旅游业的管理办法,出台企业融资、人才使用等方面的宽松政策,减少对外旅游投资障碍,降低交易成本。

(2)鼓励优势产业输出,提升旅游投资绩效。有选择地推进我国旅游业"走出去"战略,优先鼓励在线旅游企业和经济型酒店加快"走出去"的步伐,在"一带一路"沿线进行模式输出、品牌输出。鼓励携程网、去哪儿网、途牛网等在境外上市的中国在线旅游企业通过资本投资等方式积极推进对外投资,鼓励如家、华住、锦江之星等知名经济型饭店集团发挥其跨国经营方面的布局能力和扩张经验,加快品牌输出。鼓励优势旅游业态和优势旅游企业投资"一带一路"沿线有助于提升我国对外旅游投

资绩效。

（3）出台旅游投资政策，助推企业"走出去"。对外旅游投资既有旅行社、旅游咨询等小型投资项目，也有旅游交通、饭店建设等大型投资项目。对于涉及资金较少的小型旅游投资项目，政府应当加快简政放权，减少对海外投资的障碍和束缚。而对于投资规模大、回收周期长的大型旅游投资项目，应当出台投融资政策给予相应扶持。可将旅游基础设施投资纳入到亚洲基础设施开发银行（亚投行）、丝路基金等优先资助项目行列，为其提供长期、低息贷款，降低企业融资成本；建立中国对外旅游投资发展基金，对于符合重大国家利益、具有积极贡献和示范效应的"一带一路"沿线旅游投资，给予鼓励和支持。

(2015年9月25日，中国旅游报，"加大'一带一路'旅游投资，助推旅游企业'走出去'"，厉新建　宋昌耀)

加快布局"一带一路"沿线旅游投资

一、我国"一带一路"沿线的对外旅游投资现状

（1）投资分布。商务部资料显示，截至2014年9月，中国在"一带一路"沿线对外旅游投资的企业数量共123家，其中，东南亚66家、独联体22家、西亚17家、南亚9家、中亚9家；"丝绸之路经济带"沿线国家31家，"海上丝绸之路"沿线国家92家。从国别看，俄罗斯19家、柬埔寨16家、老挝15家、阿联酋12家、新加坡11家。可以发现，蓬勃发展的国际贸易、便捷的交通区位、优良的度假资源、庞大的旅游经济规模，使得东南亚地区成为我国对外旅游投资的重点地区。而由于距离我国路途遥远、接待中国出境旅游规模较小、贸易联系度相对较低等原因，我国对中东欧旅游投资正处于发展初期。

从投资业态来看，"一带一路"沿线的旅游投资主要聚焦于饭店、旅行社、餐饮等旅游领域，包括旅游管理与咨询、签证业务、免税品、餐饮管理与投资、酒店管理与咨询等。从投资主体看，主要分为典型旅游企业和非典型旅游企业两类。典型旅游企业如中国国旅、港中旅、海航集团、广之旅等主营业务为旅游业务的企业；非典型旅游企业如中铁集团等能源、地产、农业企业，将旅游业作为配套主营业务发展的辅助性业务。目前，非典型旅游企业已经成为我国在"一带一路"沿线的旅游投资的重要组成部分。

从"一带一路"旅游投资省份来源看，黑龙江14家、云南14家、湖南10家，广西、新疆、江苏、山东各为8家。其中，黑龙江、云南、广西、新疆等同为沿边省份，表现出对"一带一路"沿线国家和地区旅游投资的地利之便和投资积淀。而对外旅游投资大省广东的55家海外旅游企业中仅有5家布局在"一带一路"沿线，其他主要投资在中国香港地区；北京、上海都有36家对外旅游投资企业，但布局在"一带一路"沿线的分别仅为3家和5家，它们更多地投资在中国香港地区、美国、澳大利亚等发达国家和地区。

（2）投资特点。一是投资来源邻近特征显著。空间临近往往文化相似，空间距离、文化距离的缩小极大地降低了对外旅游投资的风险。如对"丝绸之路经济"带中亚国家进行旅游投资的9家企业中，有6家是来自新疆维吾尔自治区的企业，它们有着相同的宗教信仰和相似的民俗习惯。对俄罗斯进行旅游投资的19家企业中有14

家来自毗邻的黑龙江省,表现出地理邻近的特征。

二是中央企业布局能力强大。中国国旅集团、阳光国际商务有限公司、中铁集团等是"一带一路"沿线旅游投资的主要大型国企,它们凭借强大的资本实力和广泛的业务网络,在新加坡、柬埔寨、泰国、尼泊尔、阿联酋、俄罗斯、土库曼斯坦等"一带一路"沿线多个国家和地区都有布局。

三是海热陆冷格局初步显现。目前来看,我国对外旅游投资与对外开放大格局表现出一致性,即东快西慢、海强陆弱,海上丝绸之路地区的旅游投资企业数量明显多于陆上丝绸之路经济带旅游投资企业数量。从全球范围看,西欧、北美、亚太地区是全球旅游经济规模最大的三个地区,其中亚太地区特别是东亚、东南亚是旅游业发展最为活跃的地区。正因为如此,东南亚地区成为我国"一带一路"战略下旅游投资的热点地区之一。

二、"一带一路"沿线旅游投资的关键问题

(1)要充分考虑东道国的旅游经济规模与潜在消费能力。对外旅游投资是企业行为、市场行为,归根到底企业要获取利润。中国企业对东道国的旅游投资,首先要考虑东道国的旅游经济规模。包括东道国国内旅游、入境旅游以及我国前往该东道国的出境旅游规模。这三个指标是判断我国企业是否对外旅游投资的重要依据。其次东道国潜在的消费能力也应当充分考虑,这既包括东道国人口总量,也包括东道国人均消费水平。"一带一路"沿线大多是新兴经济体和发展中国家,我国对这些国家进行旅游投资的主要目的不是寻求先进的知识和技术,而是跟随市场,旅游市场方面的考量自然尤显重要。

(2)要充分考虑东道国的文化因素与制度因素。"一带一路"战略涉及范围甚广,超过50个国家40亿人口,宗教信仰、语言文字、制度文化等方面的差异显著。对外旅游投资过程中,东道国与我国的文化差异和制度差异无疑是企业投资的主要障碍之一。市场化程度高、文化包容度强的东道国不仅有助于吸引游客进而吸引我国旅游投资,而且能够减少企业投资的交易成本、降低风险和不确定性带来的心理成本。政局的稳定性同样需要考虑。比如对正深陷主权债务危机的希腊、国内局势未稳且与俄罗斯关系紧张的乌克兰等国家进行旅游投资时要格外慎重;而对那些具有强烈的民族主义情绪的国家和地区的旅游投资风险更要高度警惕。

(3)要充分考虑我国对外旅游投资的经验与教训。在我国对外旅游投资发展史上,既有成功的经验,也有失败的教训。复星集团成功收购地中海俱乐部,其成功不仅在于"中国动力嫁接全球资源"的经营理念,更在于其对游乐产业的坚定布局。美国锦绣中华投资项目折戟佛罗里达,失败于市场研究不足、跨国经营管理经验缺乏以及多方因素的干扰。我国在"一带一路"沿线的旅游投资,应当在充分考虑我国对外旅游

投资的经验和教训的基础上,积极做好市场前期调研、合理运用企业资源和能力。

三、"一带一路"沿线旅游投资的战略选择

(1)充分利用"一带一路"战略政策。一是大型企业与东道国政府达成战略性协议,充分利用亚洲基础设施投资银行(亚投行)、丝路基金等投融资平台对"一带一路"沿线国家和地区进行旅游基础设施投资,通过旅游基础设施投资带动东道国基础设施的改善。二是充分契合"一带一路"战略框架下的中巴经济走廊、中印孟缅经济走廊等战略走廊,将旅游业投资纳入到宏观经济投资和国际贸易中,确保旅游投资的安全与稳健。三是充分把握中国与印度、韩国等国互办旅游年、文化年的机会,加强与东道国政府的互动,加强与东道国相关企业的联系,为相应的旅游投资奠定扎实的基础。

(2)采取恰当的对外旅游投资策略。一是跟随策略,即跟随出境旅游市场流动方向进行对外旅游投资的策略选择。20世纪80年代日本对外旅游投资正是采取这一策略将其国民在境外的花费回流到境内。就我国而言,可以在"一带一路"沿线的东南亚地区采取此策略。根据世界旅游组织对中国出境旅游的统计,东南亚地区在中国出境旅游市场中的地位举足轻重,2013年达到1274万人次,占出境规模的22.7%,而这一比例仍在上升。二是集群策略,即与其他企业进行联动的对外旅游投资的策略选择。这一策略应当用在我国企业对西亚、中亚等"一带一路"沿线的能源型地区的旅游投资。2013年中国对外直接投资统计公报显示,我国对西亚、中亚的投资规模分别达22.16亿美元和11.31亿美元,多为能源型投资,庞大的对外投资带动的商贸往来和人员流动需要我国餐饮、旅行社、航空等企业的辅助,也是对外旅游投资的商机所在。

(3)合理选择对外旅游投资的国别与模式。中国企业对外旅游投资的具体行动需要明确定位,在国别区位和进入模式方面进行选择。国别区位方面,东南亚地区的新加坡、马来西亚、泰国等国家不仅旅游经济规模庞大、经济发展水平相对较高,而且华人华侨比例高、文化亲缘度高,可作为我国企业对外旅游投资的重点关注国家。此外,南亚的印度(庞大的人口基数和高速的经济增长)、西亚的阿联酋(可与已投资旅游企业形成集聚效应辐射西亚地区)、独联体的俄罗斯(较强的消费能力)都值得关注。模式方面,根据企业投资动机和东道国国情,可选择股权投资与非股权投资,如在东南亚地区的经济型饭店投资、在线旅游投资可采用股权投资方式以确保利润最大化,而在西亚、中亚乃至中东欧地区的旅游投资则可以采用特许经营、管理合约等非股权方式以降低投资风险。

(厉新建 宋昌耀)

坚定有效地推进旅游投资与消费发展

近日,国务院审议并通过了《关于进一步促进旅游投资和消费的若干意见》(以下简称《意见》),明确了下一步旅游投资与消费的6个重点领域和26项具体措施,对指导我国旅游业发展和旅游消费促进具有重要意义。"政治路线确定之后,干部就是决定的因素"。旅游投资和消费的发展方向确定之后,坚定而有效的推进《意见》中提出的措施就成了关键。为此,在具体实施过程中,要注意处理好以下几个方面的关系。

一、要处理好传统方式与现代技术之间的关系

很多时候,消费的促进也好,创业的探索也罢,其核心就是在供给与需求之间建设桥梁。"桥梁"通了,市场自然就活了。《意见》提出要"完善城市旅游咨询中心和集散中心"大抵也是从这个角度出发的。的确,旅游咨询中心的建设将会最大限度地降低"人生地不熟"对旅游消费意愿和体验满意度的负面影响,集散中心的建设则将最大限度地提高旅游的便利程度。不过,并不是说所有的旅游目的地(城市)都需要建设旅游咨询中心和集散中心,建多大、建多少、怎么建、怎么用则更是应该慎重考虑的问题。一方面,在建多大、建多少的问题上,需要充分考虑所在城市居民的周边旅游需求、外来旅游需求的规模大小以及所在城市旅游吸引物与周边目的地旅游吸引物之间的关联程度。另一方面,在怎么建、怎么用的问题上,需要充分考虑包括移动互联网在内的现代信息技术对旅游咨询中心这种传统信息获取方式的影响,做好实体旅游咨询中心与旅游信息虚拟媒介之间的平衡与协同;需要充分考虑平台战略、生态圈思维对集散中心这种传统出行方式的创新意义,更多地从集散中心的空间价值与人口效应等角度去思考未来的发展方向和投资模式创新。

二、要把握好总体趋势与具体问题之间的关系

可以肯定,散客化已然成为旅游消费的潮流,交通条件的改善和私家车的普及必将推动自驾游市场的发展与成熟,人们对自驾车营地的需求也相应产生。落实"加快自驾车、房车营地建设"措施时,需要充分考虑当前国内汽车租赁公司网络化布局程

度较低、远较国外昂贵的异地还车费等因素对国内及入境旅游者落地自驾模式的影响（比如北京租杭州还的话，异地还车费用接近4000元，而自驾游汽车专列单程的费用仅1700元左右）；需要充分考虑建设自驾车营地与乡村旅游及特色城镇旅游住宿设施建设之间的关系，房车保有量及发展趋势与房车营地建设之间的关系，房车营地与已有公共设施之间的协同关系，房车营地建设与住宿设施发展创新之间的关系；需要考虑对旅游目的地围绕自驾游市场发展构建全新新型盈利模式等方面加强引导。营地的建设是小事，营地的运营、管理、服务以及围绕着自驾车旅游发展加强公共服务体系的配套建设是更需要关注的问题。

三、要处理好产业发展与事业推进之间的关系

由于资本逐利的本能，只要有盈利空间，没有政策限制，相关投资就会源源不断地涌入。但诸如研学旅游之类领域的发展，则更多地应该依赖于公共投资。尽管我们不否认开拓研学旅游市场存在盈利空间，但发展研学旅游的核心并不在其经济效益，而在其社会效益。研学旅游是让书本知识走出课堂、加强学生群体国情教育的重要方式、年轻学子深入社会实践的重要渠道、祖国未来的建设者们了解社会走向社会的重要平台。在研学旅游发展过程中，不能再走之前教育产业化的路子，而应该把它放在"国家发展旅游事业"（《旅游法》第一章第三条）的战略高度来推进。国家应该从法律法规的高度规范研学旅游、支持研学旅游，对于研学旅游的发展应该出台专门的财政补贴与扶持政策，对于研学旅游所需的设施建设应给予专项的经费支持和土地与税收政策的扶持，应该通过研学旅游的发展将夏令营体系、青年旅舍体系等尽快建立、完善起来。

四、要处理好及时见效与持续发展之间的关系

《意见》除了提出"改善旅游消费环境、新辟旅游消费市场、培育新的消费热点、开拓旅游消费空间、激发旅游消费需求"等措施外，最终着力在"促进旅游投资消费持续增长"上，很好地处理了及时见效与持续发展之间的关系。这种持续发展的思想应该一以贯之地体现在前述三个方面。其中对于"大力推进乡村旅游扶贫""开展百万乡村旅游创客行动"而言尤为重要。我国已经提出了到2020年全面建成小康社会的战略目标。没有贫困地区的小康就不可能有全面的小康社会，旅游扶贫以及持续旅游发展能力则是贫困地区实现小康目标最重要的战略支撑之一。为此，应该对旅游扶贫加强体系化考量，建立包括高等院校与贫困村结对子、研学旅游基地与贫困村复合架构等模式在内的旅游扶贫"1+1"制度，形成包括规划扶贫、持续扶贫、培训扶贫、雁行扶贫、信息扶贫、志愿扶贫、政策扶贫、集成扶贫等多层次的旅游扶贫体系，从而

推动贫困地区通过旅游发展及时脱贫、持续致富。我们也相信,没有创新创意的新鲜血液的输入,乡村旅游的快速发展、质量蜕变之路将会走得异常艰难。乡村旅游创客行动将为乡村旅游发展打开无限想象的空间,更希望发展乡村旅游是人们发自内心对乡村的援助和尊敬,而不是在新的社会发展阶段对乡村的再一次消费。发展乡村旅游的根本是为乡村找到新的发展之路,是为了繁荣乡村消费,塑造乡村经济新模式,而不是让乡村再次成为城市的附庸,单纯地满足城里人的欲望,更不只是为城里人的乡愁所保留的物理空间和凭吊载体。希望乡村旅游创客行动能够唤醒乡村内生的活力和生命。

(2015年8月12日,中国旅游报,特约评论员文章,"坚定有效推进旅游投资与消费")

全面理解　动态推进　有效落实

在中国经济步入新常态阶段后,旅游业表现突出,很好地承担起了国民经济战略性支柱产业和重要现代服务业的重任,无论是在投资还是消费方面,都表现出了强劲的潜力,交出了亮丽的答卷。

国家旅游局数据显示,2015年上半年,全国实际完成旅游投资3018亿元,同比增长28%,比第三产业投资增速高16个百分点,比全国固定资产投资速度高17个百分点;上半年国内旅游人数20.24亿人次,同比增长9.9%;国内旅游消费1.65万亿元,增长14.5%,比社会消费品零售总额增速高4.1个百分点。由此可见,国务院办公厅出台《关于进一步促进旅游投资和消费的若干意见》(以下简称《意见》)恰逢其时。为了秉承理性、建设性的理念,进一步激发旅游投资热情和旅游消费潜力,在贯彻《意见》的过程中,要高度重视全面理解《意见》的基本精神、动态推进《意见》的战略重点、有效落实《意见》的具体举措。

一、发挥机制潜力,全面理解《意见》

(1)要充分用好旅游工作部际联席会议制度。之所以由国务院而非国家旅游局来发布进一步促进旅游投资和消费的文件,不仅是因为旅游投资与消费在国民经济中的重要作用,更是因为激活旅游投资与消费的复杂性、系统性。新常态下的新发展有赖于消费的转型升级;消费的转型升级则依赖于旅游供给的创新;旅游供给的创新则需要宏观政策、管理体制等多方面的改革。研学旅游与教育部门密切相关,旅游商品和免税店建设与工商部门、财政部门等密切相关,乡村旅游和主题城镇建设与建设部门、农业部门等密切相关,集散中心和营地建设则与交通部门等密切相关,如此等等。如果这些旅游相关领域的投资与建设不能成为相关部门的重要工作内容,则旅游消费的发展必将成为无源之水、无本之木,旅游消费源源不断地向境外流动必将由于国内旅游软硬环境的"挤出效应"而成为新常态。要解决这些问题、协调这些关系,显然非旅游行政主管部门一力可为之,而必须充分发挥旅游工作部际联席会议制度的积极作用,突出问题导向、专项议决的模式,详细梳理《意见》所涉关键问题、政策障碍、责任分工等,才能最大限度地发挥《意见》效能。

(2)要重视错峰休假制度的价值。旅游消费要增长,人民要有闲钱、闲暇、闲心。

其中闲暇时间最有可能率先取得突破。《意见》中的带薪休假制度和弹性作息安排主要涉及闲暇时间总量,而各地错峰休假涉及的主要是闲暇时间的结构,在现阶段更具可行性。前段时间新闻媒体却把焦点更多地放在"有条件的地方和单位可根据实际情况,依法优化调整夏季作息安排,为职工周五下午与周末结合外出休闲度假创造有利条件"这项措施上,对"在稳定全国统一的既有节假日前提下,各单位和企业可根据自身实际情况,将带薪休假与本地传统节日、地方特色活动相结合,安排错峰休假"的解读和重视明显不足。实际上,2008年"五一"黄金周调整之后、带薪休假制度未全面实施之前,提高地方政府对假期安排的自主权是在全国范围内形成区域错峰、降低出游时间集中性、缓解拥挤程度的重要方向。在2010年世博会、2014年APEC会议等大型活动期间,上海和北京就曾进行地方性的调休放假,2009年广东省也曾经对"五一"假期进行地方版的调整,这些都是对现行休假制度的有益探索。此次《意见》进一步明确规定,除了这些曾经进行自主安排假期探索的省市外,将有更多地方拥有该项权利,或有助于分散旅游需求实现的时间结构,推动旅游市场有序化发展。当然,为了使得各地方调假主体在调假时有章可循,需要《意见》配套出台相应的实施细则,避免随意性调假。

二、深入分析研究,动态推进《意见》

（1）深入分析,梳理痛点。《意见》除涉及"支持国内有条件的企业兼并收购国外先进旅游装备制造企业或开展合资合作""鼓励旅游装备出口"等内容外,对于通过对外旅游投资尤其是围绕着国家"一带一路"战略的对外旅游投资来提升投资与消费效果的内容较少涉及,这不符合我国当前对外旅游投资发展态势以及中国旅游投资全球化配置的要求,可在《意见》的后续工作中着力动态推进。"扩大中医药健康旅游海外宣传"对于吸引境外旅游消费具有积极作用,但如果希望借着"积极发展中医药健康旅游"来促进国内医疗消费从境外回流的话,则要高度重视流失的医疗消费需求与国外高端医疗资源之间的关系,在挖掘中医药健康旅游的基础上,从国家战略的高度来重视高端医疗资源的储备和丰富问题。

（2）全面分析,把握重点。《意见》要求"推动境外购物退税便捷化",足见对提高入境旅游消费的购物比重之重视。但这里其实至少包括三个层面的问题:第一,我国入境旅游消费的购物比重相较于国际水平已经不低;第二,境外消费者在我国境内购物消费的关键影响因素在于商品的可选择性、购物的便捷性、购物品牌打造与市场秩序及形象的重塑,一个不能让本国居民放心的购物消费环境大概也很难吸引到足够的境外消费者;第三,在经济收益层面上来认识旅游购物问题,不能完全适应旅游持续发展的需要,亟须从旅游体验重要载体的角度来认识旅游购物问题。在此,不妨以"支持在线旅游商品销售"为突破口,有效利用出口退税政策,既提升出口退税商品的特色,又激活民间手工艺市场与民间技艺的传承。除了此类线上平台外,政府还可建立线下公益性销售平台,为特色旅游商品供求双方搭建桥梁,亦是推动旅游商品消费的事半功倍之举,不妨在旅游扶贫和乡村旅游工作推进中一试。

其他诸如国民旅游卡、公益性营地建设、旅游投资中的一票否决机制设计、投资泡沫与自生能力增长之间的关系把握、用平台战略和互联网思维来推动传统旅游供给完善、旅游世界与生活世界的融合等诸多方面,都需要在《意见》后续落实中动态调整、逐步推进。

三、重视配套细则,有效落实《意见》

(1)条文的解读。《意见》坚持问题导向的思路,6个方面26条措施都具有很强的针对性,对于解决当前制约旅游投资和消费的问题具有很强的现实指导意义。《意见》提出了"鼓励企业发展低成本航空和国内旅游包机业务""鼓励有条件的国内造船企业研发制造大中型邮轮""支持有条件的旅游企业进行互联网金融探索""支持百万名返乡农民工、大学毕业生、专业技术人员等通过开展乡村旅游实现自主创业"等优先方向,这对于提高旅游目的地可进入性、增加新型旅游供给、适应新兴旅游需求、提升产业素质等方面都具有积极作用。为了进一步发挥《意见》效能,增强《意见》对旅游经济发展实践的指导意义,宜尽快出台实施细则或配套的相关解释,以进一步明确支持范围、鼓励政策、实施要求,甚至包括全面梳理与这些鼓励或支持领域相关的已有政策,以指导企业或地方充分利用好现行政策,健康快速发展。比如,就《意见》指出的"设立中国旅游产业促进基金"事项,宜在配套解释中进一步就资金来源、使用范围、运作模式及其与国家旅游发展基金之间的关系等内容加以明确;就"支持研学旅行发展"事项,要真正从综合素质角度、站在中华民族未来的高度,就配套设施、组织保障、政策扶持等提出具体策略;就"支持中西部地区利用荒山、荒坡、荒滩、垃圾场、废弃矿山、石漠化土地开发旅游项目"事项,因涉及全球性的棕地治理与再开发问题,对于其中的先进地区或企业,宜在建设用地指标置换、土地指标占补平衡等方面给予更灵活有效的政策支持。

(2)理念的解读。从《意见》的篇章结构布局中可以看出,乡村旅游是进一步促进旅游投资和消费的重中之重,下一步需要就如何跳出乡村看乡村、跳出旅游看旅游来厘清一些概念。比如,在空间认知上,乡村与农村之间的差别;在文化把握上,乡村文化与文化乡村的衍生;在发展理念上,从消费乡村到乡村消费的转变,如此等等。这些理念问题不弄清楚,乡村旅游的发展很可能在繁荣的表象中迷失方向。李金早局长在全国乡村旅游提升与旅游扶贫推进会上指出,要"大力推广全域旅游理念,全面提升乡村旅游的发展质量和服务水平"。实际上自2011年国家旅游局在"旅游产业与城市建设融合发展研讨会"上公开提出全域旅游理念以来,尽管各地都在积极践行,但关于该理念的理论研究仍十分贫乏,实践经验总结也还极为鲜见,亟待借《意见》的配套解读加以重视与引导。《意见》提出要"形成旅游业新生态圈",下一步应就旅游业生态圈与生态文明乃至五位一体战略之间的关系、旅游业生态圈与旅游产品生态圈之间的关系、旅游业生态圈与互联网技术应用以及产业融合之间的关系等问题进一步作理念上的深入解读。

(厉新建)

旅游投资大有可为、可有大为

近期,国务院、国家旅游局、四川省政府等通过出台意见、发布报告、举办国际会议等方式着力推动我国旅游业投资,彰显出从中央到地方、从行政管理部门到企业集团对旅游业投资的重视与把握。旅游业投资同时兼具投资属性和旅游属性,对增加投资、扩大消费、提升旅游产业规模和质量等具有重要的现实意义。

(1)发挥投资作用,促进宏观经济增长。当前我国经济增速趋缓,经济下行压力大,为实现全面建成小康社会的宏伟目标,经济增长将成为我国未来一段时间内最为重要的任务。在制造业产能过剩、房地产市场下滑等背景下,我国大量资金面临着出口问题,而服务经济越来越成为吸引投资、推动增长的主要动力,其中,作为现代服务业的龙头产业的旅游业在稳增长、调结构等方面的作用凸显。国家旅游局资料显示,2015年上半年我国旅游业实际完成投资3018亿元,同比增长28%。旅游业投资作为全社会固定资产投资的新兴领域和重要组成部分,其增长率超过第三产业及其他领域的平均吸引投资水平。显然,在经济新常态背景下,我国旅游业充分发挥了战略性支柱产业对促进经济增长的作用。

(2)引领消费时尚,推动经济转型升级。旅游业是生活性服务业,旅游业投资是以消费为导向的投资,因此,旅游业投资既具有投资效应,还具有消费效应。创新的旅游投资有助于挖掘消费需求、拓展消费领域、引领消费时尚,如近些年如火如荼的邮轮旅游、低空飞行、房车自驾等旅游新业态在经历了前期的投资积淀和市场培育后,已经形成消费群体逐步扩大、消费规模逐年增加的良好局面。这为我国扩大消费总量,实现投资、消费、出口三轮驱动经济发展奠定了基础。

(3)顺应旅游需求,扩大旅游供给总量。我国旅游经济规模庞大,2015年上半年,国内旅游规模达20.24亿人次,国内旅游消费1.65万亿元,庞大的旅游需求需要巨量的旅游供给相匹配。另外,我国正处于大众旅游初级阶段向中高级阶段转换的过渡期,多样化的旅游需求初步显现,成熟的旅游者已不再满足初级的观光产品。然而,从节假日旅游拥堵现象、从旅游消费大量外溢等反映出我国在有效旅游供给总量、在高品质旅游产品供给等方面的不足。我国重视旅游业投资,推动旅游业投资正是为顺应旅游需求、扩大旅游供给,在保证国民基本旅游权利的同时应满足其多样化、个性化的旅游需求。

(4)完善旅游设施,提升旅游产业质量。《2014年中国旅游业投资报告》显示,

2014年,我国旅游基础设施类投资645.5亿元,同比增长64.8%,增幅最大。旅游基础设施已经成为旅游投资的重要领域之一。近些年,各类景区以创建4A、5A高等级景区为抓手加大旅游设施投资,着力提升景区游客服务中心、停车场等旅游服务设施;目的地城市为迎接散客化时代的到来,加快旅游集散系统、风景绿道等公共服务设施的投资建设,通过旅游标准化、信息化提升旅游公共服务水平。2015年以来,国家旅游局在"515战略"指导下采用企业投资、政府补贴相结合的方式推动旅游厕所革命,以改善旅游厕所环境为抓手在全国范围内掀起了旅游设施整改运动,推动旅游产业质量的全面提升。

旅游业投资的经济效应不仅体现在旅游设施投资方面,更加体现在以旅游业为牵引的土地综合开发方面。随着社会大资本、大集团积极投身旅游业,以旅游为导向的综合开发不仅有助于打造区域旅游吸引物,繁荣旅游消费,而且在有效拉抬地方经济、带动地方就业、促进城镇化发展等方面都有积极作用。

为充分发挥旅游业投资的经济效应,释放旅游业投资潜力,吸引资金流入旅游业,笔者认为,各地政府至少在以下两个方面应当有所作为。一是优化投资环境,解决关键约束。旅游业投资往往是大项目、大投资,2014年全国投资10亿元以上的项目有1749个;旅游业投资往往又需要大量的建设用地,尤其在自然风景优美、生态环境良好地区的建设用地问题成为旅游项目推进、旅游设施提升的主要制约。为此,地方政府应当采取PPP等模式积极吸引民间资本、国有资本和境外资本进入,鼓励金融机构加大信贷支持;支持投资商通过腾挪置换、创新空间利用方式等突破土地限制。二是尊重市场规律,充分保障产权。尤其在充分发挥民间资本、境外资本作用的同时,切实维护投资者的正当利益,切实做到谁投资、谁受益,谁消费、谁付费。不干涉拥有自主经营权的旅游企业的正常、合法经营,在企业的价格制定、市场营销、人才使用等方面不设限、多支持,激发旅游企业活力,实现旅游投资效益最大化。

(2015年9月17日,中国青年报,厉新建　宋昌耀)

简化公民出境手续　彰显国家自信

2015年,为贯彻落实李克强总理重要批示,公安部、外交部、国家旅游局针对社会反映强烈的出境游手续烦琐等问题,立即研究制定了一系列简政放权措施,解决类似"你妈是你妈"的许多荒唐证明问题,方便群众办事。旅游部门的负责人表示,将通过提高便利化水平,实现"说走就走的旅行"。笔者认为,强大的经济实力为我国出境旅游市场的发展奠定了雄厚和扎实的基础,简化出境手续完全符合民心思游的趋势。

(1)经济发展的体现。尽管人均GDP 3000美元是出境旅游快速发展这个所谓国际经验大有以讹传讹之虞,经济发展与旅游需求之间的关系却是确然存在的。一般而言,经济发展水平越高,则包括出境旅游在内的旅游需求就越旺盛。在今日之中国,旅游已经成为人们小康生活、健康生活的重要标志,旅游正在带来一场新财富观的革命。从国家统计局的数据看,2014年我国人均GDP已经达到7485美元,北京、上海、天津等多个省市的人均GDP更是达到了1万美元以上。强大的经济实力为我国出境旅游市场的发展奠定了最为雄厚和扎实的基础,简化出境手续完全符合民心思游的趋势。

据国家发改委的报告预测,到2020年,我国全面建成小康社会之时,人均GDP将达到1万美元以上,初步达到中等发达国家的水平。到那时,我国的出境旅游需求将更为强劲,人民对便捷的出境手续的要求也更高,人们将更加期盼"说走就走"的出境旅行。

(2)国家自信的体现。中国经济正在进入"三期叠加"的新阶段。这一新阶段凸显出来的新特征和新矛盾使得消费这驾马车被寄予了更高的期望,以强劲的消费需求拉动经济增速稳健、持续增长是各级各地政府的重要政策诉求。尽管出境旅游市场的快速发展客观上也会带动国内消费市场的活跃,但在某种意义上这也是一种中国国内消费能力的输出。

出境手续越简化,出境旅游数量就越多,国内消费能力的输出就越多,国内消费需求的"流失"就越多。相较于我国出境旅游市场开放之初,通过护照办理政策、境外旅游换汇额度等一方面的严格规定来严格调控出境旅游市场规模,最近这些年出境旅游相关政策的不断放松与简化显然是我国国家自信的重要体现,展现出中国在全球经济发展大格局中负责任大国的新形象。另一方面不断简化公民出境手续,不再担心以往那种出境后滞留不归现象的出现,这也正是国家实力不断强大后国家自信不断增强的具体体现。如果在未来的工作中,不断简化华侨华人在入境通行、签证办理等手续的话,必将有助于提升国家认同感,对国家自信形象亦将加分不少。

(3)全球战略的体现。通过简化公民出境手续,满足我国公民出境旅游的强大需求,不仅是执政为民理念在出境政策调整上的具体体现,同时也是中央政府站在全球资源的角度,战略性配置境内境外旅游资源的具体举措。

日益壮大、急剧膨胀的国内居民出游需求,显然对我国有限的国内旅游资源产生了巨大的压力,这不仅不利于资源的可持续性利用,也不利于提高国内旅游体验的质量。通过简化公民出境手续,促进出境旅游市场发展,相当于进口了大量资源性旅游产品,有力地缓解了国内旅游发展的资源压力和环境压力。通过这种方式有效处理资源性旅游产品的进口和高附加值旅游产品的出口之间的平衡关系,对于我国旅游经济的可持续健康发展具有积极而深远的意义。

(4)需要系统的协同。简化出境手续不是指某个部门手续办理程序的简化,而是整个出境手续办理过程中方方面面程序的总体简化系统。出境手续的简化需要上升到政府大数据战略有效实施的高度上来加以认识。没有公共部门的数据开放和共享,很难迎来一个真正的大数据时代。加强多部门存储的个人信息之间的共通共享,减少数据的重复采集,是当前技术环境和社会发展的内在要求。

简化出境手续同时也涉及国际间的协同与沟通。尽管各国(地区)都清楚地看到中国强大的出境旅游消费能力对其经济发展的重要意义,但在对待中国公民入境签证申请方面,并不是所有的国家和地区都是高效运转的。有些国家和地区的签证政策与手续还显得比较烦琐,人性化服务还远远满足不了中国公民的需求。对此,我国有关方面应该积极加强与外方的沟通,为中国公民争取更多的出境签证便利。在我们对消费能力输出采取不设限的开放政策的同时,我们也需要对相关国家对华签证政策进行规范化的评估,并尝试将对华签证政策评估结果与中国出境旅游配额相挂钩的方式来进一步推动相关国家对华签证政策便利化进程。这样,中国公民"说走就走"的出境旅行就更容易实现。

(2015年6月26日,中国旅游报,特约评论员文章)

让中韩民众互访像邻居串门一样

2015年11月1日,国务院总理李克强在韩国首尔出席2015中国旅游年闭幕式时表示,旅游不仅是经济活动,也是人文交往。中韩两国地理相近、人文相亲、心灵相通,自然和人文景观丰富独特。两国互为海外旅游最大目的地,一年人员往来突破千万人次。"中国旅游年"在韩国成功举办,这不是终点,而是新的起点。李克强总理的讲话不仅对"中国旅游年"活动成果给予高度肯定,更点出了旅游在中韩两国友好合作关系发展中发挥的独特作用。正如李克强总理指出的,明年"韩国旅游年"将在华举办,中国政府鼓励更多中国公民到韩国旅游,也欢迎韩国民众赴华,造访中国的名山大川。相信这将加深两国人民的相互了解,进一步夯实中韩友好的民意基础。

(1)中韩千万级旅游互访奠定了两国关系的坚实基础。"国之交,在于民相亲"。2014年中韩双向往来人数首次突破1000万人次,既是两国全面战略合作伙伴关系的最好注解之一,也是推动双方全面战略合作伙伴关系全面落实的最好行动之一。正是因为双方人员往来对于两国关系的重要作用,中韩两国元首确定互办旅游年,2015年在韩国举办"中国旅游年"对于中国入境旅游市场的增长起到了重要作用。韩国是中国最重要的入境客源国,2015年1—9月取得6.8%的增长,为中国整体入境旅游市场的增长做出了重要贡献。更重要的是,通过持续性、大规模地来华旅游,韩国民众可以更真切地感受中国的文化、中国的发展甚至韩国产品在中国的影响力。这绝不是韩国入境市场为中国旅游外汇收入贡献了多少份额的问题,而是对中国长久发展具有战略性价值的事件。外部世界对中国、对中国的发展了解得越多才能理解得越多,理解得越多才能给中华民族的复兴、中国梦的实现营造一个良好的外部环境。

(2)2016年韩国旅游年的发展值得期待。目前中韩两国互为最大的入境旅游客源国。相较于韩国占中国入境外国游客17%左右的份额,中国在韩国入境旅游市场中的地位更加凸显,韩国约有50%左右的入境游客来自中国。从统计数字上可以看出,得益于双方积极推进措施,中国赴韩旅游人数近年来一直处于快速增长阶段。2015年以来基本维持在20%以上的高增长,2月更是取得60%左右的增长。尽管因为中东呼吸综合征疫情,2015年6月至8月中国赴韩人数同比分别下降了45.1%、63.1%、32.3%,但7月底疫情解除后,这种下降势头就得到了显著缓解,9月即取得了4.8%的正增长,显示了中国赴韩旅游强劲的内在增长动力。我们有理由相信,随着2016年中国"韩国旅游年"活动的展开,更丰富的韩国旅游资讯、更多元的韩国旅游产品、更优化的韩国旅游环境必将推动更多中国民众赴韩旅游。我们也有理由展望,中韩双方人员往来将不断突破已有的成绩,实现第二个1000万、第三个1000万……

(3)中韩双方需要在年轻人互访交流上加大力度。青年人是国家的未来。中韩两国坚定的战略合作伙伴关系还有赖于双方青年人之间更多的交流,还有赖于双方青年人对两国相互间更多的了解、理解。从目前现状看,相较于中国赴韩游客中30岁以下人群占全部游客比例超30%,韩国赴中国旅游30岁以下人群仅占10%稍多。为了推动双方更多年轻人的互访,双方可以在下一步旅游合作上加强适合年轻人需求的旅游产品的开发和宣传推介,加强适合年轻人需求的旅游设施的建设和旅游优惠政策,鼓励本国年轻人到对方国家进行更深入的旅游。

(4)中韩双方需要在促进旅游投资上加大力度。中韩旅游年的举办不仅是为了吸引更多的互访客源,更重要的是通过旅游年的举办,进一步改善为对方来访客源提供更优质的服务,为中韩双方游客创造更为便利的旅游环境,提供更为对口更符合其消费习惯的设施与产品,创造更为优质的旅游体验服务。为此,中韩双方需要进一步为吸引对方投资创造更宽松、有利的条件。因为来自客源国的旅游直接投资和企业往往更了解客源市场的需求。在旅游年活动中,不仅要向客源市场推出具有价格优惠、服务专属的产品,更需要向客源国投资者推出具有吸引力的投资项目,进一步完善相互之间的旅游投资政策,推进相互之间的旅游投资范围、规模、质量再上一个新台阶。

(5)中韩旅游合作应该成为国际合作的典范。中国出境游市场的持续增长和强大的消费能力已经引起越来越多国家和地区的关注,各国和地区都竞相采取积极措施,吸引中国游客出境旅游消费。中韩两个互为最大的入境客源国,在各自旅游经济体系中都具有举足轻重的地位,也就有必要在签证便利化、航空安排、学术交流、企业往来、教育培训等合作层面上加强探索,争取能够形成一些可供其他中国ADS(Approved Destination Status)学习和借鉴的经验。中韩旅游合作不仅应该成为双边旅游合作方面的典范,还应成为国际合作的典范。

(2015年11月2日,中国旅游报,特约评论员文章)

正确认识旅游就业和旅游教育中的问题

国家旅游局的统计显示,截至 2011 年年底,全国高等旅游院校 1115 所(占全国普通高等学校的 46.3%),旅游院校旅游相关专业毕业生总数达 31.92 万人(其中高等旅游院校毕业生数为 15.97 万人,占毕业生总数的 50.04%,中等旅游职业学校毕业生数为 15.95 万人,占毕业生总数的 49.96%)。面对庞大的毕业生数量,其就业状况引起了较为广泛的关注。因为从最近几年的情况看,旅游教育毕业生普遍存在行业就业率低、流失率高的现象。

相关研究表明,近三年毕业生就业率平均在 90% 以上的占 74%,但超过半数的受访院校的行业就业率在 50% 以下,半数以上院校的学生毕业三年以上仍在旅游行业就业的行业稳定就业率低于 30%。

低行业就业率、低行业稳定就业率的现象不可否认,但对于如何认识低行业就业率和低行业稳定就业率现象、背后的原因以及改善这种现象的对策,则很有必要进行深入思考。

第一,很多人认为低行业就业率、低行业稳定就业率在一定程度上说明我国目前的旅游院校教育、专业教育是失败的。而实际上,在毕业生自主择业的政策背景下,从来没有规定说旅游专业毕业的学生只能在旅游行业就业,也没有规定非旅游专业毕业的学生不能在旅游行业就业。因此,这只能说明旅游教育在一定意义上存在着教育资源浪费的问题,只有当旅游专业毕业的学生被排挤到比旅游行业差的行业中就业,或者旅游专业毕业生一毕业就面临非意愿性失业的时候,才能说旅游教育是失败的。如果旅游专业毕业生到比旅游行业薪酬待遇更好的行业中就业,不恰恰说明旅游教育的成功吗?我们要明确一点,那就是教育提供的不是最终的成品,而是一种能力和素质。旅游教育也是如此。

第二,多数分析指出,旅游专业毕业生行业就业率低的主要原因是行业薪酬水平低,并指出旅游行业的平均薪酬已降到全社会的平均线以下,在各行业薪酬排名中已连续三年进入倒数 10 名。这里恐怕有两点需要引起注意。其一,情况是否真的如此呢?笔者没有看到这份所谓的行业薪酬排名,倒是看到了一份 2010 年年中的薪酬行业 TOP10 排名,其中酒店/餐饮/物流类以税前 5.76 万位列第十。其二,这里所说的旅游行业究竟指的是传统旅游业还是现代旅游业,传统上将旅游业大多局限于饭店、旅行社、景区等,而现在随着产业融合的深入,已经出现了很多新的旅游形态,在线旅游电子商务、旅游规划/策划/咨询、旅游地产等,甚至著名的门户网站、电子商务平台等也开始涉足旅游业。在这种行业不断发展的过程中,如何衡量行业收入状况本身就是一个难题。

第三,旅游专业毕业生行业就业率低恰恰反映了旅游业综合性的特点,也因应了当前产业融合的形势,反映了旅游行业的开放性。旅游行业需要人才、需要大学毕业生,但不一定只需要旅游专业的毕业生。我们认为,一个不具开放性境界的行业一定是一个无法长远发展的行业,旅游行业只有具有了这种行业开放的境界,才能在综合、融合的道路上走得更远。当然我们也认为,旅游行业应该为旅游专业教育提供良好的平台,一个不能为本专业毕业生提供就业机会的行业是一个没有社会责任感、行业责任感的行业。旅游企业应该改变目前这种希望毕业生来了就能用的"使用型组织"特性,更多地成为一个"学习型组织",为毕业生提供学习成长的机会,企业和员工之间只有能够相互给予,才能和谐共生,构成一个稳定的关系,否则高流动性在所难免。

第四,要提高旅游专业学生的行业就业率,需要动态地来认识旅游行业的范围,而不是一味地停留在饭店、旅行社、景区这些传统的旅游企业上。要高度关注那些不断涌现的新型旅游企业,为学生多提供这些企业的用工信息。同时需旅游院校、旅游教育行业协会、旅游行业协会共同努力,构建一个旅游就业消息平台,更好地传递毕业、就业信息;需要旅游院校与旅游教育行业协会共同努力,开拓诸如联合国世界旅游组织、PATA等国际性旅游组织的就业机会。增加面向学生的就业指导实效,真正为学生负责,避免走过场,同时增加学生旅游创业教育,推动旅游毕业生创业积极性。

第五,需要加强对学生的专业养成训练,包括在专业学习的初期阶段培养学生对行业的正确认知、行业成长的科学预期等。学生不能停留在象牙塔里,要认识社会、了解社会,而教师则是学生了解社会最重要的"眼睛"之一。学生要有应变能力,所以教师不应该只教授现象性的知识,更要传授分析性的工具。因此要增强毕业生对社会的适应能力,就要进一步提高教师的素质,真正重视提高教师见识的重要性。教师既要有对旅游发展实践的"见"——现象性的认知,又要有总结旅游发展实践、提炼旅游发展问题和理论的"识"——抽象性的知识。

第六,旅游教育一定要在稳定心性的同时具有前瞻性、开放性。现在很多院校都在强调培养复合型人才,以应对社会需求。那旅游院校究竟应该培养复合型人才还是专业人才?表面上看,这是一个伪问题,好像各旅游院校早已解决这个问题。可实际上我们需要清晰地意识到,未来社会发展的确需要人们掌握多种技能,但未来社会工作一定不是通过单兵作战而是通过分工合作的团队形式来完成的,不管这种合作具体采取什么样的形式。所以,一定要清楚地意识到,对于院校教育来说,专业化是核心的,复合型是从属的。同时,旅游教育一定不能跟风,不能看到什么类型的旅游企业市场前景好就培养什么类型的旅游人才,否则要么是不顾师资力量强行上马,是对学生、对教育的极不负责任,要么就是等学生通过三年或四年的培养后,原来看好的行业风云变幻、风光不再,结果学生找不到就业机会。另外,我们赞同旅游教育应该探索新的教育模式,包括鼓励院校寻求企业支持、探索校企合作订单培养,但旅游院校毕竟不是某个企业的院校、不等同于企业的内部大学,如何把握院校教育为全社会发展服务的根本宗旨、如何在教育创新的过程中切实保障学生的权益等问题都值得进一步深入思考。

(2012年9月5日,中国旅游报,"旅游院校生对口就业率低的背后")

旅游专业人才培养任重道远

为贯彻《国务院关于促进旅游业改革发展的若干意见》精神，落实"515"战略关于旅游人才工作的重点举措，国家旅游局于近日下发了"万名旅游英才计划"实施方案的通知。该方案对于提升旅游专业人才培养质量，吸引、汇聚优秀人才进入旅游业都将产生积极影响。同时，随着旅游业在社会经济生活中地位的不断提升，旅游业所面临的宏微观环境的变化，高质量的旅游专业人才需求也将发生重大变化，质量型提升将更显迫切，旅游专业人才培养任重道远。

第一，高度重视，着眼体系。此次实施方案的发布，体现了国家旅游局对旅游专业人才工作的高度重视。旅游业要适应新形势的需要，就需要有高质量的旅游专业人才队伍。目前，旅游专业人才的行业就业意愿不高、行业流失率不低，旅游企业接纳旅游专业院校毕业生的积极性在走低。很难想象一个没有本专业新生力量持续注入的行业其发展前景会如何？这次方案的发布对培养人才、留住人才、吸引人才具有重要作用。当然，国家旅游局在旅游专业人才队伍的培养上，并没有局限在这次万名旅游英才计划上。如果综合考虑此前已经连续开展多年的优秀旅游学术成果奖、青年旅游专家计划等相关人才计划，可以看到国家旅游局在旅游人才队伍培养体系的体系化方面下了很大功夫，在实践型、研究型两方面人才培养上都布了新局、开了新篇。

第二，意在引导，重在执行。旅游专业人才培养的层次多样、情况复杂、问题不少，想通过此次"万名旅游英才计划"来毕其功于一役是不可能的。据统计，2014年全国招收旅游管理类本科专业学生的普通高等院校565所，招收旅游管理类高职高专专业学生的普通高等院校1068所，有147所院校既招收本科专业学生，也招收专科专业学生。全国招收旅游管理类专业学生的中等职业学校933所。相对于庞大的旅游专业院校学生群体以及旅游从业人员，此次3年计划培养的10 000名相关旅游专业人才只是其中很少的一部分。显然，"万名旅游英才计划"的用意在于引导有关各方积极行动起来，以各自力量，共同推动旅游专业人才培养。

仅就此次计划而言，接下来的重点则在于如何执行好这个计划。相对以往旅游人才培养的单项促进计划，此项计划涉及金额3100万元，确显魄力。但人才培养是立足长远的大事，需要持续推进，机制设计远比钱数本身更重要。在推进万名旅游英才计划过程中，如何明确英才计划的具体遴选范围，如何明确重点院校的范围，如何出台每个子项目更详细的实施细则和操作方案,如何有力、有效地加以宣传贯彻,各省市旅游主管部门是否可以形成配套支持政策与方案,这些都是下一步需要重点关注的。否则,这个计划就容易流于形式,难以取得实效。

第三,点位切入,构建生态。对于旅游专业人才培养而言,如何构建一个可持续的人才培养生态系统是当务之急。国家旅游局在经费上的大力支持只是构建这个生态系统的第一步,接下来还需要通过相应的政策,鼓励旅游相关企业在旅游专业人才培养上的社会责任。

应该鼓励旅游相关企业逐步建立完善的管培生制度,只有管培生制度与英才计划实现有效衔接,旅游院校培养的专门人才才真正有可能留在旅游行业。应鼓励旅游相关企业面对"万名旅游英才计划"入选者在企业调研、案例采写、创业指导等方面给予更开放的支持和帮助,只有这样万名旅游英才计划入选者才能更加深刻地了解中国旅游业发展实践,发现中国旅游业发展中存在的问题,入选者所作的研究才真正有价值。对于非重点院校的旅游研究队伍给予更多的关注,对于高职高专旅游院校的基础性人才给予更多的支持。一方面重点院校的旅游研究生数量非常有限,并不能代表旅游研究新生力量,应该高度重视对旅游教育和研究传统强校"研究型英才培养项目"名额的投放;另一方面应给予高职高专旅游院校学生在"实践服务型英才培养项目"上更多的空间,并引导其在旅游扶贫攻坚、乡村旅游服务水平提升等方面发挥其特长。

(2015年7月13日,中国旅游报,特约评论员文章,"旅游专业人才培养任重道远")

高度重视年轻人的旅游创业

"大众创业、万众创新"已成为当前国家社会经济发展中的重要战略措施。在这过程中,如何激发最具活力、最具创造力的年轻人的才华,尤其是激发年轻人旅游创业的激情,对于创新创业真正成为中国经济新的发动机具有积极而深远的战略意义。

(1)旅游业需要大众创新,更适合万众创业。第一,旅游业是"拉动经济发展的重要动力",中央高度重视"旅游在扩内需、稳增长、增就业、减贫困、惠民生中的独特作用",加强加快旅游业领域的创业创新,将"为推动经济提质增效升级、人民群众生活水平跃升做出新贡献"。第二,旅游业是天然的集群经济,具有明显的关联集消费特征。作为旅游者整体转移的关联消费,"吃住行游购娱"具有显著的多样性特征。这其中每一个环节都蕴含着极大的细分机会,每一次再细分都意味着全新的创新创业空间。第三,旅游需求的多样性特征以及市场细分的多元性决定了旅游创业门槛的多层次性,很多旅游细分领域的创业创新门槛要远低于很多其他行业。社会配套设施与服务的不断完善,旅游需求的不断迸发,则进一步降低了创业的门槛,旅游业是最适合创业的领域之一。

随着大数据时代的真正到来,对消费者进行更深层次、更具个性的需求细分成了可能。通过分析虚拟空间中大量的旅游消费数据,创业企业可以发现一个又一个在传统统计分析环境中无法识别的全新需求、小众需求。随着互联网技术的不断成熟,对个性需求通过全域集合、规模生产的方式进行满足成了可能。创业企业可以在全世界范围聚拢小众需求,通过市场区域的全域化实现"碎片化"需求产品的规模化生产。因此,我们观察到的大量旅游创业创新案例是来自在线旅游服务领域的。不过,在线创业创新最终仍需线下服务的配套,在线旅游的快速发展并不妨碍旅游领域的离线创业创新,反而为传统旅游服务领域的创业创新提供了新的动力和空间。

(2)旅游教育需要加快变革,更需要创业引导。2013年我国社会经济的不断深化发展推动着旅游业蓬勃发展,旅游业的快速发展也催生了欣欣向荣的旅游教育。截至2013年年底,我国有各类旅游教育院校约2600多所。2013年旅游专业在校生约87万人,毕业生约29万人,其中本科以上约5万人。尽管旅游专业毕业生的就业情况总体良好,旅游领域创业创新发展在很大程度上拓展了旅游就业范围和规模,但客观上面临的就业压力也不小,旅游专业毕业生行业就业率并不高,行业流失率却不低,高位就业也面临着很大的困难。同时,旅游创业的主流人群中毕业于旅游专业者并不多,可见旅游专业人才就业意识要强于创业意识,旅游教育就业能力培养要多于创业能力的培养。

为此,旅游院校亟须加强发展导向和课程设置等方面的改革,积极引导学生从旅游就业向旅游创业观念的转变;努力探索通过举办大学生旅游创业创新等方面的赛事活动,不断提升大学生旅游创业创新的能力;尝试构建跨院系、跨院校的旅游创业创新协同平台,整合大学生旅游创业创新的实力;探索校企合作新模式,提升大学生旅游创业项目的现实性和可行性;加强院校旅游教育与其他专业教育之间的融合,尤其要重视旅游专业教育与计算机、大数据等领域的复合培养来提升大学生的旅游创业能力。

(3)旅游创业需要多方扶持,更需要建构思想。旅游行政主管部门可考虑协同教育主管部门,加强旅游创业精英走进校园,与在校旅游专业大学生加强创业经验分享;推动旅游创业案例进入课堂,提升旅游专业大学生创业知识和能力;在各地旅游发展基金中尝试设立旅游创业发展基金,适度向大学生等年轻人群体倾斜,建立健全面向年轻人的旅游创业孵化机制;教育部门、旅游部门、行业协会三方协同,探索公益性的旅游创业大讲堂,加强对年轻人旅游创业的引导和培训;各级各类行政主管部门要用互联网思维来认识创业创新企业的"创造性破坏",而不是用传统的管理思维简单地将企业的创业创新视为"破坏"市场秩序或竞争生态之举。

旅游创业需要外部政策和资金方面的支持,但更重要的是在观念、思路和战略方向上的把握。除了需要善于发现市场空白点、善于搭建需求与供给之间的桥梁,创业恐怕还要紧紧围绕"封闭"与"开放""微旅游"与"深服务"两条主线来展开。所谓"封闭"就是指,创业需要更多地着眼于构建旅游产业生态圈,通过打造旅游产业生态闭环,打破传统的盈利模式,在"封闭"的环境下形成基于整合的盈利模式创新;所谓"开放"就是指,创业需要更多地发挥旅游经济内生的分享经济特征,在旅游经济运行中使用权分享的基础上,立足于信息的分享、资源的重组和成长的平台战略,在"开放"的空间中形成基于分享的商业模式创新。另外,从生活节奏、交通条件和便捷服务等角度看,近距离流动、快节奏消费、多频次体验的"微旅游"将成为旅游中的主力军,"微旅行、慢休闲、深度假"将成为人们旅游消费的典型诉求,从中衍生出的以"超便利、优体验"为特征的"深服务"需求亟须引起未来旅游创业创新的高度重视。在"封闭"与"开放"的交织中,走出单向度的"线思维",走向多元交互、融合发展的"场思维",推动从价值链到生态圈的思想转型,创业创新的空间将会更加宽广!

(2015年5月29日,中国旅游报,特约评论员文章,"从就业到创业
如何焕发年轻人激情")

深化推进旅游扶贫工作的四点思考

2015年5月,国务院扶贫办与国家旅游局联合发布了《国务院扶贫办、国家旅游局关于印发〈关于开展贫困村旅游扶贫试点工作方案〉的通知》(国开办司发〔2015〕3号),从加强规划引导、加大资金投入、组织开展培训、扩大社会参与以及加强监督管理等方面,具体而较为全面地考虑到了现阶段贫困乡村在旅游方面亟待解决的问题和困难,并选取560个建档立卡贫困村启动了2015年贫困村旅游扶贫试点工作项目。通知的发布以及试点工作的开展,将对我国旅游扶贫进而对整个扶贫攻坚战略发展起到重要作用。

旅游扶贫是我国新时期下扶贫开发的重点工作之一,也是2020年我国全面建成小康社会的重要战略支撑。因此,在整个旅游扶贫的工作框架与思路日臻完善的过程中,对以下几方面的问题仍须予以积极关注。

第一,进一步深化旅游扶贫的发展理念。旅游扶贫除了可以借助旅游产业带动乡村经济发展外,其深层次的目标应该是为乡村社会内生的发展带来帮助。比如带动乡村面貌的改变,包括乡村居民素质的改善、乡村文明的进步;明确乡村社会发展的目标是乡村的现代化,而不是乡村的工业化或者工业化思维下的乡村社会发展;明确乡村的原真性特征不是原地踏步、不是落后荒凉、不是话语霸权下的原真性还原,而是一个动态的概念,是当地人追求更美好生活权利下的内在逻辑演进;旅游扶贫不是简单地用政府主导、集体主义来短期快速推动经济发展,而是要更多地唤醒乡村居民的权利意识和进步愿望,提供更多发展方案让他们自主选择;要科学合理地处理旅游扶贫所带来的收入增长与分配问题,旅游扶贫首先希望带动的不是扶贫地财政收入的增长、而是每个农户或家庭收入的增长,因为推动农户收入增长和推动财政收入增长所要采取的扶贫模式可能是完全不同的,其在旅游发展规模上的诉求也是完全不同的。只有把这些深入细致地厘清之后,后续制订的每个发展计划才真正有助于推动贫困地区的发展。

第二,进一步抓好旅游扶贫的典型经验。首先,需要关注乡村周边区域经济问题。目前我们对每个扶贫乡村自身的情况都已经有了较为详细的了解,对乡村周边情况的了解可能就不是很多。每个贫困村都不是以独立个体的身份存在的,它与周边区域环境有着密切的关联,在落实具体的扶贫计划时,必须了解其所处的大环境,结合环境特点来开展工作。当然,在总结旅游扶贫乡村发展典型经验时,也需要重点关注这些村子在过去的发展过程中究竟碰到了哪些典型问题、采取了什么样的解决办法、探索的过程是什么样的。只有这样,典型案例才能发挥榜样的力量,给其他贫困村提供有益的借鉴和启发。否则,很容易出现盲目效仿典型案例的现象,结果搞了一堆不伦不类、脱离本地乡村特质的项目或设施,最终失去发展最需要的内核。

第三,进一步避免旅游扶贫的负面影响。在乡村旅游发展的过程中,不难发现一些乡村居民通过自己摆摊或者搞家庭旅馆实现了脱贫致富。常常被忽略的是,这一现象的背后不仅仅是家庭主要劳动力参与旅游经营,很多时候孩子也很自然地融入到这里面,久而久之,很容易产生注重经济收入、忽视对下一代教育的现象。比如有些贫困地区旅游发展好了,适龄孩子的入学率反而下降了。因此在旅游扶贫时要高度关注下一代的教育问题,别让旅游扶贫带动了经济却影响了孩子的教育。在这方面要充分做好积极正向的引导和宣传工作。

随着社会的变迁,许多古老的乡村正在走向贫困、没落甚至被遗弃。我们都很清楚,乡村承载着人类文明进程中的太多内容。相对于只有几百年的工业文明而言,人类与乡村、与土地的关系维系了上千年,那里承载着浓浓的乡愁。但乡愁的维系显然不是要把这片土地上的人祖祖辈辈固化在这里。只有让孩子们看了更广阔的世界后,回过头来以更开阔的视野来改良、重塑自己的家乡,乡村社会才会有更美好的未来。

第四,进一步推动旅游扶贫的体系发展。旅游扶贫并没有固定的成功模式,因为不同地区都有独特的地域性和需求差异,所以在做旅游扶贫时就要充分考虑到这一点。我们要通过规划扶贫、持续扶贫、培训扶贫、信息扶贫、集成扶贫、政策扶贫、"雁阵扶贫"等体系化的扶贫来推动旅游扶贫工作有效深化开展。规划扶贫时,要避免面面俱到,要考虑到村落扶贫规划自身的特征,要避免"高大上",讲究精准、适用。规划扶贫可以让贫困村的旅游发展有方向、有措施,但有些问题的解决无法一蹴而就,解决起来有困难,那就需要建立持续扶贫机制。专家前往扶贫的次数毕竟有限,持续扶贫机制就会涉及志愿者扶贫的问题,也就是能否号召旅游、建筑、景观、艺术等相关专业的学生参与到持续旅游扶贫中来,为这些贫困村旅游发展提供持续的帮助。输血容易造血难,扶贫不是简单地给钱、做规划,而是要提升这些乡村地区自身的发展能力,这就需要我们在旅游扶贫中配套相应的培训,为当地人提供适合旅游发展的服务技能和管理技能方面的培训,这些技能培训和技术帮助可能比直接的资金扶贫更具有实际价值和意义。而有些地区需要的是"雁阵扶贫",那就要找好带头人,对重点农户、家庭实施扶贫,进而让这些农户和家庭发挥领头雁的作用,带动整体扶贫目标的实现。土地始终是经济发展中最重要的要素之一,在乡村旅游发展中也是如此。如果能够结合旅游扶贫,用好政策扶贫,在这些贫困地区实施一些特殊的旅游用地政策,则既有助于探索旅游用地改革创新思路,也有助于增强旅游扶贫的可持续性。此外,对于旅游发展潜力大的贫困地区、贫困村落,可以考虑集成各类各项涉农资金,用于旅游发展,提供资金使用效果。

(2015年8月13日,中国青年报,厉新建 马蕾)

走出"门票经济"困局

景区门票消费占比高不高

一直以来,大家对旅游景区门票价格变动问题都异常关注,各种评论的声音都指出景区门票价格太贵了,祖国大好河山成了"看不起的风景"。可实际上,国家旅游局的旅游抽样调查报告显示,景区门票支出在全部旅游花费中的比例远低于餐饮、住宿等方面的花费。数据显示,2011年城镇居民散客的花费构成情况是:交通费占总花费的33.7%、餐饮费占22.2%、购物费占20.4%、住宿费占14.5%,而景区游览费仅占5.3%。农村居民散客的花费构成情况是:交通费占总花费的28.4%,购物费占28.8%,餐饮费占22.4%,住宿费占10.7%,景区游览费仅占4.9%。

问题是,为什么门票消费支出占旅游花费的比例最低,但人们对其敏感性却最强呢?其主要原因在于,目的地的住宿和餐饮多数情况下是充分竞争的市场,旅游者在这两方面的花费往往建立在充分比较、自主选择的基础上,而社会反映比较强烈的目的地景区则往往具有一定的垄断性特征,旅游者几乎没有自主选择的余地,有一种被迫接受的感觉。可以说,是自主选择的权利受到了限制的感觉放大了人们对景区门票价格的反应。

这种反应同时也说明,人们的旅游消费模式还没有发生根本的转变,传统的观光旅游还处于主导地位,旅游消费由观光旅游为主向观光旅游与休闲度假并重转型的效果还并不明显,离有关各方所期望的目标还有很大的差距。如果休闲度假比重显著提升的话,人们将会更加重视如何闲适、愉悦地消磨一段假期,而不会像现在这样关注是不是到那些虽然知名但拥挤不堪的景区游览。

景区门票涨价应不应该

从国际比较的角度看,我国的景区门票价格的确不便宜。有人曾经作过比较,美国黄石公园和科罗拉多大峡谷门票的价格都是25美元(每车),而我国九寨沟和张家界每张门票价格分别是220元、248元;印度人游泰姬陵仅需20卢比,而中国人游布达拉宫票价高达200元。中国社科院的研究显示,2012年所有5A级景区的平均门票价格为109元,相当于同年城镇居民月度人均可支配收入的5.32%,相当于农村居民人均纯收入的16.52%;所有4A级景区平均门票价格56元,相当于同年城镇居民月度人均可支配收入的2.74%,相当于农村居民月度人均纯收入的8.49%。与国外旅游景区门票一般占月收入1%左右的水平而言,显然是比较高的。

门票涨价有一定的合理性但涨幅过大。同样来自中国社科院的研究报告显示,2008年1月至今,曾经调过价的5A级景区2008年的平均价格为94元,如果考虑到物价上涨因素,则2012年的平均价格应为104元左右。但这些景区2012年的平均门票价格为133元,远高于基于物价上涨应定的价格。这其中有管理体制的问题,也有景区功能定位的问题。目前,很多景区的管理与服务人员工资、福利不在政府财政预算范围之内,而城镇就业人员平均工资已从2008年的28 898元上涨到2011年的41 799元,上涨幅度是44.6%,景区显然有动机通过涨价来改善工作人员的工资水平。此外,各地财政对景区的维护投入能力有限,这也使景区有动机通过涨价来增加企业或地方财政收入。有研究表明,我国东部地区的5A级景区门票平均价格最低,为94元,西部最高,为123元;西藏最高,为200元,其次是贵州(165元)、广西(163元)、四川(158元)、海南(151元),而北京5A级景区平均门票价格最低,为34元。这不能不说与地方财政有密切关系。

不过我们欣喜地看到,新颁布的《中华人民共和国旅游法》第四条规定"利用公共资源建设的游览场所应当体现公益性质",第四十三条规定"利用公共资源建设的景区的门票以及景区内的游览场所、交通工具等另行收费项目,实行政府定价或者政府指导价,严格控制价格上涨"。这在一定程度上体现了国家旅游战略的转变。希望旅游法的出台能有助于解决景区门票无序上涨和景区门票收入支出无标准可循的现状。

景区门票免费可行吗

在门票经济的争论中,多数人都会提到杭州西湖的免票模式。实际上,西湖模式并不见得具有可模仿性。第一,并不是所有的旅游目的地政府都像杭州一样,将发展旅游内化到城市发展中,将发展旅游作为改善城市环境、提升城市形象的重要路径来对待;第二,并不是所有的旅游目的地都具备承接免票后衍生出来的经济价值,西湖模式要求目的地有完善的综合配套供给和科学的休闲发展规划;第三,跳出门票经济的前提是,从政策上保障景区及其周边的整体开发权,从而保证旅游景区的溢出效应能够实现有效的内部化,或者直接规定景区采取国有国营的模式,从而使景区的溢出效应在目的地层面上得到内化。在市场经济的环境中,这一点尤为重要。

在我国的旅游景区经营过程中,不仅有很多是私人投资开发的旅游景区,也有很多国有的旅游景区是采取国有私营的模式,也就是采取所有权、经营权、管理权分离的方式来运营的。在这种情况下,景区取消门票所产生的正效应并不能内化为景区经营者的经济收益,任何一个理性的经营者也不会放弃景区门票收益而采取门票免费的方式。更何况随着我国人民生活水平的改善,旅游人次的快速增长完全是可以预期的;在我国大众化旅游发展的初期阶段,由于资源本身的稀缺性和旅游消费的可选择性等方面的原因,门票涨价对市场需求的抑制作用显然还有待观察。加之我国没有严格的门票价格规范与约束机制,收门票、涨价自然就成了景区经营者最简单、最有效的增收方式。

因此,如果我们不能深刻认识《旅游法》第三条提出的"国家发展旅游事业"的深刻内涵,重新界定旅游景区的功能,景区门票免费将不具有广泛的可行性。

景区门票应该如何体现公益性

《旅游法》第四条规定,"国家鼓励各类市场主体在有效保护旅游资源的前提下,依法合理利用旅游资源。利用公共资源建设的游览场所应当体现公益性质",从而从法律上提出了景区门票公益性的要求。

为了让景区门票体现公益性的要求,在未来的旅游法的法律解释中,恐怕要明确公益性的体现方式,明确公益性究竟是指门票的低价格还是免费?是在景区运营过程中设立免费开放日还是在景区运营过程中实施面向学生、老年人以及残疾人等弱势群体的减免票制度?国家财政扶持的和地方财政扶持的景区在公益性受益范围的界定上是否应该有所差别?

要规定旅游法所指的"公共资源"的明确范围。比如,自然遗产和文化遗产是不是公共资源?曾经享受政府财政补贴的游览场所是不是属于利用公共资源建设的游览场所?如此等等。

同时我们也要清醒地认识到,任何的利益总是在结构化的关系中体现出来的。如果我们不能在旅游景区的运营过程中处理好开发者和地方政府的利益诉求,那么公众的利益必然无法实现;在一些景区,如果没有丰富多样的商业设施,那公众旅游的便利性需求也无法实现,甚至景区本身的吸引力也会大打折扣;当然,如果我们不能从法律法规上规定旅游景区门票收入的使用范围和相关标准,就很难平衡旅游景区开发与保护之间的关系,利用旅游资源的市场主体能不能有效保护旅游资源也很难说。

景区应该怎样转型升级

旅游产业的转型升级是当下热门话题。一般而言,转型往往意味着从一种形态变换到另一种形态。对有些景区而言,可以由当前的功能型企业转变为平台型企业,从当前主要依靠门票收入转变为依托景区环境而形成的平台化的商业收入,从而改变旅游景区门票经济的现状。但从目前来看,旅游景区还很难找到从景区状态转变为其他状态的具有普遍意义的发展路径,旅游景区高门票的"挤出效应"仍将不可避免地对目的地旅游产业链条中的其他环节产生负面影响。毕竟,现阶段人们出游的核心吸引物还主要是旅游景区。

  因此,就旅游景区而言,无论是转型为平台型的企业还是公共性的休闲空间都存在现行政策、发展阶段和改革勇气的限制,相形之下,升级或许是比转型更重要、更迫切的事情。景区门票关键并不在于涨还是降,而在于涨价后是否能够提供与涨价相符的产品与服务。如果景区涨价后,游客可以欣赏到更加悦人的景观,享受到更加优质的服务,那游客多花点钱也是值得的。从这一点看,景区的升级方向应该是提高景区规划的科学性,丰富景区的产品,优化景区的环境,改善景区的服务,完善景区的管理水平,提升景区的信息化程度,最终实现景区的人性化发展和可持续发展。

(2013年6月1日,中国纪检监察报,"走出'门票经济'困局")

第二篇 入境分析

科学求真、扎实有效地推动美国旅华市场增长

中国入境旅游市场已经连续多个季度下降，入境旅游市场发展形势严峻。更重要的是，在全球旅游市场形势向好的大环境下，中国入境旅游市场依然增长乏力。联合国世界旅游组织的数据显示，2014年前8个月，全球国际旅游市场取得5%的增长。作为中国最重要的远程入境市场，美国2014年前7个月的出境市场总体增长了10.3%，除墨西哥和加拿大市场外的美国海外旅游市场增长了6.7%，其中亚洲市场增长了4.7%，但美国旅华市场同期却下降了1.3%，8月和9月同比依然负增长。此时的中国入境市场，包括美国旅华市场的下降态势显然不能简单归结为外部因素，恐怕更加需要我们科学务实地剖析自身原因，扎实有效地做好自身工作，重新推动美国旅华市场的增长。这其中最为重要的是深入调查研究，了解美国旅华市场特征，发现问题，找准方向，调整项目选择、产品开发和营销设计。国家旅游局李金早局长刚刚上任，就指出，"要大兴调查研究之风，积极探索新形势下旅游业发展的规律"。从这个角度看，中国旅游报社组织的"中国旅游国际传播舆情智库项目"应该说是恰逢其时，对于我们了解主要旅华入境市场的真实情况大有裨益。

没有调查就没有发言权。但是如果只有调查，而没有对调查所得的数据进行分析，同样也不会有发言权，也无法有效地影响政府、企业的营销决策。应该说，国家旅游局一直以来都是非常重视针对旅游市场的调查的，这其中最为典型的就是连续多年的入境旅游抽样调查和国内旅游抽样调查。但遗憾的是，似乎从来没有针对这些珍贵的抽样调查数据进行过公开的解读与分析，从而使调查所得的数据渐渐地成了"死数据"，没有发挥"大数据"应该发挥的作用。这次中国旅游报社的"中国旅游国际传播舆情智库项目"很好地吸取了这方面的经验教训，主动邀请相关部门负责人、相关领域专家对舆情报告进行解读，必将对真正发挥舆情报告数据的实践作用产生积极影响。

具体到最新发布的《美国来华旅游舆情调查报告》（简称《舆情报告》）这是中国旅游报与中国旅游舆情传播智库共同发布的研究报告，后续其他来华舆情报告都属于同一系列报告，不再一一赘述。结合对美国出境市场的了解，以及针对美国旅华市场的开发，有以下几个方面值得关注和重视：

第一，美国出境旅游市场依然颇具潜力，中国依然是最受欢迎的出境旅游目的地之一，但遇到了来自印度等亚洲旅游目的地强有力的挑战。受2007年世界金融危机

的影响,美国出境市场出现了持续低迷,出境人次从2007年的6405万人次下降到2011年的5921万人次,开始触底连续两年反弹,2013年出境人次达6187万人次。从此次美国旅华舆情报告中也可以看到,美国居民对出国旅游的正面和中性看法的比例达六成以上,亦显示了该市场的发展潜力。

不过在看这组美国出境旅游市场低迷数据的同时,我们更需要关注到,自2004年到2013年,除了2009年外,美国出境旅游消费的增速始终远高于出境人次的增速。2013年美国出境人次同比增速为1.94%,而出境消费同比增速则为4.64%,达1236亿美元。自2005年开始,除2005年和2010年外,美国旅华市场的增速都低于美国同期前往亚洲的平均增速,而同期美国前往印度的市场规模则出现了显著增长,除2010年和2012年外,美国前往印度旅游的增速要远高于中国。2013年美国旅华负增长的情况下,印度则取得了11.05%的高速增长。

因此,尽管此次《舆情报告》显示,表示对来华旅游非常感兴趣的比例达28%、有兴趣的比例达38%,并且未来3年想去的国家和地区中,中国位列美国海外旅游目的地的第六位(除墨西哥和加拿大这两个美国绝对的出境目的地外),要远超过印度,但我们对于美国旅华市场所面临的竞争形势决不能掉以轻心。此外,在这些美国出境旅游潜在的目的地中,日本排在亚洲的首位,而且在2010年福岛核电站事故之前,日本也是美国在亚洲的第一出境目的地。从数据看,美国旅日市场似乎正在走出核事故以来的低谷。因此中国在争取美国出境市场上,显然将受到印度、日本等目的地的强有力挑战。

第二,针对美国旅华市场,应该逐步走出单纯重视人次规模的模式,重视对旅游消费质量的高度关注。此次美国旅华舆情报告显示,在华停留4天以下的占22.7%,5~7天的占34.2%,8天及以上的占43.2%。这应该是相当不错的成绩。但如果考虑到2013年美国人出境旅游的平均停留时间是18.1晚的话,我们显然能够看到留给中国的巨大发展空间。

比较2004年到2013年的十年,关于美国旅华人次以及在华消费的数据,我们欣喜地看到,中国显示出了较好的内涵式发展势头,历年消费的增速要远高于人次的增速(尽管2008年和2009年这两年数字都表现为负增长)。从旅游消费角度来看,美国来华旅游消费的平均值为2100美元,如果这个数字是包含了美国游客来华的交通费以及在华旅游花费的话,那么我们同样要看到其中的差距与潜力。因为美国官方的数据显示,2012年美国出境旅游每人次交通花费为1370美元,目的地消费为1559美元,合计2929美元,较2100美元还是高出不少,说明中国在美国旅华市场的产品开发、深挖消费方面还是存在不小的差距。

第三,在开发美国旅华市场时,要注意提高营销渠道的针对性。此次美国旅华舆情报告显示,互联网是美国公众获得中国旅游相关信息最为重要的渠道,在所有渠道中占比高达71.2%,其次为电视29.8%、杂志18.6%、亲友介绍18.0%、报纸11.0%、旅行社/代理商8.4%。这是一组值得我们高度关注的数据,体现出了一些与我们常识不相一致的地方。不过,在利用这组数据来指导旅游营销相关渠道设计的同时,我们也需要考虑到,这里面的互联网包括了专业旅游网站、旅行社网站以及旅游目的地的宣传网站,所以对旅行社以及在线旅行服务商(OTA)的重视依然不可放松。在美国官方针对出境旅游行程计划的信息来源方面,OTA以31%的比例位列第二,传统旅行服务机构亦高达20%。我们在实际的网络营销中,要注重目的地营销网站基于信息推送的可见性优化、基于网站监测的互动性优化以及基于网站定位的战略性优化。

此外,还需要主要结合大数据平台、客源国传统调研数据等作为营销渠道设计的补充。比如,我们可以根据诸如google trends等相关的大数据平台,根据美国市场的网络搜索热点来有针对性地进行旅游目的地或旅游产品的信息投放和推送;我们也可以根据美国官方的出境客源地数据来有针对性选择具体的区域、州、城市来投放中国旅游的相关信息。中大西洋地区(25%)、南大西洋地区(20%)、太平洋地区(15%)是美国传统的出境客源地(2013),而纽约(12.5%)、加州(12.1%)、得克萨斯州(8.2%)、新泽西(7.3%)、佛罗里达(5.6%)则是最重要的出境客源州(2013),纽约市(11.0%)、亚特兰大市(3.6%)、休斯敦市(3.5%)、洛杉矶市(3.5%)、芝加哥市(2.5%)等则是最重要的出境客源城市(2013)。这些区域、州和城市显然是我们重点投放的目标市场。

第四,在开发美国旅华市场时,要注意抓好营销时间的提前量。作为出境旅游的远程目的地,美国游客前来中国之前,需要花费相对较长的时间进行旅游行程的计划与安排,而这个时间的长短显然会影响到中国各旅游目的地在美国进行营销安排、产品投放时的最终效果,因此也必然是需要认真考虑的问题。据美国官方统计数据,美国公民出境旅行时,平均会提前98.3天开始进行整个旅游行程的规划(2013)。尽管针对不同的旅游目的地,这个时间会有所差异,我们也可以通过改善舆情监测的题项的方式来专门获取。但不管怎样,营销时间的提前量是保证营销效果必须考虑的,否则营销的结果就只能是"有兴趣"而"无行动"。

从针对美国旅华市场的产品开发上,此次舆情报告显示,"美食、购物比例低"(分别为7.3%和3.2%)值得高度重视。其实,购物、美食都是美国出境重要的选项之一。2013年的数据显示,在出境旅游最喜欢从事的项目中,购物以75.5%的比例位居第二,而享受美食则以39.6%的比例位居第四。中国作为全球著名的美食大国,在针对美国旅华市场挖掘传统美食、宣传传统美食方面还大有文章可做。在这方面值得向韩国学习,韩国将美食提升到文化的高度,将美食的营销与文化推广、影视传播等有机地结合在一起。至于购物,则需要加快落实国务院31号文件中有关提升购物消费的举措,优先研究入境旅游消费者出境免税购物的空间前置问题,即将出境口岸免税购物前移到市内免税店,并解决市内免税店购买的免税品在机场办理提货业务方面存在的障碍。

第五,在开发美国旅华市场时,要注意改善旅游产品的适应性。此次舆情报告还显示,美国旅华市场"男性比例高"(72.7%)以及"自由行比例大"(57.5%)。针对自由行比较多的特点,则需要积极响应前段时间国务院常务会议上提出的升级旅游休闲消费、建设自驾车和房车营地的重要部署,同时积极推进汽车租赁网络的建设、打造在线汽车租赁平台型企业,为已经完全适应了自驾旅行的美国游客提供便捷、高效的中国自驾游服务网络。

针对美国旅华市场男性比例高的现象,我们无法评价这种结构的好与坏,但显然我们需要对开发美国女性市场予以积极关注,这不仅是因为女性比例明显偏低的原因,更在于女性出境旅游需求在美国整体出境市场上突出的表现。此次舆情报告也显示,美国海外旅行的男女性别比例大概为1:1,而在2000年时女性仅占美国出境游客的39%左右。

第六,充分发挥入境旅游枢纽的集散功能,通过旅游带的建设与推广将城市影响力引向纵深,是目前中国入境旅游的重要难题。此次舆情报告显示,从在美国市场的知名度、吸引力、旅游营销传播效果以及标志性旅游吸引物的赋存而言,北京和上海都是中国开拓美国旅华甚至整个入境旅游市场最为重要的目的地。这显然与北京、上海在中国的政治、经济、文化等方面的独特地位有关,但就旅游的发展而言,不能将这种因为极化发展战略而产生的效果向周边地区有效扩散的话,显然这样的入境集散枢纽只能停留在门户的层面,而无法真正形成具有深度、广度的旅游目的地以及旅游目的地网络体系。

完成这个转换中的重要抓手,则是目前已经形成雏形或正在大力推进的各个旅游带的建设。舆情报告显示的情况显然让我们对前景充满信心,相对于城市影响力的悬殊差距,美国市场对中国各个主要旅游带的兴趣分布则相对要平均很多,长城旅游带(76.7%)、长江旅游(50.2%)、丝绸之路(44.3%)、滨海城市度假游(43.1%)和京西沪桂广旅游(41.6%),其他几个旅游带的兴趣比例也都在30%~40%。旅游带的建设将是未来中国打造入境旅游市场产业点、产业链、产业群、产业面等旅游目的地生态链的重要基础。

第七,高度重视入境旅游市场发展中的全域化发展理念,着力打造有利于吸引包括美国出境市场在内的广大中国入境客源市场的旅游生态圈。我们在"中国旅游国际传播舆情智库项目"发布的多个舆情报告中观察到,很多海外游客之所以不愿意来中国,其原因不是因为他们对中国丰富的旅游吸引物不感兴趣,而是因为在这些旅游吸引物之外、无时无刻不影响着他们对这些旅游吸引物观赏游览的非旅游因素,这其中就包括空气污染、食品安全、语言不通、治安不好等因素。解决这些问题,显然不是旅游行政主管部门一个部门所能做到的,而是需要中国各个旅游目的地的各个相关部门、相关利益方共同努力,需要把入境旅游市场的开拓放在全域发展的高度上来认识。

当然我们在这次舆情报告中也发现了一个有趣的现象,那就是美国公众指出对中国治安状况的担忧首先是影响其来华旅游的重要原因,但另外来华旅游的美国游客则对中国治安状况的满意度高达63.6%。两相比较,我们可以发现,如何有效地向外部世界传递"美丽中国"的真实信息,对于入境旅游市场的开拓而言也是至关重要的,尤其是当潜在目标市场所保有的关于中国旅游目的地的形象是过时的、错误的时候,这种真实信息的传递就显得更加迫切。

　　我们相信,只有形成了空气质量优良、社会环境友好、技术环境便捷、公共服务到位、产品业态多元的旅游生态圈,入境旅游市场的持续、健康发展才能最终成为现实。

(2014年11月7日,中国旅游报,"科学求真,扎实有效推动美国旅华市场增长")

立足长远　抓好英国旅华市场

自2006年以来,英国旅华市场总体呈现良好的发展势头,除2008年、2009年受全球金融危机影响出现下降外,其他年份都是正增长。但2014年以来,这种正增长格局被打破,该市场出现了连续负增长,如何立足长远抓好英国旅华市场需要尽快提到议事日程上来。

第一,基于英国出境市场区域格局特点,以平常心抓好英国旅华市场的长远发展。英国是全球出境市场最重要的客源国之一,一直处于全球出境旅游花费的前五位左右。据联合国世界旅游组织公布的数据,2013年英国出境旅游花费高达526亿美元,考虑到其6400万的人口总规模,看得出这是一个消费能力强劲的客源市场。不过,正如《英国来华旅游舆情调查报告》所显示的,英国出境旅游的目的地主要集中在欧洲。从英国官方公布的最近五年(2009—2013)出境旅游数据来看,欧洲大致占英国出境游客市场的78%左右,而其中欧盟承接了英国大概72%左右的份额,欧盟15国承接了英国前往欧盟国家旅游中90%左右的份额。因此英国出境旅游最主要目的地是在欧洲内部,真正进行洲际出境旅游的游客市场份额大概占22%左右,其中,亚洲大致占英国出境市场的份额基本稳定在5%的水平。从英国前往亚洲旅游的客源分布结构看,印度是最大的目的地,大致占30%,另外主要的目的地包括巴基斯坦14%,泰国12%、中国11%、中国香港5%、日本3%。

从这些大格局数据上看,开发英国旅华市场的重点应该更多地放在挖掘消费潜力上。中国和泰国差不多承接了同样比例的英国在亚洲的市场份额,但是泰国占英国在亚洲旅游消费的比例达到17%左右,中国仅占11%左右。而比较英国官方关于英国游客在中国和在泰国的平均停留时间则是差不多的,甚至在中国平均停留的时间要略高于在泰国平均停留的时间。此次舆情监测数据显示,英国游客在华逗留时间在一周以上的达55.6%。实际上,英国官方数据显示,英国游客平均在中国停留的时间大致在25~30天,这是非常不错的成绩。只是英国游客在中国每天消费大致是40英镑左右,而在泰国平均每天的消费则在50~60英镑左右,这显示出在英国旅华市场人均天消费能力的挖掘上还有较大的发展空间。

第二,基于英国出境市场消费结构特点,以进取心抓好英国旅华市场的长远发展。尽管此次舆情数据显示,在英国海外旅游目的地选择的排序中,中国并不占优,但我们还是可以看到几组非常有启示意义的信息:"20~39岁的中青年人群想到亚洲旅游的比例明显高于40岁以上的中老年人群""从年龄来说,30岁以下人群对中国旅游的整体体验表示满意的比例高于其他年龄段的人群""'没有去过,以后打算去'和'去过,以后还打算再去'的总计超过半数"。我们或许可以从这些数据中看到中国开拓英国旅华年轻人市场的价值。我们应该看到,有些年龄段的入境旅游市场只能是一次性的旅游市场,而有些年龄段旅游市场则是可以重复消费的旅游市场。年轻人旅游市场就是可以重复消费、持续挖掘的旅游市场,尽管这个市场的消费能力可能对当前的入境旅游收益贡献不大,但我们要看到这是一个不断发展着的旅游财源。集中力量抓好英国旅华年轻人市场是抓英国旅华市场长远发展的重点之一。

　　此次舆情报告还显示了两组比较有意思的数据:英国来华旅游的方式,选择"自由行"的近7成;来华旅游的目的方面,观光旅游为6成,度假占5成。显然自由行方式、休闲度假产品都是中国旅游业目前转型发展的重要方向。的确,度假旅游是英国出境旅游结构中的主流,占65%,其他的商务旅游约占12%,探亲访友旅游占20%。但在度假旅游的具体开发上,还需要注意英国出境市场的消费特点。从英国度假旅游的消费结构上看,其全球范围内包价旅游所占的比重约40%,具体到除欧洲、北美洲之外的其他目的地度假旅游,其包价旅游所占比重大致在58%~60%。Euromonitor的研究数据显示,团队旅游在英国整个出境旅游市场中大致占到25%左右的市场份额。因此,在开拓英国旅华度假市场方面,在大力发展自由行的同时,传统的包价旅游依然有其独特的意义和价值。如何在英国市场加强团队旅游产品的营销推广、突出旅行服务商在综合打包产品开发与运营上的创新能力,依然值得高度重视。

　　第三,基于旅游营销目标层次结构特点,以求真心抓好英国旅华市场的长远发展。在市场竞争日益激烈的环境下,各旅游目的地在入境旅游营销投入力度方面都在持续强化,在旅游营销渠道的改进方面也下了很大的力气,这对获取国际旅游市场份额方面将大有裨益。为了更好地发挥旅游营销的作用,我们还要在旅游营销上分出层次,从而形成科学的入境旅游营销体系。比如从入境旅游营销的目的上可以分为建立认知、促发购买、吸引回头客等不同的层次,对于不同层次目的的旅游营销活动,显然需要进行不同的设计。在这方面,英国开拓入境旅游市场的策略就很值得借鉴。英国于2011年推出了"GREAT Britain:You're invited"的活动,以吸引从来没有到访过英国的客源市场,鼓励人们成为英国的回头客,在2012年从"GREAT Britain:You're invited"项目中专门独立出来一个由卡梅伦首相亲自抓的"The GREAT Image"的项目,进行跨部门合作,以寻求英国入境旅游的海外市场,第一期在9个国家或地区的门户城市进行推广。通过不同营销活动的分工,分层应对,所取得的效果自然更有保障。

　　另外,现在的入境旅游营销推广都已经做到通过目标市场选择,加强对重点区域市场、重点细分市场的营销投入,下一步有必要加强对营销手段的优化匹配,并且对重点市场需要持续投入,减少蜻蜓点水、打一枪换一个地方的营销投入模式。此次舆情监测报告显示,英国民众获取有关中国旅游信息的途径中,互联网排在第一位,超过7成;其次是电视,为33.5%,而移动互联网、亲友介绍、报纸、杂志和旅行社介绍等渠道亦都超过10%。这些数据显示了传统营销方式的积极作用,我们有必要对舆情调查数据进行深入剖析,了解到不同年龄结构、不同区域、不同旅游目的的消费者在媒体偏好方面的差异,从而形成有针对性的营销渠道匹配机制。比如英国出境旅游市场,除团队出游占最高比例外,单身出游和情侣/夫妻出游分别占到18%、19%左右,显然对这三种不同的出游组织方式需要用不同的营销配置来应对。对于看准的重点区域要通过营销渠道优化进行持续投入,浅尝辄止的结果大家都是明白的,而要真正咬定认准的潜力市场进行持续投入,恐怕还涉及入境营销绩效评估机制的改进问题。

  第四,基于入境旅游市场收益结构特点,以全局心抓好英国旅华市场的长远发展。2014年国务院31号文件指出,要"抓紧研究新形势下中央财政支持旅游业发展的相关政策,做好国家旅游宣传推广、规划编制、人才培养和旅游公共服务体系建设"。这是否预示着中央财政支持旅游发展的力度可能在原有国家旅游发展基金基础上会有新的突破,我们还不得而知,不过从高度重视国家旅游宣传推广的角度上延伸开去,或许还涉及我们对入境旅游本身如何定位的问题,尤其是当前舆论比较关注中国旅游服务贸易巨大逆差的情况下更是如此。

  从这次以及前几次发布的中国主要城市在海外的认知度、各省区海外旅游传播效果以及海外市场对"美丽中国"推广的认知等方面的调查结果来看,外部世界对中国的认知还有巨大的提升空间。常言道,百闻不如一见。尽最大的可能让外国民众了解中国,最大、最有效、最值得重视的方面就是入境旅游的方式。从这个角度上看,入境旅游的发展不应该是国家旅游局一个部门的事,而应该是国家战略层面的工作。文化"走出去"不仅仅是我们要输出文化产品,我们也可以通过把消费市场"请进来"的方式减少文化"走出去"面临的意识形态方面的障碍,加快中华文化的传播。国家发展入境旅游能获得更多的外汇收入固然好,但从全局的角度看,发展入境旅游不应局限于经济利益,而是应该从国家战略高度,从经济利益、公共外交、文化传播等多方面综合考虑,以推动入境旅游更好地发展。

  这其中也包括从国家战略的高度来认识年轻人入境旅游市场的发展的问题。我们要看到,未来的世界必然是年轻人的世界,掌握这个世界,制定这个世界未来的发展、未来的规则、未来的格局的,也必然是年轻人。只有充分挖掘了包括英国在内的所有旅华客源国(地区)的年轻人市场,中国提升自己在全球的地位、中国的强国复兴之路才能走得更平顺。国家有必要在更大范围内、更加广泛地以旅游的方式推动中国与各有关国家年轻人交流方面的项目,在更大范围内抓好面向年轻人旅游需求特点、符合青年人消费能力的设施建设、产品供给、服务设计、营销推广等方面的工作。

英国旅华市场中面临的问题,在其他旅华市场的开发中同样会碰到,希望有关各方能够立足长远,用平常心、进取心、求真心、全局心,积极推动中国入境旅游市场转到健康化、常态化的增长轨道上来。

(2014年11月21日,中国旅游报,"立足长远抓好英国旅华市场",厉新建　宋昌耀)

把握新情况,推进德国旅华市场新发展

近10多年来,德国旅华市场总体发展态势良好,2003—2013年,德国旅华市场年均增长达17%。从2014年前11个月的数据看,德国旅华市场在中国普遍负增长的入境市场格局中,尽管增速较低,但保持了总体正增长。下一步如何充分利用中德之间良好的贸易经济合作关系,尤其是利用2015年"中德创新合作年"的契机,再行推动德国旅华市场的增长,对中国入境旅游市场的发展具有重要意义。

第一,结合德国出境旅游格局新动态,重视扩大德国出境旅游市场份额的难度。

欧洲是全球最重要的出境旅游市场,而德国则是中国在欧洲最大的旅游客源地。中国需要高度重视德国客源市场的开发,不仅在于德国是重要的远程旅华市场,以及德国出境旅游市场强大的消费能力,而是在于德国出境市场出现的一些新动态。一方面,德国出境市场较为成熟,受经济疲软状况的影响相对较小。此次舆情报告显示,对于当前海外旅游时机持否定态度的仅占2成,超过7成受访者对此持正面或中性看法。另一方面,经济疲软对德国海外旅游目的地的选择产生了重要影响。德国出境旅游目的地主要集中在欧洲内部的奥地利、法国等国家。经济不景气导致德国民众更加偏爱近程目的地,东欧国家在争夺德国出境市场方面显然较中国这样的远程目的地更具有优势。因此,德国旅华市场的开发不仅面临着美国、巴西、印度等德国传统远程目的地的竞争压力,同时还需要高度重视来自捷克等东欧国家以及在价格上具有很强竞争力的土耳其等目的地的竞争压力。

德国出境旅游市场偏爱夏季到法国、西班牙、意大利、土耳其等国家海滨度假,冬季则到奥地利等国家滑雪度假等。但舆情报告显示,中国那些高质量的滨海度假目的地、滑雪旅游目的地却几乎无一出现在德国民众的感知及兴趣范围内。德国民众对中国城市以及景区的感知还是停留在传统的"京沪广深"等大城市和长城、故宫等传统景点上。从小的方面看,如何将中国高质量的滑雪旅游吸引物进行深度开发,完成滑雪景点向滑雪度假村的发展、从滑雪场向滑雪旅游度假地的转型报告,包括积极引入境外投资以及在国际市场具有广泛影响力的度假品牌,恐怕是当前开发包括德国旅华市场在内的各个旅华市场时需要重点考虑的问题。尽管中国有庞大的民间资本,但境外资本有着自身独特的市场能力,依然是中国旅游发展以及市场开拓需要积极考虑的。从大的方面看,则恐怕涉及航权安排的问题,毕竟远程市场的开发严重依赖航空运力的安排和航空制度的创新。如何在航权开放上进一步取得突破,从而为旅华市场的产品创新提供扎实的基础,也是下一步中国入境市场能否持续发展的重点议题。旅华市场的发展不能完全寄希望在努力营销上,更需要产品创新作为核心支撑。

第二,结合德国来华旅游结构新趋势,合理利用德国入境旅游市场结构分化契机。

舆情报告显示,男性游客和中青年游客在德国旅华市场中占据了绝对优势。2010年以后,德国男性游客的比例每年都超过70%,中青年游客的比例超过80%。这种严重分化的结构在其他国家旅华市场也存在。结合国家旅游局的数据可以发现,2014年前9个月,德国旅华市场集中分布在25~44岁和45~64岁,两者分别占43%和41%的比例,2010年以来的数据显示,德国旅华市场14岁以下、15~24岁的游客以及45~64岁的游客比例上升,25~44岁的游客以及64岁以上的游客比例总体下降。这预示着在保持整体稳定性的情况下,加强德国旅华潜力市场开发的重要性。

考虑到舆情报告中有关德国受访者不愿来华旅游的原因中,13.4%是因为"不喜欢中国"、11.0%是因为"不了解"中国。中国有必要继续加强中德两国中青年旅游互访交流方面的项目设计与推动,加强适应年轻人需要的旅游基础设施建设和服务配套完善,通过政策推动和产品推动这"两个轮子"一起促进德国旅华市场的发展。对于64岁以上年龄段游客比重的下降也促使中国更客观地来认识德国旅华市场的开发。尽管市场上常有关于银发市场开发方面的积极建议,但就入境旅游尤其是远程入境旅游市场开发而言,需要清醒地认识到老年人市场的开发面临的诸多困难。一般而言,银发市场是一个对远程旅游尤其是远程出境旅游比较敏感的消费群体,他们往往偏好于近程旅游目的地,倾向于采取短时间的旅蹑模式和长时间的度假模式。如何客观判断德国旅华银发市场的潜力、针对德国旅华银发市场开发量身定做的旅游产品、形成与日韩银发市场不同的产品设计与服务配置,这些都是中国开发德国旅游市场时需要重视的。

此外,从德国出境旅游消费的整体结构看,其在住和吃方面的花费是最高的,大约占到40%和19%,较第三位的购物支出(14%)要高很多。舆情报告也显示,在德国受访者来华旅游目的地和感兴趣的因素中,"中国美食"都位居第四,分别占17.3%和10.9%。如何丰富优质住宿产品、做好中国美食文章,是深度挖掘德国旅华市场价值需要考虑的关键问题之一。

第三,结合德国来华旅游意愿新特征,统筹树立中国高质量的旅游目的地形象。

舆情报告显示,德国受访者对来华旅游表示"非常有兴趣"和"有些兴趣"的总计为3成多;而回答"没有兴趣"和"没什么兴趣"为6成以上。这表明我们对德国客源市场的营销推广还任重道远。舆情数据还显示,在获取有关中国旅游信息的媒体渠道方面,互联网被排在第一位,超过8成;其次是电视,为45.5%,杂志22.2%,报纸

19.4%，主要通过这些媒体来加强中国在德国旅游形象的推广和营销宣传是无疑的，关键是如何来统筹这些相关工作。

抓好对德旅游营销工作会涉及两个中国国际旅游推广的共性问题。一方面，形象推广和营销宣传的经费保障。在众多积极推动入境旅游发展的国家（地区）中，中国的国际旅游营销费用虽然有所增长，但总体额度还是比较低的。要落实国务院2014年31号文件，在机场建设费等渠道获得国家旅游发展基金补充外，研究从签证费等相关渠道继续充实营销经费、在现财政体系内的预算审核机制基础上建立更稳定的营销经费渠道等具体措施，提高营销经费保障程度。另一方面，在具体营销操作上，一定要科学决策、注重实效，以西方发达国家的语言模式、通过西方主流媒体进行形象推广和营销宣传。舆情报告显示，近9成德国受访者表示，近5年曾到海外旅游，其中，有3次以上海外旅游经历的人超过4成。由此可见，如何提高中国旅游服务的保障能力，树立中国旅游服务高质量的形象，对于开发出境旅游阅历丰富的德国市场的作用性是不言而喻的。未来应整合外交部门、文化部门、外宣部门以及旅游部门等各个相关部门的对外宣传和推广工作，以统筹整合来塑造中国高质量的国际旅游目的地形象。考虑到中国高质量的旅游目的地形象不仅仅是形成于中国的实际旅行过程中，而是在办理来华签证时就已经开始，所以有必要进一步改善签证服务的质量，提高签证服务的便利程度。也包括通过在更多的口岸实施更加宽松的签证政策试点，多点促进，共同推动德国旅华市场的发展。

第四，结合德国来华旅游市场新动力，重点推进德国旅华会议商务旅游的发展。

舆情报告显示，德国受访者来华旅游的目的以观光游览居多，接近6成；其次是度假近4成；商务与进修占3成。这其中商务动机值得重点关注。从国家旅游局统计的德国实际旅华数据看，会议商务的比例一直位居首位，尽管不同年份会有所波动，但一直保持在38%以上，观光休闲的游客则一直在下降。另外，探亲访友和其他游客的比例保持上升，服务员工比例则大致保持不变。从横向比较看，在2010—2013年，德国旅华市场的会议商务游客比例在所有旅华市场中分别排名第三、二、一、二名。截至2014年9月，德国会议商务类型游客比例排名第一。

德国是世界第四大经济强国，也是最重要的出口大国之一，同时德国与中国之间的经济贸易关系尤其密切。德国是我国在欧洲最大的贸易伙伴，中国则是德国第三大贸易伙伴，目前大概有7000多家德国企业在中国落户。因此，要抓住德国来华旅游市场，首先应该充分利用双边的贸易合作，为会议商务来华市场提供更多的便利，深度开发德国旅华的会议商务这一细分市场。在这过程中，要密切关注德国的出境商务旅行市场是与其出口大国的经济特征密切相关的，出境商务人员中营销人员、工程技术人员占有很高的比重，如何进一步挖掘这些人员的媒体偏好、产品偏好，从而形成适应德国旅华会议商务市场的切实需要，是开发德国旅华市场无法绕开的话题。

由于德国在欧洲市场的独特作用，在一定程度上还有欧洲旅华市场"意见领袖"

的意味,因此,关注德国旅华市场的开发,不仅是单一市场深化发展与挖掘的问题,对中国开发整个欧洲旅华市场都将具有重要的现实意义。希望能够通过科学分析德国出境市场以及旅华市场的新情况,加强政府、企业以及智库机构之间的有效合作,共同推动德国旅华市场的新发展。

(2014年12月26日,中国旅游报,"开发德国旅华市场需多点促进",厉新建 漆家进)

重视法国来华旅游地位

法国是世界上经济最发达的国家之一,作为欧盟重要成员国,在欧盟经济、政治发展中具有举足轻重的影响力。法国又是旅游强国,无论是出境旅游、入境旅游规模都位居世界前列。法国与我国有着规模庞大的旅游经贸往来,来华旅游规模常年处于 50 万人次左右,在来华旅游客源国中始终处于前 20 位。2014 年,法国来华旅游人数达 51.7 万,位于来华旅游第 17 位,在来华旅游的西欧国家中排名第 3 位(次于德国、英国)。我国大力发展旅游业尤其是入境旅游业,需要充分重视法国来华旅游的地位,实现法国来华旅游的持续发展。

重视法国来华旅游的地位具有重要意义。一是有助于平衡两国旅游规模差距、弥补旅游贸易逆差。与法国来华旅游规模 50 万人次相比,2013 年,我国大陆每年赴法国旅游规模达 150 万人次,并每年持续以 20% 的速度递增。基于旅游人次的旅游消费逆差呈现逐步扩大趋势,要求我国大力吸引法国人来华旅游平衡逆差。二是有助于增加旅游企业盈利、带动入境旅游业发展。法国游客来中国旅游的平均花费为 2600 美元左右,显著高于我国入境旅游者的平均花费和法国人出境旅游的平均花费,能够对我国入境旅游业起到带动作用。三是有助于扭转我国入境旅游业疲软的局面。法国是世界入境旅游规模第一、入境旅游收入第三的旅游强国,重视法国来华旅游的地位,深入研究和借鉴法国发展旅游业的成功经验,可以促使我国入境旅游业快速度过调整期、适应新常态。而重视法国来华旅游的地位,可以从以下三个方面着手。

第一,重视法国来华旅游地位,需要充分认识法国居民旅游消费能力和意愿。

一要充分认识法国居民出国旅游消费的能力和意愿。此次旅游舆情调查显示,法国人海外旅游消费信心指数为 48.2,出境旅游意愿处于中等偏低状态。其中,仅有 18.6% 的受访者认为当前是海外旅游的好时机。这与法国经济增长和居民收入增长不无关系。调查显示,法国居民对当前收入不满意的接近 5 成,认为未来一年收入会减少的也有 3 成。法国居民对未来收入的预期直接影响到其出国旅游消费的倾向和意愿。事实上受欧债危机影响拖累的法国从 2011 年后出境旅游规模便遭遇停滞下滑,基本保持在每年 2700 万人次的出境旅游规模,没有大的改观。

二要充分认识法国居民来华旅游的能力和意愿。中法两国分别地处欧亚大陆东西两端,遥远的旅行距离所需花费的时间和费用是法国来华旅游意愿低的重要原因。

此次舆情调查显示,52.2%的受访者认为费用高导致其不愿来华旅游。根据欧睿咨询调查数据,法国主要出境旅游目的地为西班牙、意大利、比利时、英国等国家,其周边国家占到出境旅游规模的70%以上,基本上符合旅游出行规模随空间距离递减的规律。然而,同样空间距离远、费用高、有语言障碍的目的地国家如美国(32.8%)、澳大利亚(18.4%)、日本(14.8%)等却受法国人青睐,都高于来华旅游意愿(7.2%),表明我国在旅游形象塑造、旅游满意度提升方面还有提升空间。

从在华法国旅游者的满意度状况分析,旅游娱乐、住宿、景点、交通等旅游核心要素满意度较高,而旅游信息、居民好客状况、出入境服务等基础要素服务满意度相对较低。这就启示我国发展入境旅游在强化旅游硬件与核心旅游要素的同时更要注重软件要素和辅助类服务质量的提升,从而树立我国旅游的良好口碑、保证游客来华旅游意愿。

第二,重视法国来华旅游地位,需要加快完善法国来华旅游产业链。

一方面,健全的旅游产业链是提升法国人来华旅游体验满意度的保障。实现无缝对接的在线旅游运营商、航空公司和具有本土特色和优质服务的度假地和管理公司无疑能够助推法国来华旅游规模的增加。另一方面,航空公司和旅游零售商(尤其是在线旅游运营商)是推动法国出境旅游的主要力量。航空是法国人出境旅游的主要交通方式,占到法国出境旅游的68%左右。法国航空是法国远程航线的主要航空公司,在法国人远程旅游中占有重要地位。加强与法国航空的合作、增加法国与中国大陆航班次数无疑有助于确保法国来华旅游规模。在线旅游运营商对法国出境旅游有着显著的影响。一项调查显示,超过50%的法国受访者愿意为了充分利用旅游企业最后的优惠而改变目的地国家。每月至少有1/5的法国网民浏览过在线旅游运营商的网站。Booking、Go Voyages、Expedia是法国出境旅游规模持续稳定发展的主要贡献者。而在《法国来华旅游舆情调查报告》,(简称《舆情报告》)中,超过7成受访者选择互联网作为获取有关中国旅游信息的途径。显然,与法国人偏好的航空公司和在线旅游运营商的充分合作有助于法国来华旅游发展。

另外,从法国游客来华旅游目的看,观光游览、休闲度假分别占到55.8%和17.3%,是法国人来华旅游的主要目的。旅游休闲场所是旅游产业链的末端,也是旅游产业链最为重要的一环。在法国来华旅游产业链中,值得注意的是,2015年年初,旨在用中国动力嫁接全球资源的复星国际集团基本完成对法国传统度假连锁企业地中海俱乐部的收购,为法国人来华度假休闲增加可能。地中海俱乐部(Club Med)是世界上最为知名的旅游度假机构之一,具有明显的法国特色与风格。2015年,地中海俱乐部已在我国由亚布力、桂林、珠海等地运营度假村,并计划到2015年止在中国建立5家度假村从而使中国成为其在法国之外最大的市场。在发展法国来华旅游过程中,充分发挥诸如地中海俱乐部等法国旅游者偏爱的旅游休闲场所的作用无疑是强化法国来华旅游产业链的重要手段。

第三,重视法国来华旅游地位,需要主动借鉴法国旅游营销经验。

法国是重要的旅游强国,法国政府通过采取设立专门旅游营销机构(旅游发展署,Atout France)、制定具有系统性和连贯性的对外营销战略、保证数额庞大的旅游营销经费、强化政府与旅游企业合作营销等措施使法国持续吸引传统欧洲客源国和新兴金砖国家的旅游者,确保其国际入境旅游领先的地位。我国吸引法国人来华旅游,需要借鉴法国旅游营销的成功经验。一是建立健全负责国家层面旅游推广的准公共自治机构制度,强化自治机构吸引包括法国居民在内的游客的职能,增强其旅游推广的自主性、灵活性。二是充分调动旅游城市、旅游企业的营销推广能力。舆情调查显示,北京、上海、深圳、广州、西安等城市,万里长城、故宫、十三陵、少林寺等景区在受访者中具有较高知名度,认知度超过10%并且有意向前来旅游,热点旅游城市和景区应当制定针对法国居民的推广策略促使潜在旅游者成行。

(2015年4月17日,中国旅游报,"借鉴先进经验完善旅游产业链条",
宋昌耀　厉新建)

打好组合拳,促进澳大利亚旅华市场新常态下新增长

澳大利亚旅华市场值得高度重视。一方面,自2013年3月以来,该市场同比出现了持续性下降,而且多个月份同比增速出现了两位数的下滑,2014年前9个月同比下降了10.1%,形势非常严峻。另一方面,中国前往澳大利亚旅游市场持续快速增长,2014年前9个月已经达到64.1万人次,同比增长了14.3%。澳大利亚成了中国最主要的旅游服务贸易逆差国之一。

尽管我们都已意识到,中国入境旅游市场的增长将进入到有升有降的新常态发展阶段,但如何持续推动入境旅游市场总体平稳增长仍是当前旅游发展的重点。具体到最新发布的澳大利亚旅华舆情报告,以及澳大利亚出境市场的具体情况,有必要通过打好四个方面的组合拳,努力阻止持续下滑势头,促进澳大利亚旅华市场的新增长。

第一,在入境旅游发展的理念更新上,做好"悉听尊便"与"客随主便"相结合的文章。一般认为,为了更好地吸引入境市场,我们需要更多地考虑到入境旅游市场的旅游偏好,更多地从客源市场角度来考虑入境旅游项目建设和产品开发。但从《澳大利亚来华旅游舆情调查报告》的数据显示,我们在"悉听尊便"的同时,要更加主动地做好自己的工作,做到"悉听尊便"和"客随主便"相结合。就像是中国人的请客风俗,最高的礼遇便是"家宴",主人亲自下厨烹制几道拿手好菜。对于入境旅游市场开发也是如此,不能简单地随着市场风向变换而跟风调整,而是要在关键的环节上有一定的定力。

从澳大利亚出境市场来看,度假是其主要出境旅游的第一大动机,大致占60%左右(较10年前的44%有了很大的增长),其次是探亲访友(23%)和商务(10%)。此次舆情报告也显示,澳大利亚旅华市场68%是为度假而来。同时,我们也发现,对于中国传统观念的海滨度假胜地三亚,仅有2.4%的被访者有兴趣,但在各项中国旅游因素中,悠久历史占的比例最高,为40.6%,中国美食以10.1%位居第三位;在对中国主要景区的认知和旅游意愿方面,几乎清一色都是世界遗产,而且世界文化遗产居多。这说明对于澳大利亚市场而言,中国历史文化仍是最具优势和潜力的吸引物。

关键的问题是,中国历史文化这道"好菜"能否真正做出"好味道"。如果能够针对中国灿烂的历史文化,加强多样化解说系统的建设,深入挖掘,将那些内涵于物化

的文化遗存及非物化的多元形态中的文化精髓转换成旅游者的文化盛宴,将独具特色的旅游吸引物转换成旅游者独具特色的旅游体验,对澳大利亚这样一个尤以自然风光见长的客源地而言,将是极具吸引力的。不是我们擅长的"文化"失去了市场,而是我们没有好好挖掘的"文化"失去了吸引力。"悉听尊便",用心把符合澳大利亚出境市场偏好的"新菜做出'心'味道";"客随主便",把具有中国资源优势的"好菜做出好味道"。这才是中国开拓包括澳大利亚在内的旅华市场的"正道"。在这方面,澳大利亚推出的"澳大利亚旅游专家"的创意具有很高的参考借鉴价值。

第二,在入境旅游发展的市场把握上,做好"现代手段"和"传统方式"相结合的文章。此次发布的舆情报告数据显示,互联网是澳大利亚来华旅游最主要的信息渠道,高达67.2%。可以预见的是,后续发布的各客源国舆情监测报告仍将反复证明,互联网是当今旅游宣传最为重要的渠道。问题是,我们在利用这个"现代手段"的时候,还需要进一步了解,互联网在澳大利亚来华旅游的兴趣激发阶段、行程规划阶段以及产品预定阶段分别发挥了什么作用、如何发挥作用、通过什么具体的方式发挥作用等,这是我们深刻把握市场所不能或缺的。此次以及之前发布的舆情监测都显示,"美丽中国"的形象宣传效果总体令人满意,但澳大利亚市场对"美丽中国"的主题推广活动知晓率不足两成。如何通过"美丽中国"旅游海外推广网站的深化建设,提升网站本身的可见性,从而提高网站呈现内容的可见性,增强"美丽中国"在澳大利亚的整体营销效果,亟须破题。

市场研究与推广的"在线化"的迅猛发展不代表传统的"离线化"方式的过时。相反,我们仍需要注重传统方式的错配纠偏和创新利用。比如,在舆情监测系统全时动态跟踪功能实现之前,国家旅游局驻悉尼办事处必然是中国了解澳大利亚旅游市场动态的重要"前哨",如何进一步推动办事处资源的优配,发挥其在一手市场信息搜集和积极有效的市场推广方面的作用,仍需高度重视。此外,对于澳大利亚这样的远程入境市场,航空公司在整个市场开发过程中扮演着至关重要的关键角色。实际上,国外旅游者在出境旅游的信息搜集以及行程计划方面,在很大程度上是与航空公司密切联系在一起的。也正是因为这样,国外在做入境旅游和出境旅游的市场调查时,经常会在有关旅游信息来源的题项中设置"航空公司"选项。2013年澳大利亚前往阿联酋游客猛增28%、美国取代印度尼西亚成为澳大利亚第二大出境目的地,与阿联酋航空与澳航(Qantas)在欧洲航线上的合作以及美国耗资150万澳元与澳航合作的"梦想的国度"(Land of Dreams)推广活动是密切相关的。在来华自由行比例高达53.2%的情况下,国内的旅游目的地在如何与航空公司之间建立良好的战略合作,如鼓励航空公司围绕机票而衍生开拓澳大利亚旅华旅游产品,也是一个很值得深入考虑的选项。

第三,在入境旅游发展的产品深化上,做好"长线拉长"和"短线做深"相结合的文章。此次澳大利亚旅华舆情报告三组数据值得关注:4~6天为21%。逗留时间在一周以上的达65%；走访过7座城市以上的为14%，4~6座城市的为28%，超过4座城市的达4成以上；对几个旅游带都表现出2成以上的兴趣，对长城旅游带的兴趣比例高达75%。结合国家旅游局入境旅游抽样调查和澳大利亚出境旅游数据，还可以发现，澳大利亚旅华市场主要都是将中国作为唯一旅游目的地（505个被访者中有389人结束中国旅游后直接返回澳大利亚，31人离开后则前往中国香港）；澳大利亚近5年出境旅游平均停留时间在7天以上的比例基本稳定在86%左右的水平，4~7天的大致在10%左右。从这些数据可以看到澳大利亚旅华市场"长线做长"具有良好的市场基础。其中重要的方式之一就是积极推动自由行基础上的"高铁+旅游"产品的开发以及自驾游产品和服务的研发。澳大利亚国内自驾游市场发展良好，2013年澳大利亚整个汽车租赁市场的收入是14.99亿澳元，其中主要源于澳大利亚国内旅游推动的休闲性租车市场大致为9.93亿澳元。可见，围绕着旅游带开发，积极开发主题自驾线路、规划建设旅游风景道不仅是应对国内旅游消费转型发展的重要方向，亦是把澳大利亚旅华市场"长线拉长"的可行之举。

"短线做深"则主要是针对澳大利亚旅华市场中"度假目的"高达68%的重要回应。这里除了要做好高端度假、提升度假体验质量等问题之外，更重要的是形成新的度假吸引力，丰富、深化度假旅游新产品。这几年出境市场数据显示，澳大利亚旅日市场增长迅猛，在2012年同比增长29%的基础上，2013年又取得了22%的高速增长，而这其中很重要的一点就是日本雪场资源对澳大利亚出境市场的独特吸引力。如果中国能够在冬季滑雪度假综合开发上形成拳头产品，完全有可能在停留式"短线"产品上"做深"，以差异化产品获得良好的市场效果。

第四，在入境旅游发展的无缝体验上，做好"形象推广"和"服务保障"相结合的文章。此次舆情报告显示，对来华旅游表示"非常有兴趣"和"有些兴趣"的总计为54.6%，但仅有7.2%的受访者表示今后3年最想去的旅游目的地是中国；具体到旅游城市亦然，比如有31.2%的受访者知道广州，但仅有8.2%想来广州；自由行比例高达53.2%，同时有33.0%的受访者认为"语言不通"是其来华旅游的主要障碍。类似这些调查数据反差的背后，恐怕需要我们在大力加强"形象推广"和积极改善"服务保障"这两个方面多下功夫。

在2014年国务院31号文件中，专门指出"抓紧研究新形势下中央财政支持旅游业发展的相关政策，做好国家旅游宣传推广、规划编制、人才培养和旅游公共服务体系建设"。可见对国际旅游宣传推广之重视，我们也完全有理由相信在文件的落实过程中，中国海外旅游宣传推广必将走上一个新台阶，也必将激发越来越多的海外游客来中国旅游的兴趣。不过，在市场开发的过程中，这些形象性信息的传递无法代替产品性信息的供给和服务性信息的保障。如果后两者衔接不上，宣传做得越成功，可能对中国旅游发展的负面影响越大。在没有产品和服务保障的情况下，高效的形象推广所形成的较高的旅游期望只能转化为失望和不满。俗话说，好事不出门，坏事传千里。作为澳大利亚旅华市场第三大信息来源(21.2%),"亲友介绍"这一渠道将对消极信息的传播产生不容忽视的消极作用。为此,我们需要通过对入境客流在国内的城市和景区流向分布特征的研究,有规划、分步骤地尽快完善双语旅游资讯的供给,并充分利用当前不断创新的解说和引导技术,尽快形成适应性的服务保障方案,解除诸如"语言不通"等因素对入境旅游市场开发的阻碍。

尽管受制于经济不景气等诸多因素,澳大利亚出境旅游市场依然表现出了良好的发展势头。预计未来五年,澳大利亚出境旅游市场的年均增长将达4%左右,到2018年达到1067万人次,出境旅游花费将达到517亿澳元。希望通过以上组合拳措施的实施,中国能够在澳大利亚出境旅游市场的大蛋糕中分得更大的份额,推动中澳旅游服务贸易良性、健康发展。

(2014年11月14日,中国旅游报,"促澳旅华市场增长要打好组合拳")

开发意大利入境旅游市场的可行之策

意大利作为世界上首屈一指的旅游目的地国家,其旅游行业早已进入发达的状态,因此,其旅游意识和旅游水平都处于各国的先进水平,开发意大利入境旅游市场需对中国自身从质量和水平上进行提升。

2014年北京APEC会议的进行,更加促进了世界对中国的了解,从意大利出境来华旅游的情况来看:中国日趋扩大的国际影响力使得中国成为意大利出境旅游的一个热点之一,前景十分令人期待,却也存在着路途遥远、语言交流较为困难、中国旅游形象的落后等问题,但不可否认的是中国的历史文化风貌以及自然风光仍是吸引外来游客的主要原因。因此,开发意大利入境旅游市场需费心费力,以求可行之策。

第一,意大利来华旅游意愿一般,便捷旅游渠道是可行之策。

《意大利来华旅游舆情调查报告》(简称《舆情报告》)指出,从海外旅游目的地看,迄今为止,意大利游客出境游到访最多的国家是法国、西班牙、英国、德国等欧洲周边国家。出境赴亚洲游客占总体的1成以上,中国排第一位,其次是印度和日本。

旅游交通作为客源地和目的地的连通手段,起到了重要的通达性效用。意大利作为西欧的边缘国家之一,地域的局限是限制其国民来华旅游人数的重要原因之一。因此,作为目的地的中国,需建立中意之间的旅游诚信体系,简化意大利人来华手续的办理,增加直飞航班数以增加两国之间的旅游便捷性和通达性,使得地域局限的影响越小;此外,意大利作为发达旅游国家之一,随着世界上新型邮轮旅游方式的兴起,可以在邮轮旅游方面上对中意之间旅游大做文章。让意大利友人来华旅游更加方便快捷,从出行的角度初步解决旅游通达的问题,初步问题解决后才有后续的更多旅游选择。此外,《舆情报告》指出,意大利游客来华旅游的方式,以选择"自由行"的最多,超过6成。一般来说,高收入人群及二次旅游的人多选择自由行,低收入人群和第一次来华旅游的游客倾向于选择参团旅游。在意大利来华旅游的游客当中,男性更偏好选择"自由行"的方式来华旅游。国内旅游发展时间比较短,在旅游基础设施方面总体达不到发达国家的水平,尤其是意大利这样的旅游发达国家的水平,再加上中国的旅游国情是旅游人数多,旅游市场尤其是组团旅游市场较为混乱,因此参团旅游对意大利游客的吸引力较低,而这种吸引力是由内部所决定,在短时间内难以得到大幅度的改进。因此,"自由行"作为新时期旅游的趋势,在国内外具有巨大的发展趋势,加强国内"自由行"旅游基础设施建设,从"自由行"旅游渠道上进行短时间内的改进,这些可以从旅游在线平台和国内各地之间的通达性方面进行改善。

第二,意大利来华旅游结构分化严重,紧抓旅游偏好是可行之策。

此次《舆情报告》指出,在意大利出境游游客中,男女比例接近1∶1,分别为53.0%和47.0%,而来华旅游的男性占到86.7%,男性远高于女性。在来华年龄结构上有来华旅游经验的人中,30岁以下年龄段的人群接近半数,但50~60岁游客来华(6.6%)较总体海外旅游(20%)有很大差距。

有鉴于此,可以观察出,意大利女性游客和男性游客一样,具有很高的出境旅游意愿,但来华旅游的意大利女性游客则相对男性过少,这成为一个值得关注的问题。除了注重旅游硬件设施的建设外,还需从人性化、人情味的角度出发,管理和服务人员应对女性游客更加耐心,提供更加优质的服务,以拉近与女性游客的距离,促进女性游客的旅游体验。同时根据意大利女性游客在华的喜好和偏爱,依据其消费心理和习惯完善我国旅游在吸引女性顾客中的不足,加强对女性游客的照顾,以及商业上的投资。此外,意大利来华旅客年龄层次较意大利出境游主流结构偏单一化,反映出我国旅游发展现状的不均衡,在吸引中、老年游客上仍有不足。因此,继续保持对年轻人的吸引力外,需要做的是依据意大利来华中年、银发旅客的特点设置或者开辟更多的商业、美食、文化交流的平台,加强中意之间的国民交流,丰富对银发游客更加有利的度假养生娱乐场所,让更多的游客在中国有更好的健康休闲的体验。

第三,意大利来华旅游方式传统,传承和创新文化旅游是可行之策。

此次《舆情报告》指出,从意大利游客来华旅游目的看,回答观光游览的居第一位为46.7%,商务出差居第二位为28.9%。而购物和文化交流分别只有6.6%和5.5%。在各项意大利游客感兴趣的中国旅游因素中,"悠久的历史"所占的比例最高,占45%,其次是自然风光,为18%。在意大利人眼中,上海、北京、广州、西安是印象最深和最愿意去的4个城市,而其中上海和北京占绝大部分。中国各个地区在意大利举办的旅游推广活动中,意大利民众对上海的接触率最高,接近3成,北京的接触率为2成,其他城市均在5%以下。

毋庸置疑,我国历史悠久、自然风光魅力无穷确实是最突出的特点,发展传统优势旅游项目对我国的旅游业甚为重要。但从数据中可以看出,"悠久的历史"这一非常重要的旅游吸引力未得到合理挖掘。这就意味着中国依旧保持着具有神秘东方文化的大国这一形象,但这种文化吸引力并未得到良好开发。因此,需要重视这一缺陷,并将这一缺陷进行补充完善,进而带来更好的旅游效应。因此,需要从国内文化旅游自身做起,加强来华意大利游客对中国传统文化的了解和体验,具有良好的口碑后才会具有更好的传播效应。其次,在增强中国旅游吸引力方面,仅靠北京、上海、广州、西安的知名度是远远不够的。需要从各地文化特色出发,增强城市旅游竞争力,还要立足本地资源优势,发展特色产业,特色文化,打造特色文化旅游产品,使得城市具有自己独特的优势,只有具有不同的特色才能吸引意大利游客前往体验其特色。各旅游城市相互模仿无可厚非,但一味模仿致使各城市旅游千篇一律显然不可取。利用创新思维发展本城市的独特之处,或许是城市旅游的突破之处。

第四,意大利来华旅游限制较为经济化,提升旅游质量是可行之策。

此次《舆情报告》指出,关于意大利游客不愿来中国旅游的原因,主要是费用高,达到51.2%;自身的经济原因占26.4%,语言不通为24.6%。除此之外不愿来中国旅游的原因有安全因素,包括治安问题、食品安全和雾霾等。而根据调查,意大利游客来中国旅游的花费以1000~2000美元最为普遍,花费3000美元以上的占比不足1成,平均花费为1900美元左右。

可以看出旅游费用是限制意大利游客来华旅游的主要限制因素之一。意大利作为发达国家,对于外出经济的限制理论上是远远小于其他发展中国家的,但对于来华旅游费用的问题,体现出目的地国家之间的选择问题,即中国和其他尤其是周边国家的比较,是否具有性价比的问题。从意大利自身旅游的状况来看,并不在于不愿意"花钱",而在于"值不值"的问题。因此,并不是降低价格以吸引游客,而需要从内部质量上进行提升才是最重要的途径。当然,对旅游过程的监督是重中之重,对旅游机构的监督要放在首位。根据旅游景点当地实际对本地旅游商业活动进行约束,制定合理的价格。并根据1900美元的大体消费标准为意大利游客制定一些可供选择的合适的旅游建议,让游客觉得自己的消费物有所值以吸引更多的意大利人来华。而对于安全因素来说,通过促进国际旅游发展的立法和政策支持以及旅游饭店服务方面的单项立法和规范,避免食品等安全问题的发生,使得意大利旅游者的权益得到有效保护,让旅客放心、满意地享受旅游。对于环境方面还需要相关部门和普通民众加强保护意识。提升自身素质、保护环境、治理环境、保护文化遗产是解决环境问题的方法。

第五,意大利来华对中国旅游形象模糊,切实落实口号是可行之策。

此次《舆情报告》指出,在意大利来华旅游意愿调查中:非常有兴趣占17.8%、有些兴趣占23.4%、没什么兴趣占32.5%、没兴趣占23.1%。而"有没有去中国旅游的打算"调查显示:明确表示没有这个打算的为4成,而有此打算和说不清的各占近3成。而在对于国家旅游局组织的各项以"美丽中国"为主题的活动的调查中,表示"非常了解"和"有些了解"的总计为17.7%,不足2成。

在调查数据中,互联网是意大利游客获取中国旅游信息的最主要途径,占76.4%,电视占29.8%。21世纪是互联网的时代,尤其是在出境游的过程中,互联网的发展对促进意大利人来华旅游功不可没。因此在继续开展"美丽中国"的活动中,需加大互联网的宣传以使意大利人对中国更加了解,借此增加提升中国旅游形象和排除国外对中国的诸多误解。对外旅游传播显然通过纸质媒体显得更加可信,因此旅行社、相关媒体、中国网站的传播需谨慎处理,合理推广。而对于"美丽中国"口号本身来说,其与获得评价最高的"日本,精彩无限",其次是"迷人的泰国"等没有太大差别,更多的在于真正切实的各种活动宣传以完善对口号的理解,而不是仅仅停留于宣传口号本身,要真正做到让外国友人体验理解。例如"印象刘三姐"这样的大型舞台剧可以融入时代元素,并运用现在的3D、4D技术进行旅游宣传,虽然成本较大,但宣传效果也是一流的。

(2015年4月10日,中国旅游报,"开发意大利旅华市场的可行之策",
漆家进 厉新建)

加强旅游宣传与推广,培养及拓宽西班牙旅华市场

西班牙作为欧洲传统的发达国家,是欧洲主要经济体之一。近年来,受全球金融危机影响,西班牙金融风险加大,经济下滑速度加剧,但通过政府一系列政策调整后,已呈现回暖态势。《西班牙来华旅游舆情调查报告》(以下简称《舆情报告》)显示,西班牙经济的逐步复苏,带动了西班牙民众消费信心指数的上升,民众出境游意愿处于中等状态。当被问及未来三年内向往的出游目的地时,除临近的欧美国家外,中国位列亚洲第二位仅次于日本。但由于多年来西方媒体及民众对中国的认知误区以及信息传播有效性差等问题,导致西班牙的旅华水平和规模目前尚处于初级阶段。根据中国国家旅游局相关数据统计,近五年内西班牙来华旅游人数平均为13.6万人次,客流量呈波动式变化,可见未来还有很大的增长空间。随着中国在各领域的不断发展,两国经贸往来日益频繁,中西许多企业分别在对方国家进行投资和开展合作项目以寻求更大突破。中国居民每年赴西班牙旅游的游客增幅也在20%以上。在两国关系如此活跃的时期,中国如何巧抓时机,实现在西班牙对我国旅游进行宣传和推广,加深西班牙民众对中国的了解和兴趣,并进一步开拓西班牙旅华市场,是接下来要探讨的问题。

一、借经贸往来之机,培养商旅客源市场

随着中国的快速发展,中西两国间的双边经贸合作不断深化,中国现已成为西班牙在欧盟外的第一大贸易伙伴。截至2013年3月,西班牙对华投资累计达27.2亿美元,投资项目达1999个;中方对西班牙直接投资累计达4.5亿美元,在西班牙企业已有近40家。商务部有关数据显示,2014年1~7月,中西双边贸易额达到157.9亿美元,同比增长14%,足可见两国合作发展潜力巨大。《舆情报告》中提到,西班牙游客在华旅游期间花费在3000美元以上的占3成,平均花费为2500美元左右,整体花费相对较高。同时,较之其他主要欧洲国家,西班牙来华旅游中,商务旅游所占比例偏低。商旅人士作为较高收入群体,有较强的消费实力和快速接受知识及新鲜事物的能力。在频繁的贸易往来与合作交流中,文化的渗透与学习是加深了解与促进合作的重要推手。因此中国可以借往来贸易合作交流的机会,把正确的中国文化与社会现状传播给西班牙商企类人员,借商贸之桥带动文化交流的同时,培养商旅这一重要

的旅游市场，充分挖掘其更多的可能性。

二、深化文化交流，打造中国品牌形象

《舆情报告》中关于来华意愿调查的数据显示，仅有4成的西班牙人有来华旅游的意愿，而对来华旅游不感兴趣的民众则超过5成。有来华意愿的游客认为：吸引他们来中国旅游的因素中，悠久的历史占比最高达45.9%，其次是优美的自然风光占22.4%。这说明现阶段西班牙民众来华旅游意愿偏低，可能是现有的旅游宣传及产品并未"对症下药"，没能有效地调动起他们的兴趣。同时也说明中国悠久的历史和自然资源较其他资源对西班牙游客更具吸引力。

中国与西班牙之间的往来其实早在两千年前便开始了。"丝绸之路"的通道将东端的汉都长安与西端的罗马帝国重镇伊比利亚半岛上的塔拉戈纳联系在一起，拉开了中西两国交往的序幕。如今"丝绸之路"作为中国重要的旅游带，被时代赋予了新的意义和价值。《舆情报告》中有来华旅游意愿的人对万里长城旅游带最为感兴趣，之后是"丝绸之路"旅游带。所以可以结合西班牙民众的兴趣点，针对这两方面内容结合两国历史渊源开展相应的文化宣传和交流，设计品牌活动。

西班牙旅游业作为国家重要经济支柱和外汇的主要来源之一，自金融危机后也是促进本国经济复苏的重要手段。在对外宣传中，西班牙将最能代表本国文化的弗拉门戈舞和健康的地中海美食这两项调动感官性非常强的世界非物质文化遗产作为品牌形象进行推广，使得人们可以很快形成品牌记忆、易于接受并产生兴趣。中国亦可以借鉴这一点，选出几个经典元素打造便于西方人接受并能快速产生兴趣的品牌形象进行宣传和推广。例如可以将西班牙对中国认知度最高的万里长城与中华美食和戏曲艺术相结合，形成主推的品牌形象。之后再针对不同地区设计凸显当地特色的子品牌形象。

三、结合游客需求，提升服务品质

中国作为世界第一大出境客源国，庞大的客源数量以及强劲的消费实力，使西班牙早已将中国锁定为重要的目标市场。近几年，西班牙政府通过为中国游客设立赴西享受48小时速办签证、开设直达马德里巴拉哈斯机场的大巴、将一些城市的旅游网站翻译成中文、根据中国游客喜好提供团队专业服务等多项措施逐步提升竞争力，以求吸引更多的中国游客。下一步，中国也应该对西班牙游客来华后所反馈的问题，进行有针对性的改进。《舆情报告》中显示，来华西班牙游客以30~39岁年龄段的人群为主，游客总体男女性别比例为4∶6。出行方式方面以自由行居多。针对这一特点，应该将国内重点旅游城市的信息资讯设施、交通设施及基础服务类设施进行改进，有条件的可以增设西班牙语游览手册或地图、路标及解说牌、专用西语热线等以

便服务自由行爱好者们在华期间的游览活动。

有过来华经历的游客对购物体验、安全状况和出入境服务等方面评价较低。其他游客不愿来华旅游的原因中，费用高以及语言不通所占比例最重。这反映出语言障碍是西班牙游客面临的主要问题，而我国目前服务机构中多以英文为主，接下来为完善服务体系提升服务质量，可适当增设西语的专项服务。

四、加强多渠道宣传力度，推广优秀创新产品

《舆情报告》中指出，超过8成的西班牙民众获得中国旅游资讯的主要途径为互联网，而推广活动、中国媒体、广播、交通广告等信息获取比例均不足10%。中国各地区在西班牙举办的旅游推广活动中，西班牙民众对北京和上海的接触率最高，在2成以上；第三位是广东，为7.2%；其他城市均在5%以下。结合西班牙游客来华到访城市的数据可以看出，传播效果直接体现在"北上广"是游客主要到访的城市上。所以，接下来应加强与西班牙当地主流网络媒体的合作，将中国的历史文化、优秀的旅游资源以及成熟的自由行攻略以西班牙语的形式传播，扩大信息量及渠道，从而取得有效的传播效果。除此之外，还应将中国更多著名的旅游城市及旅游产品以主题文化周或推广日等途径进行宣传。内容及形式应针对不同群体，以适合他们习惯和偏好的方式设计并开展，也可增加相应的体验类活动。同时，扩大并提升中国旅游宣传册、图书及影像类资料的数量及质量。使线上与线下双向配合的形式，多渠道宣传及推广，扩大民众认知度并提升和改善中国旅游目的地的知名度与美誉度。

《舆情报告》中还提到：西班牙游客在华停留天数普遍为一周及以上，但大部分游客却只游览1~2座城市。这一现象首先可能与游客在游览过程中出现语言交流障碍或交通选择多样等问题有关，使得游客在游览中损失较多的时间，影响游览效率。其次，还可能与游客对各大城市的特色认知度不够有关，让游客在有限的时间里只游览了著名大城市，出现"舍近求远"的现象。针对这一问题，可以设计区域集中式的旅游产品，将邻近的颇具特色的3~4座城市组合在一起设计线路，产品中可以有游览的主次之分，根据游客的喜好进行选择。在活动的设计上应考虑不同受众群体的特点及需求来安排或建议可选的活动。这种区域集中式产品可以作为旅行社产品销售，也可以以自由行旅游者的参考攻略的形式进行网络转载与传播，将产品与营销紧密结合，来实现更大的效益。

虽然现阶段，西班牙来华旅游尚处于发展初期的起步阶段，但是通过两国间频繁的政要、商贸及民间往来，我们看到了未来西班牙来华旅游市场所拥有的巨大发展空间。所以现在，我们应从培养潜在市场、扩大宣传影响和提升国内服务质量入手做好扎实的基础性工作，为西班牙游客来华做好充分的准备。

(2015年5月22日，中国旅游报，"加强宣传推广　打好市场基础"，厉新建　马蕾)

直面不足,深度开发俄罗斯旅华市场

多年来中俄两国互为最重要的邻邦,随着中俄关系的健康发展,中俄战略协作伙伴关系持续加强,中俄两国政府在旅游领域的合作日益增多,旅游合作不断深化,两国人民来往日益密切,中俄两国已互为重要的旅游客源市场和目的地国家。与此同时,近年来俄罗斯经济状况的改善,以及相对良好的社会福利制度,使出境游成为了俄罗斯民众生活的重要组成部分。2013 年,俄罗斯以 535 亿美元的出境消费位列全球出境消费四强,是除中国之外出境旅游消费发展最为迅猛的国家,已成为全球最为重要的出境旅游市场之一。因此,中国应当抓住机遇,直面不足,借助中俄两国开展旅游的独特优势,深度开发对俄旅游产品,促进俄罗斯旅华市场长远发展。

一、正视出境游形势,推动俄罗斯旅华市场稳定发展

2014 年,在美欧制裁、油价暴跌、经济增长停滞、通货膨胀、资本外流、卢布大幅贬值等诸多因素作用下,俄罗斯经济形势微妙,并严重影响到俄罗斯的出境旅游市场。不过目前来看,俄罗斯旅华市场降幅相对较小。2014 年前三季度,俄罗斯来华游客为 158.99 万人次,同比下降 1.5%。由此可见,俄罗斯面临的对出境游不利的因素对旅华旅游的影响并不大,表明中俄两国在开展相互旅游方面有着独特的优势。

不过在看到优势的同时,也需要正视未来俄罗斯出境旅游面临的问题。第一,因为俄罗斯经济发展对石油的依赖性非常强,如果油价继续动荡下跌,卢布继续贬值,将大幅度增加俄罗斯出境旅游的成本,影响出境旅游支付能力,过去几年持续快速的出境游增长势头将受到抑制。第二,俄罗斯出境旅游对旅游服务商的依赖程度较强,欧睿旅游数据显示,以团队方式出游游客占俄罗斯出境市场的约 26%。但有资料显示,俄罗斯旅行服务商倒闭等现象时有发生,影响到了民众对旅行服务商的信心。这也将影响到俄罗斯的出境市场。而《俄罗斯来华旅游舆情调查报告》(简称《舆情报告》)也显示,来华旅游以旅行团为主,其中全包价旅游团占 39.1%,半包价旅游团占 12.6%。未来旅华市场或受旅行商倒闭影响。第三,俄罗斯近些年高度重视入境旅游和国内旅游的发展,在旅游发展设施和配套条件建设方面也有了较大的提高。有报道曾指俄罗斯近些年诸如低成本航空公司等有助于降低国内旅游成本的条件不断成熟,这对分流俄罗斯出境旅游潜力会有一定影响。

因此，在俄罗斯出境游面临下降压力的情况下，中国需要采取相应措施，保持旅华产品在价格上持续的竞争力。创新目的地旅游产品组合方式，加强目的地包价产品在俄罗斯的线上化渗透以及在线旅行服务商动态打包产品的开放，以此稳定俄罗斯旅华市场的发展。

二、突破边境贸易游，推动俄罗斯旅华市场深化发展

俄罗斯是中国的近邻，两国边境线长达4300千米，交通便利，交通沿线城市一般都具备较强的转运能力。中俄入境旅游尤其是边境贸易游发展得天独厚的地缘优势。从20世纪80年代起，边境贸易游就开始蓬勃发展，对中国入境旅游市场的发展具有重要意义。但若俄罗斯旅华市场局限于边境旅游，则显然无法分享俄罗斯出境旅游的这块大蛋糕，无法深入挖掘俄罗斯旅华市场的巨大潜力。

可惜从此次《舆情报告》的数据来看，目前俄罗斯旅华市场显然还是较为局限于边境旅游上。58.3%的俄罗斯游客在华仅游览1座城市，走访3座城市以上的仅占不到一成；47.5%的俄罗斯游客在华停留时间在3天以下，超过1周的仅占23.2%；33.3%的俄罗斯游客在华消费在500美元以下，500~1000美元的占28.5%。这些信息都指向一点，俄罗斯旅华市场还有非常明显的边境游的痕迹。我们并不否认边境游对中俄旅游贸易发展的重要性，也认为俄罗斯旅华边境游仍有很大的发展空间，但如果俄罗斯旅华市场局限在远东地区，而没有真正深入到莫斯科等俄罗斯处在欧洲版图中的那些出境旅游高消费能力地区和城市，那就无法称其为"俄罗斯旅华市场"，以"俄罗斯远东地区旅华市场"来概括或许更为恰当。当然，这不是中国开发俄罗斯出境旅游市场所希望的结果。

为此，中国需要抓住当前俄罗斯出境旅游主要目的地当前的社会情势，抓好俄罗斯旅华产品的开发、宣传工作。比如，乌克兰是俄罗斯最大的出境旅游目的地，但两国间围绕克里米亚而变得紧张的关系必将影响到俄罗斯前往乌克兰旅游；近些年埃及在俄罗斯出境旅游市场上的地位上升很快，但同样面临着埃及国内社会政局稳定状况的负面影响。如果中国能够在自身入境旅游产品上工作到位，吸引从乌克兰、埃及以及对俄罗斯进行制裁的欧洲等目的地分化出来的俄罗斯出境消费能力，是完全有可能的。

三、弥补宣传不足，提升俄罗斯对旅华产品认知

近年来，中俄两国的旅游交流日趋频繁，国家层面的旅游交流活动成效显著。2012年、2013年，在中国和俄罗斯分别成功举办了"俄罗斯旅游年"和"中国旅游年"，提升了两国民众相互间的了解，也有力地推动了俄罗斯旅华市场的发展。2012

年俄罗斯旅华人数达242.62万人次,2013年为218.63万人次。

很多人习惯上会认为中俄两国有着伟大的传统友谊,俄罗斯对中国应该具有很高的认知度和喜好度。而此次舆情数据则显示了完全不同的情形:对来华旅游"没什么兴趣"和"没兴趣"的分别为36.7%、17.2%,占5成以上;有7.6%的受访者表示因为"不喜欢中国"所以不愿来华旅游;除了北上广和与俄罗斯有着历史渊源的哈尔滨之外,俄罗斯民众对中国其他主要城市的认知度都在10%以下;除万里长城、故宫、颐和园以及普京曾到访过的少林寺之外,俄罗斯民众对中国其他主要景区的认知度仅在5%~10%左右;仅有15%左右的民众表示知道"美丽中国"的宣传。实际上,俄罗斯作为一个欧洲国家,其民众具有较强的欧美倾向,俄罗斯在美国的出境旅游消费也是最高的。因此,中国的入境旅游推广和经营机构不能想当然地认为俄罗斯民众非常了解中国,而是需要充分利用俄罗斯民众收集信息尤其是了解旅游信息的渠道偏好,加强对俄罗斯市场的宣传推广力度,提升俄罗斯民众对中国入境旅游产品以及中国旅游形象等方面的认知。根据此次舆情监测结果,俄罗斯民众在获取有关中国旅游信息的途径中,互联网排在第一位,超过7成;其次是电视,接近5成;杂志和家人、亲友介绍为1成。自然互联网可以作为中国向俄罗斯投放各类旅游信息的主流渠道,可以通过Facebook、Twitter等社交媒体以及其他主流搜索引擎进行信息投放,同时也需要深入了解俄罗斯本土特色的社交媒体及其他互联网应用。比如,据有关资料显示,Vkontakte是俄罗斯广受欢迎的社交媒体。那是否可以在Facebook等社交媒体之外,也通过类似Vkontakte等媒体进行有针对性的宣传推广呢?

四、弥补服务缺失,提高俄罗斯旅华市场的便利

此次《舆情数据》显示,俄罗斯民众对旅华的出入境服务、与当地居民交流、安全状况等方面的评价最低,分别为62.5%、62.5%、54.2%;分别有31.0%、7.4%的民众表示不愿意来中国的原因是"语言不通"和"签证不便"。这些显然是未来中国深度开发俄罗斯旅华市场必须高度重视和改进的地方。

比如,签证问题。这是一个影响中国入境旅游发展非常关键的问题。2013年世界经济论坛发布的《旅行与旅游竞争力报告》"(对入境游客)需要签证国家数量"一项上,中国排名靠后,位列129位,说明中国签证制度亟待优化。实际上,中国希望开发的很多客源国的护照在很多目的地都是免签的。俄罗斯护照可在100个国家获免签待遇。除了免签待遇外,其他的旅游目的地未来开拓俄罗斯市场,也会采取诸如落地签证等政策来增强自身吸引力(如印度)。因此,中国如何在外交待遇对等的情况下,研究适应入境旅游发展的签证制度,包括团队免签证制度及停留时间、特定入境地区免签证或落地签制度等便利化的签证制度,将对俄罗斯旅华市场发展产生重要影响。

再如,语言问题。因为中俄历史上的关系,中国的俄语人才教育和储备应该不少,但随着国际形势变化和经济贸易往来等诸多方面的原因,俄语在中国的地位有所下降,在各大旅游景点以及旅游接待中的解说语言往往以英语以及日语、韩语为主。这反映了中国入境旅游市场的客观情况,中国也无法在每个旅游目的地提供所有适合入境客源国需求的语言解说,但在图形标示的国际化、解说系统的数字化等方面,还是有很多可以继续努力完善的。相信在这些方面做出相应调整的话,会显著改善因为语言不通导致的担忧对入境旅游市场开发的负面影响。

五、产品创新推动,适应俄罗斯旅华市场的需求

此次《舆情报告》显示,俄罗斯来华游客感兴趣的旅游带呈现出两大特点:一方面传统的历史文化旅游带的吸引力持续强劲;另一方面"京西沪桂广旅游"和"滨海城市度假游"等大城市、自然风光秀美和滨海旅游带逐渐成为关注点。因此,第一,中国需要着力把传统的长城、故宫、丝绸之路等历史文化遗产打造成俄罗斯旅华的旅游吸引物。尤其是丝绸之旅旅游产品的创新设计对于吸引除远东之外的俄罗斯出境旅游市场具有重要作用。从俄罗斯出境旅游目的地分布情况看,乌克兰、芬兰、土耳其、哈萨克斯坦等是其最重要的目的地。因此如果能够通过丝绸之路旅游带的科学开发,通过哈萨克斯坦这个俄罗斯出境旅游的重要目的地将俄罗斯出境消费引向作为丝绸之路起源的中国,是有可能的。第二,由于俄罗斯主要领土位于寒带和亚寒带地区,气候常年寒冷使俄罗斯人缺乏户外活动的条件,受地理因素的影响,中国滨海旅游目的地对俄罗斯游客具有一定的吸引力。根据俄罗斯旅华市场特点,可利用我国丰富的旅游资源,开发多样旅游产品以满足俄罗斯游客市场需求。可利用我国南北延伸、气候多样的众多滨海旅游地,完善滨海旅游产品体系及服务机制,合理疏导俄罗斯旅华客流,满足俄罗斯"高中低"端旅游者的需要。同时,对土耳其、埃及等俄罗斯主要出境目的地进行研究,及时调整旅游价格,使我国的旅游产品更有吸引力和竞争力。第三,中国传统的中医中药和中医保健作为新的生活健康方式,在俄罗斯游客中有较高的知名度和良好口碑。未来,利用东北等地区丰富的山林、温泉、中药材等旅游资源,开发山地滑雪、温泉疗养、温泉旅游产品和旅游休闲度假区等旅游产品,这些对俄罗斯游客都有很强的吸引力。当然,俄罗斯幅员辽阔,人口密度低,自身的森林覆盖、生态环境以及地热温泉等资源也不少,如何形成差异化的产品供给和要素组合,也是在温泉、医疗等旅游产品创新时需要重视的。

在创新推动上,还应包括旅游购物。与中国出境旅游消费一样,俄罗斯出境旅游消费的一项重要支出就是购物。《舆情报告》也显示,俄罗斯旅华市场的第一大动机就是购物,占受访者的55.8%。这一方面与目前俄罗斯旅华市场以边境游为主有关,另一方面也与中国物价便宜、选择多元有关。因此,我国新施行的旅游购物退税政策

对于推动旅游购物发展具有重要意义,尤其是对于将购物作为首要动机的俄罗斯旅华市场的意义更是不言而喻。当然如果要开发远东之外更广阔的俄罗斯旅华市场的购物消费,目前的旅游购物退税政策只是创新工作的第一步,真正能够挖掘俄罗斯旅华购物需求的,还是应该加快推进免税店体系的建立。有资料显示,俄罗斯游客出境购物时最喜欢的购物选择就是到免税店购买化妆品和酒。免税店体系的建立是开发俄罗斯旅游购物市场以及其他所有入境旅游市场挖掘的根本。

(2015年2月9日,中国旅游报,"抓住机遇　深度开发俄罗斯旅华市场",厉新建　宋彦亭)

推动新加坡旅华市场止跌企稳再增长

2013年新加坡赴华旅游人数为96.66万人次,占全年外国人旅华市场的3.68%,虽然同比下降5.9%,总体则依然保持在外国来华旅游市场前10位,是中国最重要的入境市场之一。新加坡旅华市场之所以值得我们高度关注,还因为其强大的出境消费能力及其庞大的华裔人口构成。新加坡虽然人口总量仅为500多万,其出境旅游消费却位居世界第11位,出境人均消费达到2800多美元;在380多万新加坡居民和拥有永久居留权的人口中,74%以上是华人。在近三年新加坡旅华市场出现增长缓慢甚至下降趋势的情况,如何采取有效措施,推动该市场止跌企稳、重新走上有序增长的通道,显然值得重点关注。

一、顺应发展潮流,抓住重点以尽快止跌企稳

要充分利用商务往来来推动新加坡旅华市场。中国与新加坡建交20余年来,两国积极开展各领域的全面合作,双边贸易额保持稳步增长趋势,新加坡在中国的国际与区域战略中担任着重要角色。2013年,中国成为新加坡第一大贸易伙伴,新加坡也成为中国在东盟内的第二大贸易伙伴。不断巩固且持续增长的双边贸易为两国旅游业的发展提供了丰富的想象空间。自2009年以来,会议商务动机的游客逐年增长,到2013年已达到19.3%,较2008年增加了5.1%。如果能继续倚借中新双边贸易发展、经济合作创新,吸收新加坡商旅发展的成功经验,则商务旅游市场还大有潜力可挖。

要抓好现实市场消费能力的挖掘和面向回头客市场的中国魅力再发现。《新加坡来华旅游舆情调查报告》(简称《舆情报告》)显示,新加坡旅华市场的平均消费仅为1300美元左右,3000美元以上仅有7.5%,这远远低于新加坡2845美元的平均出境消费水平。适应新加坡旅华市场在度假(40.7%)、美食(52.1%)、购物(31.2%)等方面的偏好,做好传统美食与旅游线路整合、郊野度假与城市度假组合的文章,尤其是新加坡出境旅游舍得购物的特点(购物占其2013年出境消费总额的16%,是出境第一大开支);抓好特色购物与体验平台搭建方面的文章,显然是当前新加坡旅华市场止跌企稳的内涵式发展之路。

对于中国吸引包括新加坡在内的所有发达国家旅游市场而言,非常重要的一点

就是签证问题。从目前的数据看,尽管新加坡来华旅游市场总体规模在扩大,但实际上无论是从其出境旅游总量上看,还是除了东南亚和南亚这些新加坡近程旅游之外的出境旅游规模上看,中国占新加坡出境市场的比重变化不大,并没有获得突破性的增长。此次《舆情报告》显示,新加坡来华旅游的游客中,年龄在18~29岁的占25.9%、30~39岁的占28.9%;自由行的比重在四成以上。在当今年轻人崇尚说走就走的旅行理念的情况下,在新加坡护照可以在170多个国家免签的情况下,如何改善签证环节的便利性以及推进入境旅游免签政策,显然是中国争取入境旅游客源最重要的手段之一。尽管只有4.0%的受访者将"签证不便"视为不愿来中国的原因,但同时《舆情报告》中显示的新加坡民众未来想去旅行的目的地中,日本、美国、澳大利亚、马来西亚、韩国、德国、英国、法国等都对持新加坡护照的游客免签,中国在新加坡市场上的竞争对手新西兰对新加坡游客免签、印度则是落地签。这些不能不说是影响新加坡旅华市场增长的重要因素。

二、重视特色旅游带建设,带动新加坡旅华市场再增长

新加坡人口仅500多万,很显然来华新加坡游客中回头客占有很高的比例。因此,从调查深入的角度看,要高度重视《舆情报告》所反映出的36.0%"去过,所以不打算再去"和11.0%"没有去过,以后也不打算去"的游客之所以不想再来中国旅游的内在原因,也需要关注14.0%"以前去过,还打算再去"的游客之所以还想来中国的主要吸引力是什么。重视前者有助于发现现有产品和服务的不足,重视后则有助于发现真正有市场竞争力的产品和服务。除了商务往来外,如何重新发掘能够吸引回头客的中国旅游新魅力也是开发新加坡旅华市场绕不开的问题。而新魅力很大一部分可以来自特色旅游带,来自中国的二三线旅游目的地。近两年随着中国二三线城市综合实力的提升,新加坡旅行服务商已将视野聚焦于这块大蛋糕上,在武汉、天津等多座城市增设了航班,使得新加坡樟宜机场每周有556个班次飞往中国25个城市。这无疑也为新加坡游客来华旅游提供了更多的选择。新加坡游客来华旅游首选的入境方式便是飞机,使用人数近五年均达到六成以上,2013年占到70.3%。空中合作的拓展、廉价航空的崛起和介入为入境游带来了更多发展空间,同时也为我国二三线旅游目的地入境游带来更多机会。

中国地大物博,多样的自然风光和独特的风土民情对大多数新加坡游客极具吸引力。《舆情报告》显示,影响新加坡游客来中国旅游的因素中,自然风光占的比例最高为35.6%,其次是悠久的历史占到34.8%,两者均超过三成。除此之外,多集中于二三线旅游目的地的经典旅游带,如万里长城、"丝绸之路"、黄河旅游、长江旅游、京西沪桂广等更能引起新加坡游客的极大兴趣。《舆情报告》中指出,来华游客中59.2%停留天数为4~7天,8天以上的占到23.4%。旅游方式的选择上,超过四成会选择

"自由行",特别是那些高收入人群及二次旅游的人。较长的停留时间加上自由的旅行方式,比较适合经典旅游带的旅游特点。未来以著名旅游带为特色,吸引新加坡民众到旅游带上的二三线旅游目的地参与自助旅游活动,可以拉动新加坡来华旅游市场的再增长。

三、有针对性地推出年龄细分产品,深化开发新加坡华族市场

新加坡官方统计的380多万居民人口中(另有130多万主要是非法移民和外侨工人),有74%是华人。虽然华人本根来自中国,但又区别于中国这样纯粹的华人社会。多族群共融的环境,使得他们的文化具有极强的广度,但却缺少了各族文化本源的独特深度。所以可以将这一庞大群体定位为主要对象,按照年龄组成不同,开发多样化的旅游产品,促进旅华市场提升。

根据有关数据统计,新加坡来华游客市场以25~64岁男性为主。近十年中这一年龄段的游客平均所占比重达81.8%。进一步细化数据发现,2009—2013年15~24岁的青年群体和65岁的老年群体来华旅游人数在缓慢增加。在未来,80、90乃至00后这三代在新时期成长起来的新加坡人逐步占据市场主体时,这种纯正的中国文化对他们特别是其中的华族群体来说是颇具吸引力的。当然这个从小接受西方文化熏陶的新加坡年轻人市场,显然不是可能不引自来,而是需要考虑相应的社会化媒体宣传促销渠道,以中国传统文化及历史有关的主题性访学旅游项目或设立优惠政策,鼓励中青年群体来华自由行;亦可利用新加坡出境旅游最主要的旺季在10~12月的特点,积极开发与新加坡本土资源极度差异化的、面向新加坡年轻人的东北滑雪度假旅游产品。针对中老年华族群体,探亲访友、寻根问祖始终是非常重要的一个产品,应该抓好"贴心"服务,让新加坡中老年群体以"安心"旅游团的形式来华旅游。针对新加坡出境旅游中夫妇同行和家庭同游比例高的特点(分别是13.4%和24.6%),则可从设施建设、线路组织和卖点选择等多方面进行系统整合,积极开发蜜月旅游产品和家庭游套餐产品。

四、巧抓宣传营销策略,多业融合推动新加坡旅华市场新突破

《舆情报告》显示,当被问及有没有去中国旅游的打算这一问题时,表示"没有去过,以后打算去"和"去过,以后还打算再去"的总计为四成,不打算来的接近五成。对来华旅游整体表示有兴趣的为四成以上,而回答"没有兴趣"和"没什么兴趣"的同样超过五成。说明目前新加坡游客对来华旅游兴趣普遍偏低。究其原因主要是考虑到食品安全问题、空气污染和治安不好等因素,说明食品安全问题已经成为影响中国国家形象的重要问题。而在旅游吸引要素中,明显会受空气污染影响的度假以及明

显会受食品安全影响的美食,则恰恰又是吸引新加坡旅华游客的第三重要因素,是新加坡旅华游客的第三大目的。利用中国地域性空气质量差异、传统美食与食品安全关系的有效区隔来进行有效的营销推广,是一个当前困境下的现实选择。

有关数据表明,新加坡人在获取有关中国旅游信息的途径中互联网位居第一位,为75.4%;其次是电视,为42.6%;除此之外,以中国媒体和网站为信息源的达一成。而2013年新加坡在线旅游销售额53亿新币,总体增长7%。其中旅行社在线向居民销售产品出现32%的大幅增长,住宿业在线成交额也持续攀升,航空公司主推低廉的网上预订价格继续占据着在线销售的主要市场。预测到2018年,新加坡在线航空销售额可达到32.01亿新币。可见中国有关旅游媒体和网站应采取与新加坡在线销售业合作的方式,作为主要的营销策略。同时航空作为新加坡游客的出境的主要路径,中国还可以同新加坡开展"航空+旅游+金融"的方式向新老顾客进行产品推广,通过提升认知度来尝试拓宽入境市场。2014年年底,支付宝为方便中国游客出境游,推出的以新加坡为首批试点推广的"海外交通卡"活动已投入使用,即为旅游者提供便利也起到了一定的宣传效果。考虑到信用卡是53.8%新加坡民众出境旅游的支付方式,尝试在新加坡采取类似的创新来推动新加坡公众来华旅游的便利性提升,或许也是实现新加坡旅华市场新增长的可选项之一。

(2014年12月24日,中国旅游报,"抓重点,让新加坡旅华市场再增长",
厉新建　马蕾)

四步曲助推越南旅华市场持续发展

越南是中国重要的海陆邻国之一,也是来华旅游的重要客源国之一。在当前入境旅游持续下滑的背景下,越南既是中国大力发展入境旅游的主要客源国,也是争取周边邻国客源重要的竞争对手。审时度势、正确处理好中国与越南的旅游发展关系尤为必要。

数据显示,越南已经成为中国在东南亚最主要的入境客源国之一,发展潜力巨大。国家旅游局入境旅游抽样调查数据显示,越南来华旅游规模从2010年的92万人次增长到2013年的136.53万人次,3年增长44余万人次,增长近50%。从增长率看,2010年以来,越南来华旅游规模平均增长率达到16.5%,其中,2011年增长9.4%、2012年增长13.0%、2013年增长20.1%,增长速度呈现逐步加快趋势。2014年1~11月,越南来华旅游规模已经达到150.77万人次,同比增长22.2%,创造历史新高成为必然。在中国入境旅游不景气、主要客源国入境人次下滑的大环境下,越南来华旅游规模的持续快速增长成为中国入境旅游的亮点。2011—2013年,越南相继超过新加坡、马来西亚成为中国传统四大客源市场韩国、日本、俄罗斯、美国后的第五大客源国,也成为中国入境旅游最大的发展中国家客源国。

然而,在越南来华旅游规模持续扩大的同时,我们也应该看到其相距中国传统的前四大客源国韩国、日本、俄罗斯、美国(2013年来华旅游规模分别为396.9、287.75、218.63、208.53万人次)仍有一定差距。深入研究越南旅华市场动机、全面把握越南游客行为、采取有效措施扩大越南来华规模已经成为一个重要课题。笔者认为,越南旅华市场将在中国入境旅游新常态的形成和发展中占据重要位置。为此,可以采取四部曲助推越南旅华市场持续发展。

第一步曲:短途旅游与长途旅游相结合

在旅行距离的把握上,坚持短途旅游与长途旅游开发相结合。中国与越南有着1020千米的边境线,边境贸易发达。由于越南与广西壮族自治区、云南省毗邻,越南旅华市场主要集中于广西、云南及周边地区。《越南来华旅游舆情调查报告》(以下简称《舆情报告》)显示,越南来华旅游逗留1天的占到51%,3天以下的占71%;走访1座城市的游客占48%,2座城市以下的占77%,表明越南来华旅游以过境一日游和短途旅游为主。然而数据表明边境旅游、短途旅游仍具开发潜力。受访者对于中国主要景区认知中,广西桂林山水、云南丽江古城分别为12.0%、10.2%,远低于长城、故宫等景区;而在中国各省区旅游传播活动的认知中,云南、广西分别位列第6、第11位,广西、云南"近水楼台"并未"先得月"。作为最具成长性的客源国之一,越南来华旅游应当引起广西旅游委、云南旅游委以及当地旅游企业的更多重视,努力扩大越南居民对广西、云南等地的旅游认知,进而实现旅游认知向旅游活动的转变,扩大来华规模。

此次受访者认知度最高和出游意愿最强的城市是北京、上海,对中国旅游景区认知度最高的是万里长城(90.4%)、故宫(41.8%)和少林寺(41.4%),最感兴趣的旅游带则是万里长城旅游带(80.1%),全部都是长距离的旅游目的地和景区,这表明越南来华长途旅游潜力巨大。虽然如此,但受访者指出来华旅游费用高是其不愿来华旅游的最主要原因,实际上越南来华旅游人均消费也的确高于越南出境旅游平均花费。中国要开拓越南旅华远程市场、延长停留时间,应把重点放在越南游客来华旅游的物有所值乃至物超所值上,不断完善旅游设施品质、提升旅游服务水平。

第二步曲:内涵式与外延式开发相结合

一方面,在旅游消费的把握上,坚持内涵式开发与外延式开发相结合。欧睿旅游信息数据库数据显示,越南出境旅游目的地集中在周边国家,其中中国是越南出境旅游的最主要客源国,近年来始终占到其出境旅游总量的35%上下。可喜的是,越南来华旅游花费占全部出境旅游花费的38%左右,来华人均消费高于越南出境旅游平均花费,中国作为旅游目的地对越南游客具有较强的吸引力。为扩大越南来华旅游消费,应当坚持内涵式开发与外延式开发相结合。内涵式开发、提升来华游客分项花费是扩大越南旅华市场消费规模的关键。2013年,越南出境旅游花费中住宿占比最高且持续增长,达到29.0%。其他主要消费如购物28.2%、娱乐15.7%、观光11.5%、餐饮11.4%均超过10%。自2008年以来,这些分项花费基本保持在一个稳定的水平,表明购物是越南人热衷的活动。越南来华游客旅游目的中,观光游览、购物、美食分别位列前三,占比59.3%、43.2%、20.8%;而旅游满意度方面旅游景点、旅游餐饮满意度较高分别为88.2%、79.9%,旅游目的与旅游满意度相匹配,而购物体验满意度为60.9%。可见,跳出旅游纪念品的传统思路,突破传统的旅游购物概念,增加旅游购物的多样性,以平台化思路来完成旅游购物的交易性向体验性的转型,探索旅游购物甚至以沿边突破的战略思路来研究免税店体系等方面的措施,是推动越南以及类似入境客源市场消费水平提升的方法。

另一方面,外延式开发、以双边贸易为基础扩大商务游客规模。东盟是中国第三大贸易伙伴,在中国—东盟自贸区合作框架下2014年中越双边贸易额有望超过500

亿美元。在中越持续增长的双边贸易下,商务出差仅为越南来华旅游目的的13.0%,这与越南出境旅游中38.6%的商务游客、与中国入境旅游中23%的商务游客比例都有较大差距,也与中越两国庞大的双边贸易不相匹配。可以考虑采取持续、扩大举办中越商贸旅游博览会等会展方式,增加越南来华商务客流。

第三步曲:抽象推广与具象宣传相结合

在旅游营销的把握上,坚持抽象推广与具象宣传相结合。对国家旅游局组织的各项以"美丽中国之旅"为主题的活动,此次舆情受访者中,非常了解和有些了解的分别占到5.3%和23.8%,超过70%的受访者并不了解中国国家旅游形象宣传活动。而仅有20.6%的受访者认可"美丽中国"的宣传口号,相比日本的41.7%、泰国的32.5%、韩国的29.8%仍有一定差距。而在中国主要景区的认知上,长城、故宫、少林寺、颐和园、峨眉山、乐山大佛、西湖都超过了20%,都高于抽象的"美丽中国"宣传口号。采用"美丽中国"抽象推广中国旅游形象和目的地形象,简洁、易记、易于宣传,而具象的景区景点能够激发游客出游的动机;抽象推广形成旅游感知,具象宣传激发旅游动机,在营销中两者应当相辅相成。在具象宣传中国知名景区景点时,不仅要宣传历史性、震撼力、知名度高的景点,还应当通过挖掘中越两国的历史传统,重点开发能够激起越南游客民族感情和历史共鸣的景区景点。例如,广西龙州县的胡志明展馆是越南游客钟情的景点,广西运德旅行社开通"胡志明足迹之旅"后吸引了大量越南旅游团成行。

此外,选择恰当的宣传方式至关重要。在受访者获取有关旅游信息的途径方面,互联网占到60.4%,位居榜首。在越南约9000万人口中,已有超过3120万网民,互联网已成为越南旅游信息传播的重要途径。中国政府和企业在越南的旅游广告投放可考虑其门户网站,而非折叠广告、户外广告等受众面极小、效果不佳的方式。

第四步曲:简化签证与便利流动相结合

在入境过程的把握上,坚持简化签证与便利交通相结合。签证和交通往往是制约国际旅游的重要条件,也是提升越南游客来华可进入性的关键途径。2013年世界经济论坛发布的《旅行与旅游竞争力报告》中国在"(对入境游客)需要签证国家数量"一项上排在129位,说明中国签证制度亟待优化。越南作为中国发展潜力巨大的入境客源国与邻国,可以优先研究简化签证先行先试等方面的政策。此次受访者旅游满意度方面,出入境服务满意度仅为52.1%,亦需引起重视。2014年国务院31号文件提出在东盟—湄公河流域开发合作、大湄公河次区域经济合作等区域次区域合作机制框架,采取有利于边境旅游的出入境政策。对越南旅游市场的开发是中国发展边境旅游的重要支点,市场期待有关越南旅华便利性政策的出台,如中越双方协商取消"从哪个口岸出境就从哪个口岸入境"的限制,使游客多看景点、节省费用等。又如,欧睿咨询报告显示,越南出境旅游团体方式占比最大,2013年为61.4%,此次《舆情报告》中显示通过参加旅游团来华的占到63%。在当前团体游客仍为越南旅华主要方式的前提下,可以考虑同越南乃至在东盟框架下商讨签署团体旅游互免签证协议。

旅游流动方面,越南与广西、云南有着较为完善的"海陆空"交通体系,航班、火车、汽车、客轮一应俱全,然而便利的旅游流动不仅体现在交通体系上,更体现在旅游服务上。在不愿来华旅游的原因中,语言不通占到28.9%,位居第二。广西、云南两省(区)尤其应当考虑在重要的旅游集散地(如凭祥)、景点的解说系统标注越南语或更多地采用国际通用标志系统、增加旅游相关图形符号的标志,以方便越南游客。

中国与越南在文化、饮食等方面有着相似性,两国山水相连,民众往来频繁,构成了双方旅游发展的重要基础。要充分重视中越两国旅游格局中一日游比重高的特点,以"兼顾规模、重在消费"的理念,形成推动边境旅游发展水平提升和远程旅游市场增长的新举措。相信随着两国双边贸易的持续扩大,中越两国旅游规模和消费水平会不断发展,越南在中国入境旅游发展中的地位也会越来越凸显。

(2015年2月9日,中国旅游报,"推动越南旅华市场持续发展",

厉新建　宋昌耀)

抓好促进印度旅华市场的战略重点

在中国入境旅游市场中,2013年印度旅华市场规模为67.7万人次,占全年外国人旅华市场的2.6%,印度所占的比重还比较少。不过,需要看到印度出境旅游市场的迅速增长,1991年时印度出境旅游人数仅为194万人次,而到2013年其出境规模已经达到1663万人次,联合国世界旅游组织更是预测,2020年印度出境旅游者将达到5000万人次。从长期发展来看,印度显然是中国应该高度重视的入境旅游市场,而且值得从战略高度上来重视这个市场的开发,并在市场开发的过程中把握战略重点,以期事半功倍的效果。

一、在战略互信的高度上重视印度旅华市场发展

中国和印度同为快速崛起的发展中大国,也是潜力巨大的两大新兴市场。如何进一步增强中印双方的战略互信,无论对于开发相互的市场潜力,还是进一步释放中印两国对世界经济发展的贡献力,都具有积极而深远的意义。中印两国有着源远流长的关系史,但时起波澜客观上也影响了两国关系的深入发展。如何增进中印双方的战略互信是当前中印关系发展的重要课题。战略互信的前提是增进相互的了解,包括对某些敏感问题的深入了解与交流以及两国民众之间广泛的往来与理解。大力推进中印旅游交流,尤其是印度旅华市场的发展,将会在夯实这个前提和基础方面发挥积极而深远的影响,具有重要的战略意义。一方面,两国人员通过旅游的方式相互往来、相互交流,可以以更轻松、自然的方式进行有效的沟通与合作,从而避免政治接触的严肃性、经济合作的警惕性,往往能够产生更好的效果。另一方面,印度国内某些激进报纸以及激进人物的言论,在印度民众对华负面印象方面起到了很大的作用,如果能够让印度民众亲历中国,实际感受中国,将对破除民众误解、消除模糊认知中国产生积极作用。

因此,对于开发印度旅华市场,不能简单地从旅游外汇收入的角度来衡量,而更应该从服务于中印两国战略互信大局的战略高度来认识。在这一点上,有必要加大力气调整印度旅华市场的结构。从《印度来华旅游舆情调查报告》(简称《舆情报告》)上可以看到,印度来华旅游以商务目的所占比重最高,达41.4%,其次是观光占36.7%、度假占23.3%、购物占19.8%。这个结构从侧面反映了中印商贸往来的良好

局面,但与印度出境旅游总体结构中商务仅占三成还是有些差距,中国有必要更好地开拓非商务旅行的市场。这对于印度旅华市场发展的稳定性、从更大众的层面上改变印度民众对中国的广泛认知更有意义。关于印度民众来中国旅游的障碍因素,选择"自己的经济原因"比例最高,占总体的45.2%;其次是费用高,占28.6%;这次《舆情报告》显示印度民众在华平均消费1000美元以下的近五成,这说明印度民众的平均出境消费能力尚待提高。可见,无论是从战略理念看还是现实情况看,中国都需要向印度旅华市场提供更多具有价格竞争力的旅游产品。其实,近几年泰国之所以能够成为印度最大出境旅游目的地国家,与其价格竞争力是有密切关系的。

二、在战略平衡的基础上促进印度旅华市场发展

此次发布的《舆情报告》数据显示,印度民众对中国的万里长城(80.9%)、故宫(47.5%)、兵马俑(27.4%)有着很高的认知度;同样的,中国民众对印度的泰姬陵、瑜伽和歌舞也有很高的认知度。中印双方都有着10亿级的人口规模、有着7%~8%左右的经济增长速度,在出境旅游潜力和经济增长潜力方面也有很多共同点。从目前的情况看,中印双方在各自入境旅游市场中的地位也差不多,印度是中国入境旅游市场的第15位左右,占2.6%的份额;中国在印度入境旅游市场中是第12位,亦占2.6%的份额。

若从中印两国相互旅游流量的绝对数上,则可以发现明显的差距。从印度旅华市场角度看,2005年印度旅华规模约为35.6万人次,到2013年的67.7万人次,几近翻番,显示出良好的增长势头,占印度出境市场的4%左右;从中国游客前往印度旅游市场看,2005年时约为4万人次,到2012年上升到16.9万人次,增速惊人,但总量仍小,仅占中国出境游市场的0.2%。

印度新政府上台后高度重视入境旅游市场的发展,大力发展入境旅游、积极提升旅游创汇能力是印度新一届政府的优先战略。如果中国不注重中印双向旅游流量的战略平衡,而是单向性地强调从印度吸引更多的入境客源,恐怕很难获得印方的战略支持。因此,中国应该在中印双方出入境双向流动战略平衡的框架内,重视印度希望大力发展入境旅游的战略要点,在积极引导中国游客前往印度旅游的同时,积极推进印度旅华市场更好更快的发展,这才是正确的选择。

三、在人口结构基础上谋划印度旅华市场发展

在人口总量上,中印两国相差不大;在人口结构上,中印两国相差甚大。中国的13亿人口,老龄化特征非常明显;印度的12亿人口,年轻化特征非常明显。不同于中国的人口结构,印度的人口结构是几近完美的金字塔形状。根据2011年的人口统计

数据计算,印度0~14岁的人群占30.76%、15~29岁的占27.53%、30~44岁的占20.33%、45~60岁的占12.43%、60岁以上的8.95%。高度重视印度人口结构年轻化的特点,紧紧抓住印度年轻人市场正是中国谋划印度旅华市场发展的战略重点。此次主要面向印度中产阶层的《舆情报告》数据也已显示,印度出境游客中以40岁以下中青年人群居多,占六成以上,体现出市场年轻化的特征。从这样的人口结构中,我们不难推断,互联网必然是印度民众了解出境旅游信息最重要的信息渠道。此次发布的《舆情报告》数据显示,互联网渠道以56.5%的比重在各信息渠道中高居首位。资料显示,印度互联网普及率约为18%,远落后于韩国、日本和中国,但在印度城市居民和中产阶层中,互联网普及率要高得多,网民规模年均增速达到28%。

已有的数据都意味着互联网作为中国开拓印度旅华市场的首要媒体是毫无疑义的。我们需要做的是如何把互联网的作用发挥好、把互联网的具体利用形式选择好。比如,中国旅游报社舆情智库的研究显示,印度受访者在旅游信息来源方面,除了Google、Facebook、YouTube之外,排在第四位的是MakeMyTrip,这显然是一个值得重视的数据。实际上包括MakeMyTrip、Cleartrip等在内的在线旅行运营商对印度出境旅游的发展产生了重要的推动作用。这些在线旅行运营商是中国加强在印旅游营销和提升旅游营销的产品购买转化率最好的桥梁之一。如何进一步引导中国旅游产品(尤其是围绕着印度民众感知程度和兴趣程度比较高的世界遗产系列,北上广深等城市系列,长江、黄河、丝路等旅游带系列)融入到这些在线旅行运营商的库存中,并考虑印度旅华市场61%以上属全包价旅行团、4%半包价旅行和35%自由行的特点,进行有针对性的开发,满足印度市场对固定包价产品、动态打包产品以及自由行产品的需求,是下一步需要重点关注的市场动作。

四、在借道营销基础上推动印度旅华市场发展

此次发布的舆情监测显示,印度来华旅游意愿不高,这与其自身的经济状况有关,也与印度民众对中国旅游了解程度不高有关。比如,印度市场对中国最重要的海外旅游推广活动——"美丽中国"的主题推广活动知晓率仅有11.2%,"美丽中国"的形象宣传效果总体不太令人满意;对上海、北京和西藏的旅游传播活动的接触较高,而我国大多数城市、景区在印度的知名度都比较低,特别是与印度地理位置相对较近的西北、西南旅游城市和旅游资源,也并没有获得相应的认知度。相信这些地区也都了解通过互联网传播对于自身营销推广的意义,但如何通过"美丽中国"等海外推广网站的深化建设,提升网站本身的可见性,从而提高网站呈现内容的可见性,增强在印度的整体营销效果,尚需破题。

另外,为了提高旅游营销效果,也未必只有互联网一种选择,传统的渠道、创新的利用,同样可以取得很好的效果。目前国内有些目的地通过与境外信用卡发卡机构

的合作就取得了很好的效果。比如苏州与VISA合作的全球推广活动就比苏州自身独立海外宣传的效果要好很多。这种方式之所以能够取得成功，就在于对客源地区消费者在出境旅游时的支付方式特征的了解。Euromonitor的资料显示，2013年印度民众出境旅游消费时，选择现金支付的比重仅为22.6%，而采用信用卡支付的比例为30.2%，其余47.2%的人采用其他卡支付或旅行支票的方式支付。高比例的卡付方式使得发卡机构成了旅游目的地营销提高信息送达率以及挖掘潜在消费者最好的方式。支付卡公司为了鼓励持卡人在境外的刷卡消费，还会推出各种类似返现、积分、折扣优惠等促销方式，甚至推出与旅游目的地合作的专项旅游产品。因此，面向印度市场，完全可以考虑与发卡机构合作进行营销推广，甚至也可以考虑与这些发卡机构共同开发专项旅游产品，借道营销、合作发展，共同推动印度旅华市场的有效增长。

相类似的，中国还可以结合印度出境旅游的离境空港份额分布特征，在空港上下功夫。从印度2012年的官方数据上看，孟买是最大的离境港，运送了23.46%的印度出境旅游者，其次为德里，运送了21.62%；第三是钦奈，运送了10.86%；第四是科钦，运送了8.08%；第五是特里凡得琅，运送了4.96%。如何借助这些空港的营销空间，挖掘空间的营销价值，也是值得进一步考虑的问题。

在2014年"中印友好交流年"的基础上，中印两国政府共同决定，2015年在中国举办"印度旅游年"，2016年在印度举办"中国旅游年"。相信通过这种国家战略层面的共同安排，辅之以各目的地的营销创新和各旅游企业的产品创新，印度旅华市场一定能够取得更大的发展。

(2014年12月15日，中国旅游报，"抓好促进印度旅华市场的战略重点"，

厉新建　宋彦亭)

影响香港往内地旅行的主要因素分析

从香港往内地旅行市场数据看,2014年1~12月,香港居民全年入境前来内地旅行的总人次为7613.17万,同比下降0.98%,连续第三年负增长。较2010年7935.8万人次下降了300多万,自2007年实现8.2%的高速增长后,增速都在3%以下,且多次出现负增长状况,引起了各方高度关注。

一、香港市场在内地入境旅游市场究竟处于什么位置

习惯上,大多视香港市场为内地入境市场最重要的组成部分。实际上这需要从不同的层面来看,不能一概而论。在传统重视旅游人次数的数量型发展思路下,很显然香港对于内地入境旅游市场而言至关重要。2014年全年入境游客数量为12 849.83万人次,其中香港居民入境数占59.24%;全年入境过夜游客数5562.2万人次,其中香港居民入境过夜数为2587.45万人次,占46.52%。

不过,如果从质量型发展视角看,香港市场的地位将显著降低。从国家旅游局统计数据看,2014年我国全年旅游外汇收入为569.12亿美元(国家外汇管理局公布的数据仅为512亿美元),其中香港居民入境花费为115.23亿美元,仅占20.24%。以占60%的入境人次和46.52%的入境过夜人次,仅贡献20%左右的外汇收入,可见香港市场平均的消费能力有所不足,也从一个侧面说明在高度重视环境保护、景区承载力和可持续发展的战略思路下,需要重视挖掘香港往内地旅行市场的高消费能力部分,而不能一味只关注入境人次数。从一定意义上看,香港居民往内地旅游人数的下降反而可能有利于内地整体旅游发展。

所以,总体上看,对于香港前往内地旅游市场(以下简称"香港同胞市场")的波动不必过于大惊小怪。

二、香港同胞市场增长已经碰到"天花板"

从香港特别行政区政府公布的数据看,2014年年中,香港常住人口大约为724万。另据国家旅游局公布的数据看,2014年香港同胞市场规模大致为7613万人次。如此计算,平均每个香港居民到内地旅行的次数大致在10.5次之多。考虑到除了内

地之外还有诸多目的地可供香港居民选择,平均每人10.5次已经是一个非常高的数字,继续增长的空间在不断缩窄。

三、香港同胞市场不全是旅游市场

尽管有旅游统计数据显示,香港前往内地的入境市场高达7613万人次左右,而实际上这其中显然存在统计上的缺陷,比如,这其中应该包含了"水客"数据。相信规模庞大、日均往返数据惊人的"水客"在香港入境内地的总规模中贡献颇为显著。曾有官方数据显示,往返次数最多的职业"水客"每天可以往返香港与内地达40~50次之多。香港《信报》3月18日报道,根据各项相关报告,估计往返香港、深圳两地的"水客"有六成为香港居民。香港《大公报》去年报道则称,职业"水客"中超过八成为香港居民。过去4年,在深圳口岸被查处的有走私嫌疑的游客约3.3万人,近2万为港籍。《环球时报》记者采访香港入境处的报道显示,"水客"平均每天出入境3至4次,有的甚至一天之内出入境十多次。如果以每天3次计,2万港籍"水客"一年贡献的入境次数将达2190万人次。有记者采访发现,随着香港和内地打击"水客"力度加大,有些以往每天往返两次的"水客"转而每周往返两次,这对于香港入境内地旅游市场统计数据而言,显然会产生明显的数据下滑。

四、人民币对外升值对内贬值极大地拉高了内地旅游价格

入境旅游市场显著受到人民币汇率的影响。随着人民币的升值,以人民币计价的入境旅游产品价格自然相应上涨,国内市场通货膨胀的居高不下,则进一步推高了内地旅游价格。这对香港前往内地旅游也造成了重要影响。

五、空气质量、社会治安、食品安全等非旅游因素对入境旅游的影响

调查显示,超过50%的香港受访者认为食品安全(62.9%)、社会治安(61.0%)、空气质量(51.4%)等非旅游因素影响其赴大陆旅游。近年来我国内地食品安全事件频发,三聚氰胺事件后内地游客赴港抢购奶粉导致香港地区奶粉供不应求。香港政府在2013年3月推行"限购令"以维持香港地区奶粉市场的稳定,而这一系列动作直接向香港居民反映出内地食品安全问题的严重性,也成为影响和制约其来内地旅游最为关键的因素之一。空气质量同样不容乐观。以北京为例,2009年以来,香港同胞赴北京旅游规模呈现稳中有降的趋势。从2009年的44.4万人下降到2014年的34.2万人,5年下降23%;而同一时间段内,北京市空气质量好于二级的天数呈现下降趋势,二者的相关性表明北京市入境旅游规模下降与严重的雾霾天气不无关系。而部

分持有偏见的境外媒体对内地治安的不实报道则引起香港同胞市场的顾虑。

需要指出的是,虽然非旅游因素对香港同胞市场造成的影响难以忽视,但这并非单一旅游主管部门和旅游产业能够解决的问题,它需要全部门统筹协调、全产业积极配合、全社会共同参与。我们应当达成共识的是,空气质量、食品安全问题等是我国经济社会高速发展中出现的问题,应该采用发展的眼光来看待,应该用更好更快的发展来解决,从而实现香港同胞市场的增长。

六、营销推广的绩效有待提高

在打击"水客"、人民币汇率和非旅游因素等对香港同胞市场造成影响的情况下,强化旅游形象和品牌、转换旅游意愿为旅游行为,进而提升旅游营销绩效显得尤为必要。第一,强化旅游形象。调查显示,北京、上海、广州、深圳在受访者中知名度最高,与其他国家或地区的调查结果相比,广州、深圳有着更高的知名度。然而与知名度不匹配的是广州、深圳在受访者出游意愿中排在第9位、第12位。两市如何将形象优势、区位优势转换为旅游优势是需要深入研究的课题。景区方面,除了长城、故宫等代表着国家形象的景区外,香港同胞市场更加倾向于自然型景区,九寨沟、张家界、长江三峡均有约七成的知名度。而在旅游意愿方面,九寨沟(48.1%)更是超过长城(41.2%)、故宫(35.4%)位居最想要旅游的景区之首。为此,旅游运营商、自然风光型景区和目的地应该更加积极主动、采取多种策略进行旅游线路和旅游产品的推广。第二,优化旅游传播。一方面,互联网(66.3%)、电视(43.0%)、来自亲友熟人的介绍(41.5%)分别占到香港游客获取内地旅游信息的三种主要途径。互联网无疑已经成为信息传播尤其是旅游信息传播的主要途径,在年轻人市场中尤甚。内地对香港同胞市场的传播相比其他入境市场有着较低的语言转换成本的优势,便于旅游信息传播的开展。事实上,较低的语言转换成本优势也体现在电视作为传播途径有着较高的比例上。我们应当充分利用这种优势,转语言、文化优势为传播优势进而成为旅游经济优势。另一方面,香港同胞市场与广东、福建等地有着千丝万缕的联系,采取策略增加探亲市场的规模是扩大香港同胞市场的重要途径。第三,转化旅游意愿。调查显示,九成以上香港人有境外旅游经历且出境旅游意愿继续保持上升,转化旅游意愿为旅游行动成为对香港地区旅游营销推广的关键环节。

(2015年4月,应中国旅游舆情传播智库而作,厉新建 宋昌耀)

系统视角探究我国入境旅游发展

2011年以来我国入境旅游人次持续下滑，2014年入境旅游外汇收入首次出现下降，持续低迷的入境旅游市场与蓬勃发展的国内旅游市场、出境旅游市场呈现巨大的落差，"两高一低"使旅游服务贸易逆差持续扩大，成为我国旅游业发展的"心头病"。据欧睿咨询发布的报告，持续不景气的世界经济、大城市的雾霾天气和来自其他国家的竞争是我国入境旅游下滑的原因。我们认为，这其中既有旅游方面的因素，也有基础环境方面的因素，既有价格方面的因素，也有非价格方面的因素，分析和解决入境旅游问题都需要持有系统的视角和方法。

一、入境旅游"四力"共驱，系统推动

入境旅游系统包括四个环节，从入境旅游目的地角度来看，可以将其总结为"四力"：吸引力、推广力、经济力、便捷力。一是吸引力，它是入境旅游目的地的核心竞争力，是入境游客出游的主要动机和体验的主要环节，既包括吸引力如丰富的旅游资源、良好的旅游服务环境等，还包括负面因素如环境质量、突发事件、社会治安、政治稳定等。二是推广力，是目的地政府或企业推介旅游资源、宣传旅游形象、组织客源的能力。三是经济力，是主要客源国（地区）经济景气程度及其居民出境旅游的意愿和能力，包括目的地、客源地经济状况的相对变动和汇率的变动等。四是便捷力，是入境游客实现旅游过程的便捷程度和能力，包括空间距离、航班次数、签证制度等。这四个环节形成入境旅游系统的闭环，构成入境旅游发展的生态系统，每一个环节的失误都将对入境旅游系统造成不利影响。

系统地看，我国入境旅游系统四个环节上都不同程度地出现了问题，综合因素导致了2011年以来入境旅游的下降。吸引力方面，主要是负面因素的强化，2013年以来全国大范围的雾霾天气，主要入境口岸北京和上海位列其中，部分境外媒体夸大性的报道无疑也是重要因素；食品安全问题、治安问题等也是影响国际游客旅华意愿的重要原因。推广力方面，我国入境旅游宣传推广在行政主导机制下存在僵化、固化问题，市场机制在推广宣传方面的优势没有得到充分发挥。经济力方面，2008年世界金融危机以来，我国主要客源国（地）美国、日本、西欧等经济持续不景气，美元、日元、欧元等兑换人民币汇率持续走低，而人民币持续保持坚挺，入境游客相对购买力下降。

此外,我国与日本之间的国家关系恶化造成日本来华游客数量从 2010 年 373.12 万人次下降到 2013 年的 287.75 万人次,成为来华游客数量下降最多的国家。便捷力方面,相对烦琐的签证政策是我国入境旅游的一大制约,目前我国只针对极少数国家实施个人或团体旅游免签证,部分城市对特定国家实施 72 小时过境免签。而金融危机后我国近邻印度、泰国等国家通过放松签证政策以促进本国入境旅游发展,在客观上降低了我国入境旅游竞争力。

为扭转入境旅游下滑的趋势,我国需要重新打造入境旅游产业链,以系统的方法重构吸引力、加强推广力、稳定经济力、提升便捷力,实现我国入境旅游企稳回升。

二、由景点向环境转变,重构吸引力

重构我国旅游吸引力,应当以强化吸引力、弱化负面因素为手段,实现我国旅游发展从景点打造向环境营造的转变。2014 年我国世界遗产数量达到 47 个,稳居世界第二位,5A 级景区数量超过 170 家,我国在景点、旅游硬件设施方面已经具有相当的竞争力。然而,旅游目的地是生活环境的总和,景点只是吸引游客前往目的地的一部分而非全部,游客体验更多的是服务体验、环境体验。因此,在吸引力方面,我国应当转变发展观念,应当向软环境、向服务、向细节转变,从点到面,从景点到环境,从而将独特的旅游环境转换为入境旅游者独特的旅游体验。从整个旅游生态圈的打造角度看,消除负面因素也很重要。为治理制约入境旅游发展的雾霾天气,6 省市 7 部委启动了京津冀及周边地区大气污染防治协作机制,环保部也制定了《京津冀及周边地区落实大气污染防治行动计划实施细则》,在中央政府的重视和京津冀协同治理下,雾霾天气将逐步得到有效治理。此外,对于普遍存在的阻碍外国游客来华的"语言不通",完善的解说系统是消除入境游客顾虑、提高其满意度的重要所在。为此,有必要对当前我国入境客流规律进行深入研究,有针对性地完善特定区域解说系统的语种配置,完善国际通用旅游相关标示系统,提升游客的旅游体验并方便游客的空间流动。

三、多种方式同举并用,加强推广力

在对外推介方面,我们需要做好三个结合。一是政府与市场的结合。2014 年国务院 31 号文件指出"采取政府购买服务等方式,逐步实现国家旅游宣传促销专业化、市场化",国家形象和旅游形象需要政府和市场发挥各自优势共同推动建立和完善。例如,针对航空公司在国外旅游者出境旅游搜集信息、计划行程时发挥的巨大作用,旅游目的地政府和相关企业可以通过与航空公司合作,实现共赢。引入市场机制,还可在国家层面探索成立如法国的法兰西之家、意大利的旅游促进协会、韩国的观光公社等独立性较强的对外推广机构,采用独立核算、第三方评估等激励机制实现对外推广效果最大化。二是国家与地方的结合。作为公共产品,旅游形象与品牌需要国家与地方共同打造。一方面,中央政府宣传推广的旅游目的地、景区,既要考虑其知名度,也要考虑其发展潜力;既要斟酌我们要推介什么,更要考虑受众群体的偏好。另一方面,中央政府宣传什么、地方政府宣传什么,两者应当做好配合,从而实现旅游营销高效率。此外,还应当研究建立中央政府对外营销平台,地方政府、旅游企业竞价获取被宣传的机会。三是线上与线下的结合。目前,互联网网民数量已经超过30亿,占世界总人口近一半,互联网已经成为获取、分享旅游资讯的重要手段。国家旅游局旅游舆情报告显示,基本上所有国家出境游客都将互联网作为获取中国旅游信息的最重要渠道。线上营销不能满足于旅游信息的上网,"上线"更需要"上心",只有线上旅游信息真正进入潜在旅游者的视野,能够进入他们的"心",从而影响其决策,这样的线上营销才是真正有价值的。对于线上推广,要重视特定客源国(地)的门户网站和 OTA 网站的作用。总之,只有推动线上与线下的有机结合、信息搜集与推广的有机结合才能实现有效、高效的旅游营销。

四、准确定位核心人群,稳定经济力

2014 年 12 月,作为我国第三大入境客源国的俄罗斯由于油价暴跌而引发卢布大幅贬值,必将影响俄罗斯来华游客规模;而作为第四大入境客源国的美国发布的经济数据显示其经济增速显著提升、美元在美联储推出量化宽松后不断走高,美国对我国入境旅游影响仍有待观察。我们要重视挖掘客源国出游力和出游意愿强的群体,通过准确定位核心人群来相对地缓解"经济力"对中国入境旅游市场的影响。这其中,一是商务市场,这始终是我国观光休闲游客外最大的客源群体。国家旅游局发布数据表明,韩国、日本、俄罗斯、美国、德国、印度来华的商务游客绝对量每年超过 20 万人次。2013 年,我国第六、第五大贸易伙伴韩国、日本成了我国最大的商务旅游市场;我国前三大贸易伙伴欧盟、美国、东盟尤其是东盟(距离近)的商务旅游市场则还需要投入更多精力进行开发,仍有很大的增长空间。二是中青年群体。2013 年来华游客中 25~44 岁的外国游客超过 1200 万,占所有外国游客近 50%。中青年群体是我国入境游客中的主力人群,也应当是重点考察和营销的对象。此外,新加坡、日本、美国的探亲市场,俄罗斯远东、越南的边境旅游市场同样有拓展的余地。

五、完善入境服务体系,提升便捷力

"快旅慢游"是旅游设计的宗旨,提升便捷力、增强可进入性就是要缩短游客的入境时间,简化入境手续,为此,可以从简化签证和优化航空两个方面着手。签证方面,

一是过境签证，可以考虑延长过境免签时间，我国目前主要是部分城市实施72小时过境免签，可以考虑延长时间为游客深度旅游和长距离旅游提供便利；针对目前的过境免签政策，也可以选取京津冀地区为试点，探索让入境游客在过境免签城市间流动，促进区域旅游协同发展。此外，还可以考虑增加过境免签城市数量优化布局，让游客、航空公司有更多选择，让更多符合条件的城市享受政策优惠。二是团体签证，2012年我国旅行社接待入境游客2367万人次，占入境外国游客87%，表明团队旅游依然是外国人入境的主要方式。针对当前来华旅游免签的国家数量有限的现状，研究、论证增加与我国旅游团体互免签证的国家的数量很有必要。此外，从长远看，可以探索在中韩自贸区、中国—东盟自贸区框架下人员无国界流动，真正实现无障碍旅游。航空方面，对于外国入境游客，航空无疑是最重要的交通方式。直达的航班、恰当的时段既会影响到自由行游客的目的地选择，也会影响到团队游客的旅游体验。而积极、渐进、有序、有保障地扩大开放航权将更加有助于我国入境旅游的发展。2003年民航总局将海南作为航权开放试点后，海南国际游客大幅增加，2004年仅来自新马泰的游客就分别增长了78.44%、51.8%、111.54%。优化航权安排、加强航空制度的创新必将推动我国入境旅游持续发展。

（2015年1月9日，国际商报，"入境游：提振给力要系统"，厉新建　宋昌耀）

第三篇 地方建言

把握旅游消费新常态,开创旅游增长新局面

2015年,北京旅游业发展平稳向好,旅游总人数为2.73亿人次,总收入为4607.1亿元;其中,旅游增加值1720亿元,占全市GDP7.5%,成为经济增长的助推器。新常态下北京旅游消费的地位凸显,旅游消费也表现出新的特征和趋势。把握旅游消费新常态有助于开创北京旅游增长的新局面。

一、新常态下旅游消费的地位

新常态下我国经济社会发展的要求和旅游消费本身的特性使得旅游业将在我国未来经济社会发展中发挥重要作用,在稳增长、调结构、促就业等方面占据重要地位。

第一,旅游消费是知识消费,有助于旅游业促进经济增长

基于人口红利消失、初级生产要素价格高企、环境资源约束趋紧的宏观背景,强调知识溢出效应和人力资本积累等创新因素在经济增长中的关键作用的新增长理论成为指导经济改革的重要理论基础。因此,新常态下经济增长须从要素驱动、投资驱动转向创新驱动已经成为共识,北京构建"高精尖"的经济结构和产业体系正是对此背景的回应。

中央针对当下经济发展问题给出了供给侧改革这一关键举措,其原因正是因为供给结构无法与因收入增长而快速转变的消费结构相匹配。随着恩格尔系数持续降低,知识消费、体验消费、休闲消费日益成为我国广大居民尤其是如北京、上海这样发达地区人们的必然选择。无论是宏观层面的创新驱动、促进经济增长进而带动我国迈过中等收入陷阱,还是微观层面的满足居民消费需求、提升人力资本,旅游消费与旅游业都大有可为。旅游动机往往是探奇求新、放松身心,旅游消费本质上是对广义的新知识的消费。无论是自然风光还是历史古迹,特别是近年来快速发展的文化创意旅游、研学旅游都是对知识、文化的消费。旅游消费不仅直接满足消费者高层次消费需求,倒逼供给侧改革;更有助于其开阔视野、增加知识、提升人力资本和创新能力,为经济增长动力转型提供微观基础。

第二,旅游消费是服务消费,有助于旅游业吸纳就业人口

产业经济学配第克拉克定理表明,随着经济的发展和人均国民收入的提高,劳动力就业人口将从第一产业(农业)转移到第二产业(制造业和建筑业)进而转移到第

三产(服务业)。这一规律不仅符合各层次产业的产业特性,也被绝大多数发达国家的发展历程所证实。

2015年,我国第三产业比重首次超过50%,人均GDP达49 351元(约合7924美元);北京第三产业比重79.6%,人均GDP达10.6万元(约合17 064美元),依据世界银行标准,北京已经进入高收入地区,而就全国而言也已进入中等偏上收入国家水平。在此背景下,第三产业已经成为吸纳劳动力的主要产业层次。

旅游业是现代服务业的重要组成部分,旅游消费是典型的服务消费。这一特性意味着庞大的旅游消费市场,使得旅游业在吸纳就业方面具有先天的优势。事实上,无论是乡村地区、偏远地区旨在全面建成小康社会的扶贫攻坚、脱贫致富,还是城市地区供给侧改革、去产能后下岗劳动力再就业,旅游业(乡村旅游、住宿业等)都可因其低门槛、服务消费的特征而吸纳大量劳动力就业。

此外,旅游消费对于去库存、全面建成小康社会等方面都具有重要意义。旅游消费的增长和共享经济的作用促使途家、小猪短租等旅游企业整合利用率低的房产、提高房产利用率,通过流动的旅游消费为固定的过剩供给和闲置资源提供了超越传统市场空间的跨区域消费动力。此外,通过旅游消费为旅游者带来的幸福感的提升,更是全面建成小康社会的题中应有之义。

二、新常态下旅游消费的趋势

随着交通体系、通信系统等时空压缩技术的发展,特别是居民收入水平的提高,旅游消费在新常态下也表现出新的特征和趋势。

一是大众化、常态化。从人群范围看,旅游消费已经从"旧时王谢堂前燕"逐步转变为"飞入寻常百姓家"。无论是高收入群体还是低收入群体,无论是老年人还是中小学生,旅游消费已经成为"生活必需品"。这依赖于经济发展后社会公众对消遣性消费和福利的诉求,也助推着我国旅游业由大众旅游初级阶段向中高级阶段的转变。同时,旅游消费趋势的转变不仅体现在消费人群范围方面,更体现在出游频次和花费额度上。2015年,全国国内旅游人次超过40亿,人均出游3次以上;出境人次达1.2亿,境外花费1.2万亿元。国内旅游人次、出境人次、境外花费总额均列世界首位。这表明旅游消费已经成为国民的常态化消费,北京等发达地区的人均指标上更能体现这一特征。

二是多样化、个性化。消费者旅游经验的逐步增加促使旅游消费不再仅限于传统的观光旅游资源和包价旅游产品,多样化的旅游消费需求体现在旅游消费的各个环节上,例如,非传统旅游资源(如体育赛事、艺术园区、医疗资源等)、非传统服务设施(如共享经济下的民宿、书店均可成为住宿设施)、非传统交通工具(如自驾车、房车、邮轮、低空飞行等)等逐渐成为旅游消费的内容和依托。就个体层面而言,个性化、特殊化、与众不同的旅游产品是旅游消费的追求。这就要求旅游业从标准化生产、大众化消费的福特主义包价旅游产品向柔性化生产、个性化消费的后福特主义定制化旅游产品转变。

三是散客化、共享化。智能终端技术的发展、公共服务信息和商业资讯的免费提供所共同构建的信息化、网络化的开放环境促使散客化已经成为并将继续成为旅游消费的主流特征和趋势。城际铁路、高速铁路、高速公路等大交通和地铁、公交、旅游观光车等中小交通所构建的发达的交通网络为便捷、高效的旅游消费提供可能。信息共享化的趋势和特征进一步改变了消费者的信息获取习惯和消费习惯。共享经济时代的到来,使资源配置模式更加趋于高效化,市场逐渐形成了用使用权替代所有权的新观念,将极大地推动旅游消费资源配置的革命性发展。游客通过多样化的信息渠道和网络在线声誉机制,能更精准地找到符合自己需求的产品,并用便捷的在线支付方式来消费。

四是去景区化、去中心化。与旅游消费多样化、散客化相伴随的是空间尺度上的去中心化、去景区化。以往观光旅游时期旅游消费往往以景区为中心、围绕集散中心开展旅游活动,新常态下的旅游消费由于收入、交通、信息等约束的改变而使得旅游者的选择多样化。即便世界级景区依然吸引大量旅游者、集散中心依然为旅游者提供中转和问询等服务,但是旅游消费的空间已经大大拓展,城市公共空间、非传统旅游资源地域(如房车露营地等)均成为旅游者逗留的场所;而集散中心在智能终端技术的影响下作用也会逐步下降,旅游活动与消费将不仅仅围绕着集散中心、城市中心展开,而是将依托交通线呈现分散化、网络化结构。

三、开创旅游消费增长新局面

为应对新常态下旅游消费新的特征和趋势,需要从旅游消费环境、旅游市场秩序、旅游产品供给等方面进行提升完善,进一步释放和改善旅游消费的制度约束,从而开创北京旅游消费增长的新局面。

一是优化旅游消费环境。大众化、常态化的旅游消费趋势给北京城市空间、社会服务等公共产品和服务带来压力,加之社会各界对旅游业作为产业和事业双重属性的作用的期许,营造良好有序的旅游消费环境显得尤为必要。包括但不限于以下几个方面:

完善交通网络体系。打造立体化、便捷化的交通网络体系,实现京津冀交通网络的充分衔接,优化配置远郊区的公交班次,尤其要注意配置新发展景区等旅游消费空间,打通"最后一公里"。提高集散中心、咨询中心的利用率和服务质量,提升社会认知度和识别度,推动一日游等市场的规范发展。从土地政策、公共服务配套等方面给予支持,加快建设自驾车营地、露营地建设。

持续推进厕所革命，统筹考虑市域范围内公共厕所与旅游厕所，统筹考虑厕所规划、建设、养护的三大环节，优化厕所布局，提高厕所利用效率和经营效益，重点推进和完善以商建厕、以商养厕的长效机制。

推进旅游信息化、智慧化。保持市域范围内的旅游资源、服务设施、交通线路等旅游资讯的信息化、在线化和实时性，持续维护、更新旅游资讯网站，鼓励有能力、有条件的区开发并有效推广旅游APP，多途径、多渠道传播旅游信息。鼓励并支持景区、城市公共空间开通免费无线网络。

二是维护旅游市场秩序。散客化、去景区化的趋势为旅游市场秩序的维护造成困难。新常态下，旅游市场秩序的维护需要充分发挥市场的决定性作用，辅之以涉旅部门的综合协调监管，实现有效的市场与有为的政府相辅相成、相互促进。包括但不限于以下几个方面：

推进旅游标准化工作。充分认识标准化对规范旅游行业秩序、引领旅游新业态健康发展的意义，坚决落实旅游行业标准和规范，出台和实施具有北京地域特色、针对北京旅游行业发展的行业规范。要特别重视休闲度假类国家标准的试点和推行，推动休闲度假类设施、产品的建设、开发、管理、服务的水平显著提高。

完善旅游投诉制度。积极处理旅游投诉，保障旅游者的合法权益，确保旅游投诉结案率达到100%。持续开展文明旅游，鼓励文明旅游，树立旅游新风尚。支持景区、客流集散处树立文明旅游标志。评选文明旅游者。

健全旅游应急预案。防范旅游市场安全事故的发生，完善对特大洪灾、雷暴天气、节庆赛事等易引发游客滞留、影响旅游者人身和财产安全的事项的事前预报和应急预案机制。

加强涉旅部门协调。充分利用旅游委组成部门作用，加强各部门统筹协调，共同监管和处理"零负团费""一日游欺诈""旅游购物强买强卖""黑导"等旅游市场顽疾。重视旅游目的地在线声誉的维护工作。

三是创新旅游产品体系。多样化、个性化的旅游消费需求要求丰富和创新旅游产品体系。包括但不限于以下几个方面：

创新开发产品种类。大力发展研学旅行产品，鼓励高等院校、名人故居、艺术园区、大使馆等作为研学旅行的重要场所，配合中小学寓教于游。大力发展中医养生旅游，结合北京丰富的医疗康体设施，开发健康旅游产品、养老旅游产品。

创新开发旅游商品。继续开发"北京礼物"，重视"北京礼物"的国际化、本地化开发，注意所开发产品与市场需求的有效衔接，形成必购系列。重视探索北京老字号产品在新时期时尚化发展的可行性。继续优化北京旅游购物季活动，形成市场对北京购物形象的稳定预期。包括推动"北京礼物"与购物电商龙头企业共同打造"519"旅游购物节。

创新产品营销方式。针对不同的客源市场需求，对单一产品进行多样化组合供游客挑选。通过打通多方信息渠道扩大品牌影响力。加强机场周边旅游购物设施的建设,提高购物设施到机场的交通便利性,抓住离京游客的购物消费需求。

加强北京文化休闲产品平台的建设,促进北京演艺资源与游客观演需求对接。运用全域旅游理念,鼓励充分挖掘北京文化资源,发展主题餐饮、主题住宿等各类主题旅游产品,形成文化休闲度假氛围,丰富游客旅游消费选择。引入境外知名研学旅行相关品牌(如诚品书店等),鼓励创立文化旅游品牌。

争取在旅游主体功能区或郊区重点区域建立免税购物为主的新型旅游购物区。开辟专门的公共空间,提供给北京市民间艺术家、手工艺人展售其特色作品。可以与传统媒体如电视等联合,探索类似作品的遴选机制。开辟专门的休闲空间,尤其是将公共休闲空间与北漂族的理想追求、游客的休闲需求等有效衔接,丰富游客的休闲消费选择,增加游客停留时间,增加游客的衍生消费。

四是挖掘旅游消费需求。挖掘旅游需求、满足旅游需求是扩大旅游消费的根本。包括但不限于以下几个方面:

改善居民出游的时间约束。完善休假制度,为居民出游提供时间保障。继续落实带薪休假制度,鼓励企业根据自身情况,探索施行弹性工作制。鼓励有条件的单位优化调整工作时间,为员工周末出游提供条件。探索出台中小学春秋假制度,将课堂从校内转移到校外,增加校外实践课程。

鼓励居民外出休闲旅游。鼓励企事业单位组织春秋游等外出旅游活动,探索推行社会旅游,将旅游作为企业福利的选择。鼓励院校体育设施在假期向社会开放,尤其是向学生群体开放,带动假期体育消费市场成长。

提高旅游企业服务质量。以企业为中心,运用市场机制挖掘潜在旅游消费需求。鼓励旅游领域的"大众创业、万众创新",为创业、创新提供政策审批、信贷、税收等方面的支持。鼓励传统旅行社加快转型,向定制化旅游产品方向发展。

增加休闲度假方面产品供给。加强绿道、徒步线路(城市和郊野)等体系化的规划与建设。增加极限运动公园等符合当前年轻人需求特点的设施建设。加强休闲度假、户外运动等方面专业管理及服务人才的培养。

建设国家健康管理示范区,包括国际先进的医疗设备与资源的引入,加强国际化医疗服务人才的培养,推动健康养生、运动疗养康复等为特色的医疗旅游消费。

立足文化中心战略定位,鼓励发展国际青年旅舍等符合当前国际青年人需要的旅游设施,实施有利于吸引国际青年人入境研学旅行的土地、税收等相关优惠政策。

推动过境免签政策实施城市之间的交互进出政策,尤其是建立与江浙沪的免签交互进出网络。申请设立与过境免签重点旅游区(如市区的旅游主体功能区)配套的市内免税店。

(2016年3月应前线杂志社《北京文化创意》而作,厉新建 宋昌耀 漆家进 马蕾)

旅游主体功能区发展建议
——以北京大栅栏为例

为落实推动北京市旅游产业的转型发展,北京旅游委明确提出将通过在全市打造五个旅游示范区和十个旅游功能区,积极推动旅游产业布局调整和旅游增长方式转变。其中,前门—大栅栏老北京商业旅游体验区(以下简称"前门—大栅栏旅游主体功能区")是十大旅游功能区之一。

历史上,前门—大栅栏地区曾经有过非常辉煌的时期,现在该地区的地理位置和资源禀赋依然非常突出,并通过多年的发展取得了很大的成绩。除了从旅游功能定位上突出其老北京商业文化体验之外,前门—大栅栏旅游主体功能区应该旗帜鲜明地打出"了解北京的前门,走向世界的窗口""北京的门面,旅游的首选"这样的口号,倡导前门—大栅栏旅游主体功能区是"大家的家"这样的宣传,并围绕着这一口号和宣传来打造具体的产品,确立具体的发展思路。总体而言,前门—大栅栏旅游主体功能区需要从"一平台、两大类、三对接、四集聚、五改造"等几个方面入手,加快发展,为北京建设世界一流旅游城市作出贡献。

第一,打造一个平台经济。

经济发展的最高境界,不是做产品、不是重质量,也不是搞标准,而是打造平台。阿里巴巴、iPhone等之所以成功,一个很重要的原因就是这些企业都是将产品做成了一个平台,或者说平台就是它们真正意义上的产品。在它们提供的平台上聚集了很多应用,包括传统的商铺的线上化和手机软件应用,阿里巴巴、iPhone成就了很多经营者、研发者,同时也正是这些经营者、研发者成就了阿里巴巴、iPhone。

前门—大栅栏旅游主体功能区打造平台经济的意思就是,除了强调前门—大栅栏旅游主体功能区这一空间的产品意义外,还要突出发挥该空间的平台价值。空间的产品意义是开发或运营商建设产品,消费者来消费产品;而空间的平台价值则是消费者生产产品,供其他消费者消费,开发运营商仅仅是提供了供给消费者生产产品的空间而已。这是一种更有远见的战略思想。

为此,要把这个区域本身看成是一个平台,一个大舞台,让本区域内的企业、居民以及来此旅游的游客共同创造旅游吸引物。为此,要学习国际上旧城旅游开发的经验,政府帮助居民或补贴居民进行设施改造,同时实施严格的价格管控、运行质量管控等,使之符合旅游市场的需求,将其有效地纳入到休闲旅游经济系统中。

要充分重视休闲广场体系的构建,作为平台经济的重要载体。休闲广场不在于广场体量,而在于广场文化。可以让那些有艺术理想和追求的北漂艺术家、音乐家在这个地方形成新的聚集,给他们一片阳光下的展示空间。他们的才艺展示一定能够成为最吸引游客的文化风景。

可以与北京民间艺术的挖掘相结合,将前门—大栅栏旅游主体功能区打造成北京民间创意展示的舞台。现在北京已经有了诸如"北京巧娘"之类的评选。通过与媒体结合,共同打造这个大舞台,必将有助于增强这些民间创意的市场影响力和前门—大栅栏旅游主体功能区平台空间的吸引力。

第二,抓好两大类消费人群。

苹果有"全方位的健康水果"之称,有丰富的碳水化合物、维生素和微量元素,维生素A和胡萝卜素的含量尤高。在旅游业中,最引人注目的苹果是纽约的旅游形象标志——大苹果,在非旅游业中,最引人注目的苹果是苹果公司那个像是被咬了一口的苹果标志。任何一个旅游目的地都希望自己能够像纽约一样,成为旅游市场上那个人见人爱的大苹果,任何一个企业都希望自己能够像苹果公司一样,吃到那个带来源源不断丰厚利润的大苹果。折射到市场开发上,就是希望自己能够抓住、抓好高端市场,做好高端旅游这篇大文章。

但是如果我们仔细分析一下苹果的构造的话,或许思路会有所调整,也更切合实际。从结构上看,除了占最大比重的果肉外,苹果还包括表皮、内核。表皮比较薄,多数情况下被人们削掉了,但苹果皮富含维生素、含有丰富的抗氧化成分及生物活性物质,有助于预防慢性疾病,甚至有助于降低肺癌发病率。苹果的果核可以作为种子,但果核中含有氢氰酸,如果这种物质大量沉积在身体里,会导致头晕、头痛、呼吸速率加快等症状,严重时可能出现昏迷。

如果以苹果比喻旅游市场利润,则大体上相当于表皮是大众市场层、果肉是中端市场层、果核是高端市场层。如果没有表皮和内核,苹果就不能成为苹果,表皮、果肉、内核是共生关系,相当于旅游市场中大众市场、中端市场、高端市场的共生。在共生过程中,三者具有不同的作用。低端市场虽然规模较大,但是消费能力相对有限,因此它对前门—大栅栏旅游主体功能区的重要作用就在于聚集人气;高端市场一般市场规模有限,对前门—大栅栏旅游主体功能区整体旅游经济的带动作用可能不是那么大,但高端市场有助于前门—大栅栏旅游主体功能区树立高质量的市场形象;中端市场才是前门—大栅栏旅游主体功能区最主要的经济收益的来源,因为它是消费能力和市场规模兼备的一部分。从营销角度看,在共生发展过程中也需要各有侧重。低端市场应该主要通过市场内在推动力实现自发性增长,而中高端市场则需要通过有效的营销体系的构建来实现竞争性增长。

因此,前门—大栅栏旅游主体功能区要高度重视协调共生的市场生态的构建。前门—大栅栏旅游主体功能区应在市场上打造"大家的家"的形象。这里,"大家"既是我们在书面语中的"大方之家"的意思,也是我们在口头语中的"大众""众人"之意。也就是说,前门—大栅栏旅游主体功能区在市场开发上要主要针对两类人,一类就是高端消费人群,让前门—大栅栏旅游主体功能区成为"大隐隐于市"的实现地,为此要在这一功能区内满足"大商"之需,修建各种类型的企业会所,重现昔日大会馆云集之盛况、满足"大儒"之需,吸引文化界、艺术界的大腕入驻,重现昔日人文荟萃之盛况;另一类就是大众消费人群,通过空间功能分区,让前门—大栅栏旅游主体功能区成为大众旅游消费的倾心之地,也是大伙儿共同打造的一个京味文化休闲的标志性吸引场。什刹海是城市中自然型休闲空间,是小资天堂,大栅栏则是城中的文化型休闲空间,是"大家之家",一定要让人觉出那种温馨的家的感觉来。

第三,抓好"免签政策对接区、免税政策对接区、旅游总部对接区"这三个对接区的文章。

前门—大栅栏旅游主体功能区高端旅游的突破口就在这三个对接区的落地上。免签政策对接区,就是指将前门—大栅栏旅游主体功能区作为北京72小时免签政策的对接区,将这个旅游主体功能区作为过境游客享受旅游优惠的实施地区。包括住宿方面的优惠、文化型景区景点游览的优惠、机场到市区交通票务减免等方面的优惠。因为这是京味文化最浓厚的区域,而北京不仅要打造中国文化中心,也应该打造东北亚文化中心。因此将这里作为未来北京吸引72小时过境免签游客的主要对接区也符合宣传北京、弘扬北京精神的需要。此外,还需要在面向外国年轻人的免签方面提供一些新的更多便利,包括青年旅舍等设施的建设和优惠措施,将这个区域建成中国文化走出去的样板。

免税体系对接区。市内免税体系的建设是未来北京充分用好72小时免签政策的必然选择,北京市相关部门积极推动,中免集团等积极响应,并已经形成在朝阳区CBD区域开设市内免税店的合作意向。由于免税店所具有的突出的吸流作用和轰动效应,免税店的建立一定能够带来大量具有高端消费能力的境内外市场,因此市内免税体系的构建将极大地带动免税店所在区域旅游的高端化发展。如果北京市能在未来市内免税体系的建设中优先考虑前门—大栅栏旅游主体功能区,将是该区域高端化发展的重要引爆点。

旅游总部对接区。北京已经当之无愧地争取到了世界旅游城市联合会的总部,下一步应该尽快出台世界旅游城市联合会总部概念的落地。这不仅是指联合会要构建起诸如专家委员会、秘书处等相应的软性架构,同时也需要有办公场所、物业支持等相应的硬性架构。考虑到前门—大栅栏旅游主体功能区所具有的独特的位置优势和深厚的历史渊源,将世界旅游城市联合会总部落在该功能区完全是可行的。如果能够最终落地,将会产生强烈的辐射效应,形成该功能区一系列的衍生产品和旅游项目。

第四,抓好"中华老字号聚集区、旅游产业聚集区、旅游中国聚集区、非遗文化聚集区"等四大聚集区的文章。

中华老字号聚集区。目前前门—大栅栏旅游主体功能区已经会集了很多传统的中华老字号,下一步应该进一步在老字号品牌的基础上深化发展,将这个区域定位为中国服务实验区、"北京服务"实践区。因为从目前全国的产业结构看,北京市是全国第三产业比例最高的城市,达到75%以上,远高于第二位的上海(58%左右),北京已经进入后工业社会,要想让这些前工业化时代的老字号满足当前后工业化时代的旅游者需求,就必须打造"北京服务"的品牌。为此,要从服务设施、服务环境、服务意识、服务效率、服务文化、服务标准等方面进一步探索构建完善的服务体系,真正让旅游业成为"让人民群众更加满意的现代服务业",让这个区域成为"北京服务"的标志性区域之一。

旅游产业聚集区。前门—大栅栏旅游主体功能区作为传统与现代融合的中央休闲区(京味文化),不仅是旅游综合体,更要强调"隐、群、商"的理念,以小而全来产生集聚发展、集群发展的效果,尽量减少纵向大体量的项目,增加横向的、数量型、高质量的项目。特色的商业业态则要"隐"在前门—大栅栏旅游主体功能区的街巷系统中,甚至未来的老字号等也要"隐"在街巷系统中,这有助于改善客流的空间分布结构,同时也有助于延长客流的停留时间,有助于凸显出特色业态的氛围与价值。以个体的分散集成为总体的聚集,而不是单调的聚集。单调的聚集容易使有内涵的业态变得简单,可体验的载体变成观光,有文化的旅行变成庸俗(过分商业化)。前门—大栅栏旅游主体功能区一定要避免这些负面结果的出现。

旅游中国聚集区。前门—大栅栏旅游主体功能区应该变为全国各地、世界各地、各大著名旅游企业在中国的营销中心区。在这个中心区的营销要突出微电影、旅游电影、旅游宣传短片、各地主题餐饮与旅游宣传融合性设施建设,打造"大家经济",形成"北京人家""上海人家"等新型的旅游营销模式,将"上海人家"作为各地在京旅游营销推广的创新;将2008年奥运期间的"伦敦之家"等各国在京搞的形式,转化为各国各城市在北京打造的主题体验旅游营销中心,在前期可以优先考虑将世界旅游城市联合会的会员城市在这个区域率先启动。

非遗文化聚集区。前门—大栅栏旅游主体功能区承载了非常深厚的文化内涵,应该借着这个文化底蕴,突出将这个区域进一步打造成非物质文化遗产的展示区,丰富前门—大栅栏旅游主体功能区的文化形式,突出这个区域的文化休闲形式。

第五,抓好"精致化改造、设计感改造、人文化改造、链条化改造、平衡化改造"等五大改造的文章。

精致化改造。比如要突出餐厅、住宿等旅游休闲要素的文化气息,启动"四合院精品酒店工程"等工作,要通过小街景、小盆景、迷你公园来改造前门—大栅栏旅游主体功能区的自然环境等,推动小环境的提升,形成精致的景观。在精致化改造过程中,在保留大栅栏传统街巷结构的基础上,突出主题化的思路,构建"主街+辅街"的主题街区,实现街街有特色、休闲各不同,比如打造"在博物馆中就餐""在四合院中住宿""在老胡同中购物"等新的休闲形式。

设计感改造。要让前门—大栅栏旅游主体功能区整个区域体现出精心设计的感觉,要打造具有独特设计感的景点和元素,要创意性地打造全套标识系统、导览导视系统、景观休闲设施,甚至要在尺度上考虑到微博等新兴传播媒体的拍摄等方面的需要。要进行特色化改造,比如在交通系统方面要考虑不同消费层次市场的道路进入系统、整个空间内部的特色交通工具设计(自行车、两轮车、三轮车等)。

人文化改造。要将老字号的文化与现代性的休闲有机地融合在一起。休闲经济的发展不仅要关注外地人群的消费挖掘,更重要的是要关注本地稳定消费能力的消费挖掘,所以一定要处理好京味与现代之间的关系,否则必然会影响到区域发展的可持续性。要推动前门—大栅栏旅游主体功能区人性化改造。要让流动的游客(客流)停下匆匆的脚步,转化为购买行为,转化为消费,转化为现金流,需要有中间的转换环节和条件。比如休憩设施等公共设施,需要有餐饮咖啡吧、露天茶座等休闲商业设施,需要有戏院、影院等设施(传统上就有梨园文化,但是表现的形式需要调整变化,要符合当代人的兴趣偏好,可以考虑增加一些如皮影之类的非物质文化遗产表现),需要有民间文化创意展示等休闲广场,需要有餐饮、住宿等创新形态的京味浓厚的旅游设施,需要有休闲文化展示的休闲广场(传统的老北京技艺现场表演与售卖,如春节庙会)。

链条化改造。要突出业态整合,要跳出旅游线路的思路,形成"点线面场"的融合发展理念;要跳出传统的空间分布格局,形成辐射型、链条式配置。要突出空间内整体业态与主体业态选择相结合的发展理念,不要单纯地分出吃住行游购娱的空间区块,不适合采用大项目的方式来发展,而是要形成穿插匹配的格局,以方便游客的消费,要打造"微循环、大发展"的局面。

平衡化改造。前门—大栅栏旅游主体功能区不仅要满足外来游客的需求,同时也要考虑到当地居民的休闲生活需要。只有这样,这个区域才能真正成为该区域居民的"美丽家园"、同时也成为其他北京市民的"美丽花园"(京味文化花园)、成为来京旅游者的"美丽乐园",真正实现"旅游在社区,居民在景区"的开发景区模式。为此,在前门—大栅栏旅游主体功能区历史街区改造过程中,要提供一些价位上、品位上符合原住民休闲需要的设施,也要为原住民预留一定的商业经营设施,保证原住民的商业利益,从经营者而不仅从服务者的层面获得更为丰厚的经济收益。

(2013年1月18日,中国青年报,"打造平台经济")
(2013年1月25日,中国青年报,抓好两大消费人群 打造"北京服务"实践区,厉新建)

破除旅游制约因素，推动我国新型城镇化

一、新型城镇化包括本地居民的城镇化和流动人群的城镇化

要充分认识到，新型城镇化一方面是实现人的城镇化。通过产业发展与城镇建设的融合，实现农业现代化、农村现代化，造福百姓和富裕农民，在这方面，旅游业具有突出的作用。旅游业是包含生产性服务、消费性服务以及公共服务的综合性产业，是实现经济增量发展的集成产业，通过产业融合，形成资源共享，实现协同发展，创造新增价值；旅游业是劳动密集型产业，可以有效扩大就业空间，增加就业渠道；旅游业是综合性事业，具有促进精神文明，建设生态文明，保护传统文化，实现社会和谐，谋求人民幸福，推动人的全面发展的深层次功能。我国完全有必要将发展旅游、规划建设旅游主题城镇作为城镇化的重要途径。实际上，丽江、阳朔、凤凰、周庄、郫县等地就是通过发展旅游，有效地提升了城镇化水平、改善了居民的生活条件。

新型城镇化要关注庞大的旅游客流给城镇化过程中的社会管理所带来的深刻影响，城镇化发展要由适应本地居民需求转向同时适应本地居民和流动人群需求，树立新型的社会管理理念。国家统计局的数据显示，2012年我国国内旅游人数达到了创纪录的29.6亿人次，29.6亿人次以及仍将持续增长的旅游流动人口必将对未来的城镇化发展提出严峻的挑战，也是未来城镇化发展不可忽视的重要问题。北京市提出在土地利用总体规划、城市总体规划以及其他相应规划修编及编制中，要综合考虑本地居民和常态旅游人口的需求。这是非常有远见卓识的，也是非常值得其他地区在推进新型城镇化的过程中借鉴的。

二、发挥旅游富民功能，化解城镇化过程中的社会管理难题

发展旅游，有助于减轻城镇化的压力。只要百姓富裕了，看到发展乡村旅游的甜头了，农民就愿意在乡村就业，从而减少对城市的压力；居民在利用历史遗存发展都市旅游中尝到了甜头，也就减轻了政府扶持的压力，社会管理的难度也就相应降低了。同时，百姓在发展旅游中尝到甜头后，自然会内生出保护乡村传统风貌和城市历史风貌的动力，新型城镇化、特色城镇化的工作也就比较好推进。

政策倾斜,发挥城镇涉旅资源潜力。我们应该允许那些地处历史文化街区和历史风貌保护区内的传统民居用作旅游经营,从事旅游接待、住宿活动;对于历史文物保护片区、乡村地区可用于旅游开发的资源,在实现旅游发展、旧城保护改造或居民致富方面具有突出作用的,工商、公安等相关部门应给予相应的政策倾斜。当然,在发展旅游推进新型城镇化的过程中,要考虑建立城镇涉旅资源的生态补偿基金,以保障资源的可持续利用。

完善评估,保障城镇居民经济权益。要完善涉旅资源价值评估机制,以建立科学的三权分离实现方式。在完善物化旅游吸引物的资源所有权界定和让渡机制之外,还要高度重视居民生活状态、民俗民风等非物化吸引物的资源所有权界定与让渡问题。如果不能处理好这种集合资源的所有权界定以及所有权获利机制的话,资源所有权就只能"被让渡",居民就只能在诸如民俗表演等劳务性就业中获利,而无法获得资源性、资产性的收入,从而不利于有效推进新型城镇化。

创新发展,保障城镇居民社会权益。应该在有条件的城镇和乡村推动建设旅游主体功能区,推动城市发展新区和生态涵养发展区的旅游综合体等重大产业项目落地。要高度重视旅游休闲已经越来越成为人们的生活方式,休闲已经像教育、健康一样成了人们生活的必需品,为此可以在有条件的城镇和乡村建设国家休闲区。这样既能满足城镇居民以及乡村所依托的城市的居民的休闲需求,也可通过利用城镇与乡村的休闲资源推动城镇与乡村经济的现代化。

三、破解旅游用地和公共服务制约,助力新型城镇化发展

创新旅游用地政策,有助于释放旅游发展潜力,为新型城镇化注入新的活力和动力。我们可以观察到,随着发展的逐步深入,旅游经济的未来必将越来越依赖于土地、资本、技术、制度等因素,尤其是旅游用地方面将成为最重要的制约因素之一。为此,要实行支持旅游业发展的差别化用地管理政策,对符合乡镇规划发展目标的旅游产业项目、具有生态修复作用的旅游项目可优先使用建设用地机动指标办理土地手续。要稳步推进乡村土地确权,加强农转地土地经营权的评估,突破土地经营权保护年限规定,规范推进集体经营性建设用地流转,支持农村集体建设用地使用权人以土地使用权联营、入股等形式发展旅游产业。要探索城乡联动机制,允许乡村居民利用部分宅基地换取城市居民的资金,用于发展乡村旅游以及改善居住条件,城市居民则可以在换得的宅基地上开发符合规划要求的旅游项目。乡村地区发展面向游客的住宿设施、建设旅游景点等旅游项目,应给予减免税政策优惠。

一个既能让本地居民满意又能让外来游客满意的城镇化,才是真正的新型城镇化,否则只能是保守的、传统的城镇化。城市将逐步从原来突出强调工作、居住、交通功能向同时强调工作、居住、交通和休闲四大功能进行理性回归,这种回归对公共服

务提出了新的要求。为此,要高度重视旅游公共服务在新型城镇化建设中的地位。旅游公共服务要纳入乡镇农村尤其是重点旅游县、乡、村的公共服务设施规划,列入相应政府的财政预算。城市地标性建筑应考虑旅游观光功能,增设必要的旅游公共服务设施。长途汽车站、火车站、机场等基础设施以及高速公路服务区(加油站),要规划设计旅游问询中心等旅游公共服务设施。我们有必要从城镇居民和外来旅游者双重角度来重视旅游公共服务,重视旅游公共服务设施的建设,从资金、用地等方面给予切实有效的支持。

四、创新生态涵养带旅游发展模式,推动新型城镇化发展

生态涵养带是新型城镇化战略下生活品质的重要保障,同时也应考虑建立国家休闲区体系,让生态涵养带成为新型城镇化战略下生活品质的重要基础。

我们都很清楚,如果没有生态涵养带的话,水土流失、生态环境甚至空气质量等方面的问题都难以得到很好的解决。同样的,如果对生态涵养带的生态资源不能加以创新利用的话,这一带的居民恐怕就难以得到更好的发展,其生活质量的改善也就难以提高。毕竟只有生态保护,没有生态开发,是很难找到发展空间的。为此,可以考虑借鉴美国的发展经验,在生态涵养带建立国家休闲区以及其他各级休闲区。所谓国家休闲区(NRA)就是由国家相关部门指定享有优先发展休闲活动权,同时在开发过程中注重环境和土地的协调发展的区域。在美国,国家休闲区突出强调这些区域空间的休闲化利用。它不同于国家公园体系(NPS),该体系往往将环境或文化保护的重要性置于土地的休闲化利用之上;它也不同于国家荒野保护区系统(NWPS),该系统更强调自然环境的保护;它也不同于美国林务局系统(USFS),该系统更强调林木、矿物、野生动物、游憩和水域等方面的平衡管理。总统休闲咨询委员会认为,国家休闲区由一些拥有迷人景色和休闲吸引力的区域组成,这些区域在独特景观和历史底蕴方面逊色于国家公园。总统休闲咨询委员会希望通过建立国家休闲区,能够真正便利于城市居民,满足人们的户外休闲需求。如果能够在北京的生态涵养区引进美国这种国家休闲区的概念,相信对改善城市居民的休闲质量,从而提升北京的城市休闲形象,将会产生积极的作用。

积极探索国民休闲旅游度假体系建设,推动城镇化发展过程中休闲旅游权利的普遍保障能力。在新型城镇化过程中,要结合交通、资源和区域条件,发展环城市休闲游憩带,规划建设面向弱势群体的国民休闲旅游度假基地。在城镇化过程中,要划拨一定比例的彩票公益金作为建设新城镇建设中所需的旅游公共服务设施、休闲服务设施以及面向弱势群体的休闲度假、观光旅游的基地化产品开发方面的投入。

(2013年7月,"可持续的城市发展与北京旅游转型升级"座谈会主旨发言,厉新建)

构建北京旅游立体培训体系

一、认识旅游立体教育培训体系建设的意义

旅游与教育、健康一样,在改善人们生活质量方面具有举足轻重的作用。旅游业在北京的国民经济发展中的地位也日益凸显。2011年,北京市旅游总收入达到3210亿元,旅游产业占北京地区生产总值的比重首超7%,北京旅游购物与餐饮消费占社会消费品零售总额的比重达到25%左右。

随着国务院41号文件的发布,各地又进入一轮旅游发展的高潮。旅游业发展竞争环境以及市场需求的变化要求北京旅游发展加快创新、转型发展。旅游要上水平,离不开高素质的旅游人才。旅游人才素质的提升,离不开教育培训的支撑。为了提高旅游教育培训的效果,亟须实现培训主体和对象多元化,推进政、产、学、研一体化,教育培训与实训基地一体化,培训需求与培训供给一体化。

在北京市旅游发展委员会、北京市教育委员会与北京市人力资源和保障局的指导和支持下,有机整合培训机构与实践机构,优选和筹建一批适应旅游业发展需求的旅游教育培训基地,形成培训、教材、实践等多位一体的培训组合,构建北京旅游立体教育培训体系。这对于稳步推动科学、有效的旅游教育培训供求对接机制的建立,最大限度地发挥现有各种各类旅游教育培训资源的潜力,不断提升旅游教育培训质量,助力北京旅游发展战略目标的实现,具有十分重要的现实意义。

二、构建旅游立体教育培训体系

以《国家中长期人才发展规划纲要(2010—2020年)》《中国旅游业"十二五"发展规划纲要》和"十二五"期间北京市旅游发展规划的总体部署为指导,围绕建设世界一流旅游城市,实现北京旅游业"国民经济的战略性支柱产业和人民群众更加满意的现代服务业"两大战略目标要求。整合北京市全国领先的优质旅游教育资源,创新管理理念,采取政府引导、市场为主、部门合作、社会参与的长效化运作机制。通过协调旅游管理部门、旅游教育、培训机构、旅游中介和旅游企业的教育培训工作,系统、科学地构建立体化、信息化、制度化、规范化的北京旅游教育培训体系,从旅游教育培

训的组织体系、平台体系、项目体系、教育体系、基地体系、教材体系、标准体系等方面形成多维立体体系。

通过依托社会教育培训资源,通过优化整合,逐步推进北京旅游立体教育培训体系的建设,最终形成北京旅游教育培训协同高效的组织体系、灵活多样的平台体系、多元互补的项目体系、产学互动的教育体系、四位一体的基地体系、科学适用的教材体系、综合配套的标准体系和共享共进的互促体系。

（一）搭建协同高效的组织体系

构建"北京旅游业教育培训联盟",推动各旅游教育培训机构培训资源的社会化,打造旅游教育培训的供需沟通平台、旅游教育培训机构共同研讨平台,促进教育培训资源的整合、共享。

开展北京旅游教育培训资源普查,全面梳理、整合北京市范围内各类旅游相关的教育培训资源,为充分发挥现有资源的潜力奠定良好的基础。对现有的旅游教育培训资源进行科学分类,为旅游教育培训的分层次、分类别、特色化发展创造条件。

组织召开"北京旅游立体教育培训联盟"年会,撰写并发布《北京旅游教育培训年度报告》,推进联盟深化发展。积极引进国外优质教育资源,推动联盟成员开展国际合作,促进开展示范性中外合作培训办学项目,推动成员单位赴国外访学交流。

（二）建立灵活多样的平台体系

在保留传统的课堂式教育培训平台的基础上,鼓励建立远程教育培训平台、网络选修选学平台。在条件成熟的时候,建立公共的网络教育培训平台,推动各类旅游教育培训机构优质课件课程资源上网,集成旅游企业年审培训、旅游教育培训结业考试、旅游教育培训证书网上打印等多项功能。

建立以赛代训平台,在举办导游大赛、饭店服务技能大赛的基础上,在旅游创意策划、茶艺师、厨师、旅游志愿者旅游知识等新的业态、新领域,采用社会赞助、政府支持的方式,有选择地举办市级及全国旅游行业技能大赛。

以高级研修班、专题座谈会、专家沙龙等多种形式为服务对象提供"碰撞思想、凝聚智慧"的沟通交流平台,为北京旅游发展的理念创新、技术创新、方法创新创造条件。

（三）形成多元互补的项目体系

立足于北京特有的旅游教育培训资源,尤其是北京作为全国多家知名旅行服务机构的总部所在地,以及在旅游综合改革、旅游公共服务、智慧旅游发展等方面形成的旅游发展北京模式,需要通过旅游教育培训的方式有效输出,通过经验分享的方式促进共同提高。鼓励将旅游创新思辨会、高端管理人员境外战略培训班等特色活动以教育培训的方式实现品牌输出。

将传统业态与新兴业态等多方面的培训内容纳入立体化培训体系中,进行通识培训与专项培训、常态培训与战略培训等多维度的教育培训。在传统的通识性教育培训的基础上,鼓励各旅游教育培训机构突出自身优势、适应社会需求、强化专项教育培训项目开发。在行业基本知识技能培训的基础上,鼓励各旅游教育培训机构开发高端性、战略性的教育培训项目,对旅游相关政府部门、旅游规划机构、文化创意公司、旅游院校、培训机构、社团组织以及其他各类旅游相关企业的管理者和培训者进行理念的教育和培训,为旅游产业发展和旅游教育培训质量的全面提升奠定基础。

组织开展社区旅游大讲堂、旅游知识进校园、百千万京郊旅游(乡村旅游)培训等公益性旅游教育培训项目,提升旅游发展过程中的社会责任意识、环保意识、生态意识、文明旅游意识、志愿服务意识。组织面向各旅游相关职能部门、区县乡镇等主政领导的公益性培训项目,增进对旅游业重要性的认识、更新旅游发展的理念、培养旅游规划策划的创新意识。

面向中高层和基层旅游从业人员,组织饭店、旅行社、旅游景区等传统旅游业态和旅游公共服务、旅游电子商务、旅游综合改革、旅游主体功能区建设等新兴领域的培训项目。组织旅游业各工种资格培训及认定。鼓励通过举办企业大学、企业读书会等方式推动旅游企业学习型组织的建设。对所有北京市旅游业从业者进行一次全员轮训,并争取在全国范围内培训5000~10 000名各层次旅游业管理者。

(四)构建产学互动的教育体系

支持旅游院校发展,统筹本科院校、高等职业院校、中等职业学校等资源,支持学历教育多专业、多层次、多结构发展。

以"名家进课堂工程"为重点,推进旅游行业名家进课堂工程。旅游委将分期分批在旅游经营管理人才、旅游专业技术人才、旅游服务技能人才、乡村旅游能工巧匠等人才中选拔综合素质和业务水平较高、具有奉献精神的行业名家,完善名家选拔及师资库管理办法,开展送教上门活动,服务于旅游院校、旅游企业。

整合旅游教育资源,推动校企合作,鼓励旅游企业高管进课堂和旅游院校专家进企业,通过双向互动提升教育培训质量。

联合国家旅游局、市教委、市人社局等相关单位,对经过严格培训并通过考评的旅游院校学生实施双证制度,颁发相关职业资格证书。

(五)建立四位一体的基地体系

建设一批高层次创新型旅游人才培养基地。统筹和规范培训师资、方式、内容、科目、课程及培训教材,在现有旅游培训机构中,分期分批遴选建立旅游教育培训示范基地,重点建立新业态、新职业(工种)的教育培训基地。选择管理科学、创新突出的旅游景区、饭店、旅行社、规划策划机构、在线旅游企业以及旅游相关政府管理部门作为旅游教育培训的实习实训基地。

（六）开发科学适用的教材体系

对现有旅游教材进行严格遴选，将理论知识科学、适应形势发展变化的旅游教材纳入"北京旅游业教育培训联盟"名录，作为联盟首选教材。

完善名家选拔及师资库管理办法，以国家级师资库、专家库等建设为重点，建立较为完整的培训专家库及旅游教育培训资料数据库，抽调库内专家，根据旅游业发展的新需求编写新型旅游教材。

组织编写面向政府管理部门领导的旅游知识读本，开发旅游教育培训网络选修选学课程和电子教材。

（七）构建综合配套的标准体系

以各业态、各职业（工种）为类别，以职业资格准入制度为指导，制订培训标准。

制订培训效果评估标准，评估培训效果，确定培训的价值和质量。

制定各类示范基地的授牌标准，完善准入和退出制度。

（八）构建共享共进的互促体系

立足于相关省市特有的旅游教育培训资源，尤其是相关省市知名旅游服务机构的总部所在地，以及在旅游综合改革、旅游公共服务、乡村旅游、形象推介、行业监管、智慧旅游发展等方面的旅游发展模式，需要通过旅游教育培训的方式有效输出，通过经验分享的方式促进共同提高。鼓励将旅游创新思辨会、高端管理人员境外战略培训班等特色活动以教育培训的方式实现品牌输出。

三、保障措施

（一）组织机构

北京旅游业教育培训联盟由北京市与旅游教育相关的研发机构（本科院校、高职院校、中职学校、研究院所、规划院、设计院等）、高等院校所属培训中心、北京市属及各区县旅委培训中心、旅游企业培训机构（旅行社、旅游景区、饭店、旅游新业态企业等）、社会中介（与旅游相关的文化、创意、规划公司）、社会培训机构、行业协会（学会）等相关社会力量组成。

（二）组织实施与管理

动员多方力量参与。把建立旅游立体教育培训体系（机构）工作纳入北京旅游产业发展和人才发展规划，明确政府部门、旅游院校及各培训机构的责任和义务，充分调动各方力量参与教育培训体系的机构的建设，细化并落实相应的配套措施和行动方案。

加强组织管理。最大限度发挥政府部门的主导、监督作用。由北京市旅游业考试培训中心作为北京旅游立体教育培训体系的管理协调机构,统筹安排旅游委关于教育培训总体部署和计划实施,各示范基地负责培训方案的具体实施与执行。

制定"北京旅游业教育培训联盟"准入退出机制。由培训机构提出申请,培训联盟进行审批,树立联盟权威,管控联盟的培训质量,保障培训机构利益。

建立旅游教育培训基地实施情况的监测、评估、考核、奖励机制。加强对实施情况的督促检查,及时解决出现的问题。实施情况要定期通报并采取年度评估制度,根据需要开展专项评估,有针对性地提出改进建议,有计划、分阶段开展专项评估,重点抓好重大培训项目的评估检查工作。

加强宣传,共同提高。运用网络、报刊等媒体,大力宣传旅游行业人才培训工作的重大方针政策,积极鼓励各培训机构探索、分享典型经验、做法和成效,提高培训机构培训质量,在社会上营造旅游教育培训工作的良好氛围。

(三)政策与资金支撑

建立职业资格准入制度。将旅游职业资格作为旅游企业评估审核的要件。配合相关部门建立和完善旅游企业外语水平考试和资格认定制度。引进国际权威机构的旅游业职业资格认证考试,鼓励旅游从业人员参加国际资格考试。

建立健全旅游行业特殊人才库,实施吸引国际人才、专业技术人才特别是离退休老专家和老教师等优秀人才进入培训专家团队的弹性用人机制和柔性流动政策。对一些社会急需、市场需求较小的岗位实行扶植计划。

健全以政府奖励为导向、用人单位和社会力量奖励为主体的旅游行业教育培训表彰奖励体系。

采取政府主导、企业参与的模式,倡导旅游企业自主参与旅游教育职业培训,争取多方资金支持。在发展初期,将"北京旅游立体教育培训体系"所需资金纳入北京市旅委旅游发展专项基金。

(删减稿刊发于2014年1月1日,中国旅游报,安金明　厉新建)

对苏州入境旅游市场营销的几点看法

第一，抓好入境旅游市场营销的"一揽子"工作。

树立全域旅游营销的理念。苏州需要跳出旅游看旅游，从全局的角度，"一揽子"地来考虑国际旅游市场营销的问题，树立全域旅游营销的新理念。也就是说，在营销中要重点突出多个部门协同联动、多种方式综合运用，共抓、共促、共同推进入境旅游市场的发展。从中国旅游报和中国旅游舆情传播智库针对苏州入境旅游的专门调研中的8个国家和地区的总体情况看，对苏州城市的认知度要高于苏州核心景区（苏州园林）的认知。这并不只是说明苏州旅游营销方面还有继续改善的空间，而是反映了综合性城市的客观现实，那就是城市整体的信息传播机会要远大于旅游目的地形象的传播机会。这就要求苏州在未来除旅游之外的其他相关宣传中要注意主动融入旅游的要素，包括外事部门、文化部门、外宣部门等各个部门要高度重视自身业务宣传与旅游宣传之间的有效衔接。

继续深挖商务往来的营销价值。继续深化处理好商务与旅游的关系，做好商务旅游的大文章。此次调研数据显示，中国台湾地区与新加坡两地的受访者想来苏州的比例是最高的。这与苏州大量的台资企业以及苏州与新加坡之间的合作有着密切的关系。截至2013年年底，苏州的台资企业已达10 152家，利用台资超过705亿美元；进入中新合作的苏州工业园区的新加坡企业共有486家，总投资120亿美元。苏州与台湾地区和新加坡密切的商务合作与贸易往来，对吸引两地的来苏入境旅游市场增长起到了重要的推动作用。2012年苏州接待的港澳台过夜游客69.68万人次，较2000年的18.15万人次有了长足增长，其中中国台湾地区市场是重头；新加坡游客8.58万人次，较2000年的1.92万人次也有数倍的增长，且仍表现出良好的增长势头。

高度重视旅游购物的营销作用。做好旅游购物文章，跳出从旅游收入角度看购物的局限，将旅游购物作为旅游体验的空间延伸与记忆载体来认识，挖掘购物所蕴含的营销机会。除了开展传统的旅游商品设计大赛之类的活动来抓好旅游购物的文章之外，可在旅游购物平台的打造（尤其是面向民间的公益性平台）以及旅游购物范围的拓展等方面积极探索，形成旅游购物大发展带动旅游形象大传播的效果。

全域旅游营销是营销本质的回归。营销实际上包含了产品、价格、渠道、推广等多个维度，平常广受关注的促销会、说明会、旅游展等只是旅游营销的一个组成部分。显然没有优良的产品设计、线路组合、服务配套，再努力的"吆喝"都无法带来入境市场的持续发展。任何单一环节的突出发展都无法最终取得营销的协同效果。全域旅游营销是对营销方式组合和营销管理完善的重新重视。除了现在都比较强调的传统营销方式与网络营销方式的结合外,还需要突出媒体的管理和客观的选择。一方面要深刻认识到选择媒体的核心是其对潜在消费者的影响,媒体管理要突出旗舰性媒体的营销投放;客户选择则要注重质量而不是数量,突出对旅游消费能力的挖掘,也为高消费体验打下基础,尤其对苏州这样具有深厚文化底蕴的旅游目的地而言,这种少而精的消费模式显然是深刻领悟文化价值的最好方式。

第二,抓好入境旅游市场营销的"药引子"工作。

全局工作的"药引子"是调整市场分类理念。要逐步改变传统上关于成熟入境市场和新兴入境市场的狭隘理解。成熟市场和新兴市场主要是基于生命周期以及现有市场规模的角度来判断的。比如在苏州入境外国人市场中,日本、韩国、美国、德国、新加坡等的市场规模都比较大。2012年,日本到苏州的游客达到了46.6万人次左右、美国24.5万、德国11.0万、新加坡8.6万,这些市场往往被列为成熟市场,而诸如印度等显然多被列为新兴市场。实际上,数据显示江苏接待的日本游客在100万以上、韩国与美国游客都在50万以上、德国在25万左右。只要苏州旅游的创新力度提升了,突出了产品创新、营销创新等多维度创新在入境市场开发过程中的作用,这些客源市场无论是成熟市场还是新兴市场,都还有很大的发展空间。

"成熟市场"的药引子是新产品。对于成熟市场,一般是指已经形成了一定的市场认知、达到一定市场规模的客源地。从这个角度而言,苏州的成熟市场包括日本、韩国、美国、德国、新加坡、中国台湾地区等入境客源。对于这些市场,重点在于进行更多元的专项产品开发,抓好产品组合以及产品进入市场的核心渠道,营销的目标是立足于促进购买,立足于挖掘潜在的回头客市场。比如,韩国被访者中了解苏州的占32.1%,想来苏州的占12.5%。比如面向美国市场,如何挖掘苏州的饮食文化,抓好美国游客出境旅游的美食需求(以39.6%的比例高举出境动机第4位);如何强化对美国华人市场的营销推广,充分利用好江苏作为新移民潮中的重要来源地,大力抓好美国旅华的探亲访友市场(2013年美国前往亚洲旅游的游客中,62%是亚裔美国人)。

"新兴市场"的药引子是好形象。从此次调研的8个市场中,印度、南非对于苏州显然是新兴市场,对这些新兴市场营销的主要目标是需要培育潜在市场的形象认知,重点在形象宣传以及形象宣传的卖点选择和宣传攻势的波次整合。加拿大、澳大利亚等入境市场虽然已经积累了一定的市场规模,2012年到苏州旅游的加拿大游客6.5万,澳大利亚游客4.2万,但此次调研显示,两国对苏州旅游活动的认知程度仅为7.4%、6.2%,可见在新兴市场的形象宣传方面还空间巨大。在形象宣传方面优势巨大的社交媒体应该着重关注,中国台湾、新加坡、澳大利亚、南非、加拿大的调研数据都显示了Facebook、Twitter等社交媒体在潜在市场信息手中的积极作用,如何组建中外合作的社交媒体团队、委托专业力量推进社交媒体的形象宣传战已然成了当前争取新兴市场认知的核心要务。关于信息来源的调研数据还提示需要加强对 YouTube 等视频类网站以及 tripadvisor 等评论分享网站的关注,视频营销已经成为当前旅游消费决策的重要信息来源,亦应引起苏州旅游主管部门的高度重视;而旅游在线评论网站则使得他人体验越来越有可能成为本我体验的"前兆",极大地改变旅游消费的"后验性"特征,从而在消费者旅游信息搜集方面扮演着重要角色,加强与 tripadvisor 等网站在基于在线评论大数据的营销策划案设计方面的合作亦应作为大数据时代苏州旅游营销创新的突破口。

第三,抓好入境旅游市场营销的"牛鼻子"工作。

营销手段上的"牛鼻子"是智慧推送。智慧旅游的发展一个非常重要的应用领域就是基于旅游者消费的大数据以及旅游信息搜索的痕迹追踪和分析来更有针对性地形成旅游营销的智慧化发展。一方面是通过 Google、百度等搜索引擎以及 Priceline、Expedia、Kayaka 等在线旅行服务运营商和在线旅游产品搜索平台之间的合作,加强苏州旅游产品信息的协同推送能力,提高推送信息的预见性、针对性。另一方面是重视苏州在移动端的营销信息推动能力,基于对人们消费行为、关注焦点、消费情境等深入分析、即时掌握,以了解潜在信息受众的偏好、改进人机交互的准确性,从而最大限度地减少无效信息(包括延期信息、过期信息等)的推送,增强营销信息推送的及时性、精准性。雅虎的 One Push 技术应用就是很好的证明。

营销效果上的"牛鼻子"是流量转化。尽管互联网技术的发展给我们提供了低成本信息传播的机会,但旅游市场营销的最终目的是吸引潜在市场的消费,是希望信息能够真正送达潜在的消费者、吸引消费者阅读、提高消费者认知、影响消费者决策、促进消费者购买。因此,在苏州的旅游营销过程中要处理好流量规模与购买转化之间的关系,要明确流量本身不是我们营销的目的,而是为了更好地达到购买的目的所使用的手段而已。在这方面,或许这次调研中关于印度的数据能给人以启发。在印度受访者的旅游信息来源方面,除了我们熟悉的 Google、Facebook、YouTube 之外排在第四位的是 MakeMyTrip。实际上包括 MakeMyTrip、Cleartrip 等在线旅行运营商对印度出境旅游的发展产生了重要的推动作用,如何进一步引导苏州旅游产品融入到这些在线旅行运营商的库存中,满足新兴市场对固定包价产品、动态打包产品以及自由行产品的需求,是下一步需要重点关注的营销动作。

旅游产品上的"牛鼻子"是体验营造。深化体验文章,抓好旅游市场。旅游营销工作不仅仅存在于市场的"前端",苏州不仅要到潜在目标市场去进行"前端"的营销宣传,同时也要高度重视在目的地努力进行"后端"营销。正如前面所指出的,如果对这些"后端"体验高度重视,不仅因为可以为吸引现实旅游者成为回头客增加可能性,同时也因为大数据时代的信息分享机制将使这些良好的体验成为潜在旅游者选择苏州出游的"前兆",解除潜在消费者对具有"后验性"特征的旅游产品的先天顾虑,从而增加从流量规模到购买转化的概率。从文化角度看,苏州的文化传统和文化遗存具有非常强烈的休闲体验印记,与入境旅游市场尤其是来自发达国家的入境旅游市场骨子里强调休闲体验的基因是很合拍的,但关键是,涵化在诸如苏州园林等旅游吸引物中的这种休闲文化、休闲意识、休闲哲学,如何通过完整的旅游体验设计、科学的旅游解说系统,转化为入境游客的旅游感知甚至高峰体验。

  产品组合上的"牛鼻子"是抓准特征。"投其所好"是快速"俘获"市场的捷径之一。苏州在入境旅游市场的产品投放和组合上,要充分重视调研中显现出来的市场偏好以及入境市场长期的历史特征和演进趋势。比如:作为苏州重要的入境市场,我国台湾出境游客中约45%年龄在30~49岁,50岁以上的比例亦占到30%以上;在旅行方式上则34.1%通过团队方式出游,23.1%是以夫妻情侣二人的方式出游。抓好我国台湾市场显然不能忽略了这些特征。只有研究这些细分市场的产品偏好以及媒体偏好,才能把合适的产品通过合适的渠道送达合适的人群。日本作为苏州最大的入境外国人市场,对苏州旅游的发展具有举足轻重的作用,因为日本年龄结构的变化以及经济发展的停滞,日本年轻人出境动能相对减弱、老年人成为市场的主要力量,因此在Facebook等营销渠道应用、传统大型旅行商渠道介入、团队报价产品和自由行产品侧重等方面都需要慎重考虑。南非虽然是一个正在快速成长的出境市场,但南非的出境旅游主要还是在非洲内部,非洲外的目的地主要是英国、美国、澳大利亚、德国等国家,到中国旅游的市场近些年基本稳定在1.3万左右,还是一个比较小的市场。苏州可以重点加强与南非的商务合作来带动商务旅游市场的拓展,以及加强与航空公司之间的合作,毕竟南非出境旅游的发展与航空公司航线安排与运力投放具有高度的相关性。对苏州的认知,50~60岁年龄段的要高于18~29岁年龄段的,这可能说明两个问题:第一,这种认知结构可能是传统的传播方式所产生的作用的累积;第二,适应年轻人市场需求的产品供给还有待进一步完善,除了苏州园林还有什么核心吸引物可以用来吸引境外市场的需求。

  第四,抓好入境旅游市场营销的"搭车子"工作。

  渠道上搭VISA的车。这次调研把苏州与VISA合作的全球推广活动纳入调研题项是一个很好的思路。这实际上是借由VISA的渠道将苏州旅游信息更好的送达潜在消费者的绝好方式之一。当然,之所以赞赏并希望苏州继续推进类似的入境旅游市场营销思路,是因为基于对此次调研所涉主要客源地区消费者在出境旅游时的支付方式特征的了解。在出境旅游消费支付模式上,2013年采用信用卡支付的比例,台湾为63.7%、新加坡53.8%、印度30.2%(现金支付22.6%,其余采用其他卡付或旅行支票方式支付,下同)、南非37.5%(现金支付19.5%)、澳大利亚32.4%(现金支付23.4%)、加拿大70.0%(现金支付16.0%)、美国50.0%(现金支付38.1%)、英国25.2%(现金支付35.0%)。高比例的卡付方式使得发卡机构成了旅游目的地营销信息提高信息送达率以及挖掘潜在消费者最好的方式。支付卡公司为了鼓励持卡人在境外的刷卡消费,会推出各种类似返现、积分、折扣优惠等促销方式,甚至推出与旅游目的地合作的专项旅游产品,所以苏州可以不仅在类似"VISA美丽中国—苏州全球推广"活动上与发卡机构合作,也可以协调苏州旅游企业与这些发卡机构共同开发专项旅游产品。

空间上搭上海的车。从中国旅游报社旅游舆情智库项目已经发布的舆情报告看,北京和上海始终是最受境外受访者关注和最有兴趣到访的目的地,此次专项调研的数据也反映了这种趋向。一方面苏州要通过营销的改进来提升自身在海外市场的知名度;另一方面需要采取切实有效的措施,充分利用临近上海这个中国入境旅游最大集散口岸的天然优势,形成"上海商务大都市、苏州休闲天堂"的差异化产品架构,通过高契合度的大型活动的举办来具象化"天堂苏州"的市场形象和认知。

宣传上搭故宫的车。同理,中国能够吸引海外入境旅游市场的主要还是那些举世闻名的世界遗产。在中国众多世界遗产中,故宫显然是最受关注的旅游吸引物之一。这些在旅游舆情项目的系列报告中一再得到印证。如何在营销上将苏州园林这一南方私家园林与故宫这一北方皇家园林有机借力宣传仍值得关注。近期可以充分借力京杭大运河入选世界文化遗产的机会,突出苏州在这一新的文化遗产中的地位。在参加国家旅游局组展的国际旅游营销活动时要争取在这类传统的营销模式中脱颖而出,打破此次调研所反映出的苏州园林国际影响力较弱的现状。

(2014年11月,应中国旅游舆情传播智库而作)

东营全域旅游发展

过去几年,东营旅游取得了不少成绩,现在处于全域旅游发展的新环境,一定会面临一些新问题。下面主要从全域旅游的角度提一些思考和建议,供东营方面参考。

第一,全域旅游发展的核心在于需求侧推动

全域旅游是我国未来很长一段时间内旅游发展的国家战略,国家旅游局也已经部署了首批全域旅游示范区的创建工作,全域旅游已经引起有关各方的高度重视。尽管我们都知道,全域旅游发展是当前旅游供给侧改革的重要抓手,但全域旅游的核心主要还是来自需求的侧推动。判断全域旅游做得好不好,最根本的就是两条:一是能不能让外来的游客有一个优良的旅游体验;二是能不能让本地的居民有一个惬意的生活环境。

从游客的体验来说,很多地方发展旅游业的主要目的还是为了吸引更多的外来消费。因此,从游客体验的角度来考虑全域旅游时,我们需要关注散客化、网络化发展对全域旅游的内生要求以及对传统管理提出的新挑战。散客化时代的到来,改变了传统点到点的团队式的旅游方式。之前点到点的旅游方式使得两点之间的大量中间地带往往可以被暂时忽略,但散客化时代就不一样了。散客化导致旅游活动不再是圈养式的旅游,而是散养式的旅游,游客到了旅游目的地之后,可能会到旅游目的地的任何地方去。散客化、个性化的需求也使得目的地的每个节点都可能成为POI(Point of Interest),从而一方面使得旅游目的地的全域旅游发展有了需求依托,另一方面也使得对旅游目的地管理的空间被大大放大了,提高了目的地管理的难度。网络化的发展,使人们越来越多地选择说走就走的旅行。但这些说走就走的游客在选择旅游目的地之前,未必真的非常了解这个目的地,也未必一定到这个目的地最值得游客消费和欣赏的地方去,这会使旅游目的地的缺点、缺陷暴露在旅游市场中。当然旅游目的地都希望通过自身的努力,让这些缺陷、缺点尽可能少地暴露在旅游者面前,所以我们要强调全域旅游的发展。全域旅游的到来,对目的地的旅游公共服务和旅游市场管理提出了新的要求。当然,能不能有一个更好的、更完善、更便捷的公共服务网络,并不是建多少个实体的游客中心的问题,而是更多地利用现在的网络技术、更多地利用移动智能终端做好公共服务的问题。至于旅游市场秩序以及旅游市

场的管理,则不仅仅是对旅游者的服务的问题,更包括对旅游者的抱怨、投诉的应对和处理,对这些游客问题的处理也不仅仅是旅游局或者旅游委的事情,而是和整个东营市的各个部门都有关系,因此东营有必要实行首诉负责制。也就是说,游客投诉到东营任何一个部门,都不能推三阻四,如果实在不能解决,也要把游客引导给合适的部门,而且还需要对这些移交的投诉进行跟踪了解,看问题是否得到圆满解决,以避免负面口碑的传播。如果没有投诉首接制、首责制的话,想达到全域旅游恐怕是很难的。

第二,东营全域旅游实现需要做到哪几个方面

发展全域旅游,东营还有很长的路要走,有很多工作需要去做。做好全域旅游大致可以呈现出以下几个方面的结果:

(1)要有发展的自信。大多数人认识东营是因为胜利油田,在过去很多年的发展中,相信油田对东营社会经济的发展发挥了非常大的作用。当然,随着这几年油价的下降,油田对东营的贡献一定有所变化。与石油价格下行走势严峻不同,旅游消费和旅游产业总体来说一直是往上走的,旅游已经越来越成为人们的一种生活方式,已经越来越成为每个人生活质量提高之后的一种必然追求。所以,现在发展全域旅游,首先一定要对旅游发展有自信。如果搞旅游的发展自信都没有,搞全域旅游那是瞎扯;如果没有发展旅游的自信,那东营市各个部门也不会真正重视旅游发展的问题,包括旅游部门在内的各个部门也不会全身心地投入到支持旅游发展工作中去。

(2)市场一定要开放。发展全域旅游,不是自己关起门来搞全域旅游,既不是旅游部门自己关起门来搞,也不是市政府关起门来搞,而是一定要向社会开放,把东营视为一个舞台,要欢迎所有的有意愿在东营全域旅游发展这个舞台上展现才能的企业家、投资者,欢迎他们都来。

(3)从游客角度来说,体验要满意。

(4)从产业融合的角度来说,产业要融通。

(5)选择多元。为了保证游客在东营旅行的过程中能够自由地行走,能从一个节点到另一个节点无障碍,就需要要专线的产品和交通服务配套,要保证产品的多元选择,要保证公共服务的无缝供给。

(6)环境优良。全域旅游一定要有一个良好的生态环境,在东营的每个地方都能自由地呼吸、惬意地生活。良好的生活环境、优质的空气质量是全域旅游发展的基础本底。

第三，东营发展全域旅游的几个核心依托

东营发展旅游有不少好资源作为依托，从发展全域旅游的角度看，我觉得东营也有不少可以突出的地方。概括而言，大致有"大、小、新"等几个方面。

（1）三个"大"：大景观、大文化、大智慧。黄河入海的核心资源黄河三角洲就是大尺度的景观，1600平方公里的面积、丰富的鸟类资源以及大片的芦苇等资源都具有强大的震撼力和持久的生命力，这应该是毋庸置疑的。东营拥有传统的黄河文化、齐国文化，也有很好的生态文化和以人为本的服务文化。往大了说，黄河文化、生态文化、齐国文化和以人为本的服务文化都可以装到大文化当中去。从大智慧上看，东营有孙武，有《孙子兵法》。现在大多数理解孙子兵法是打仗的东西，是打仗的精髓。我个人认为孙子兵法当中最核心，或者孙子本身最核心的思想应该是"慎战"。正如《孙子兵法》里所说的，"上兵伐谋，其次伐交，其次伐兵，其下攻城"。孙子是非常谨慎的来强调打仗这个事情的。从战争与和平的角度来认识，这显然是大智慧。当然，现在很多人把孙子兵法和商业经营结合在一起，这会为东营未来引进高端消费人群、做一些高端培训班提供良好的基础。

（2）三个"小"：小节点、小活动、小创意。大景观、大文化、大智慧这些大的东西，如果真的要让它们变得可消费，就需要让它们转变为小的。如果不能转化为消费者能够消费的东西，只能看不能体验、不能享受也不行。因此，大景观就需要考虑能不能落实到小的节点上，做好小节点的文章。包括在过程当中，如何采取疏密有度、此起彼伏、潮起潮落的兴奋点的安排。间歇性地安排一些兴奋点，让人们感觉在这个黄河三角洲中，是很有东西可以消费的。当我们在大尺度当中安排了许多小的兴奋点，穿起来就是全域旅游，这是第一个小节点的问题，这是第一。第二就是要依托大文化搞些有吸引力的小活动、小节庆、小仪式，包括做一些具有品位、可以体验的休闲广场，在休闲广场上设计安排一些小的文化活动，这可能是文化落地的时候要做的。第三就是大智慧要落到小创意上。民间有大智慧。大智慧最终都要考虑是否可以落到和旅游相关的小的手工艺品、小的创意产品上。小创意要真正变为可以贩卖的创意、可以贩卖的体验、贩卖的产品上，要不然大智慧就都只能留在脑子里，留在书本上，而不能变为游客的体验和游客的产品，对全域旅游而言也就失去了意义。

（3）三个"新"：新理念、新产品、新业态。利用好大和小的问题就要做新的文章，需要有新的理念。全域旅游是一个非常重要的出发点，但大家不能把全域旅游理解为"处处是景点"的概念，也不是说搞全域旅游就是把整个东营建成一个大景区，这不是好的思路，也不是正确的思路。全域旅游主要还是一种理念，是管理、服务和发展过程中的理念。其次就是新产品，要在东营的大地上找出真正能打动旅游者心灵的新产品来。包括刚才徐汎老师介绍的很多新的产品形式。如果新产品只是单打独

斗,就很难形成气候。这些新产品需要在空间上形成集聚,形成全域旅游发展所需的多样化的新业态。

第四,东营全域旅游发展的几点建议

(一)全域旅游需要全域营销

全域旅游要落地,就需要通过多元的营销渠道,把东营的美好有效地告知潜在的消费者。东营有很多很适合做全域旅游的点。但是东营之外的潜在消费者是否真的了解,我想未必。大家都知道东营有油田、有三角洲,但未必知道三角洲还有这么多鸟类资源,未必知道东营有这么丰富的温泉资源。这些东西都需要通过有效的营销推广出去,无论是传统的也好,现代的也好,线上的也好,线下的也好,总之需要通过多元的营销渠道,包括视频的、文本的、图片的等各种各样的方式,把东营"温泉之城、黄河之城、文化之都、观鸟天堂"等卖点打出去。

当然这里也会涉及一个具体问题——通过这些营销渠道做营销的时候,怎么营销、拿什么去营销。比如可以采用图片营销的方式,但是怎么选图片、怎么选到营销效果好的图片。并不是摄影师照得好就是好的营销图片,而是需要通过类似眼动实验之类的科学方法来确定究竟哪些图片是真正能打动旅游者的图片。同时,做全域旅游营销时,也需要知道潜在用户主要在哪些地方。比如从网络上了解一下,都是谁在搜索东营旅游有关的信息。以百度指数信息来看,网络上关注东营的,除了山东省的游客之外,排在前面的主要包括北京、江苏、上海、浙江、广东、河北、天津、河南、辽宁等省市;除了东营之外,主要是北京、上海、济南、天津、青岛、苏州、杭州、深圳、南京等城市。这些信息对于东营营销时选择具体的客源地会有很好的指引作用。当然类似的工具和方法还有很多。

我们集中在这里主要是研讨黄河入海文化旅游目的地品牌的问题,但是在未来的营销当中,面向未来的消费者的时候,对品牌本身的重视程度可能需要与时俱进,需要有新的理解。对消费者来说,是不是选择某个特定旅游目的地,一定跟这个目的地能够给消费者提供什么样的旅游体验质量有密切的关系,觉得好消费者才会去。那么怎么样判断好和坏、能不能满足体验的要求呢?这里就涉及一个质量信号机制的问题,而且这个质量信号机制是有变化的。最早的时候是有标准,比如会看是什么星级的酒店,是什么级别的景区,标准是最重要的。慢慢地发现,标准作用在下降,品牌的作用在提升。现在又发现,人们越来越多地在网络空间中分享旅游体验,随着分享体验、消费体验越来越普遍的时候,品牌的影响力可能也会下降,而在线声誉的信号机制作用可能会上升。比如,人们到陌生的地方不知道在哪里可以找到好吃的,可能会马上想到去大众点评网,看每天在线的评论是什么。这些评论并不是传统意义的品牌，而是在线化的声誉，这个地方的声誉如何，在网络空间中广泛的存在着。所以对于黄河入海来说，不仅要强调品牌的问题，还要更多地关注网络声誉的问题，关注细分市场的那些小的个性化的品牌打造的问题，而不只是东营的大品牌怎么做。

营销自然还会涉及独特卖点的问题。如果要打黄河入海这个卖点，就需要有区分度、有识别度，需要让人们一讲到这个黄河，就知道这个黄河是在东营。我个人印象中的黄河有这么几个，一个是中卫沙坡头，一个是壶口瀑布。中卫的黄河形象是大漠黄沙与黄河紧密相连，是大漠黄沙；壶口瀑布则是震撼的黄河、咆哮的黄河。东营的黄河应该是安静的、生长的、内敛的黄河，尽管东营的黄河也很震撼，是不断地生长的，但是又是很安静的。可能在黄河营销的时候，这就是一个可供参考的区分度。

其他的类似"一半是海水、一半是火焰""自然的诗化、诗化的自然""景观的震撼、震撼的景观""龙的传奇、龙的梦想"等也都是在营销设计时可以考虑的要素。从空间营销的角度看，如何契合当前社会高度重视生态的趋势，从生态文明示范区的高度来树立市场认知，也是一个方向。

（二）全域旅游需要全域架构

全域旅游不是全面开花，它需要一个骨架。大体体现在以下几个方面：

第一是点、线、面、网的形成，做点的文章、点的聚集、点的连接，点连接成线以后，线与线的交会形成面。东营需要研究全域旅游中这个点线面架构怎么形成。

第二是要关注在东营整个市全域旅游目的地建设中，下面的镇怎么定位、村怎么定位、集聚区怎么来做，以及城市区域中的社区怎么做等都需要仔细研究。比如，要搞全域旅游的时候，原来城市社区体系中是否需要研究特色社区、主题社区、休闲社区等问题，或者是城镇化发展中，是否需要研究形成特色城镇、主题城镇体系的问题。通过这些社区、集聚区、城镇、村落来整体构建全域旅游目的地城市。

第三是价值网构建问题。传统发展理念中，旅游的发展就是要打造产业链、价值链。旅游的产业链打造是一种方式，但是现在大家都非常清楚共享经济、网络发展、产业生态圈对其的影响作用。因此，实际在全域旅游架构当中，不仅要讲旅游产业链、价值链的打造，还要强调旅游价值网的构造，需要形成产业融通的概念，需要形成更多的产业融合的问题。

（三）全域旅游需要全域休闲

离开休闲单纯讲全域旅游恐怕是不太现实的，休闲是全域旅游应有的题中之意，否则全域旅游就是空话。东营有很好的休闲度假资源，如何去做休闲度假环境的文章、休闲度假的设施和项目都非常重要。在构建过程中，有两点非常值得注意：

第一，东营讲全域休闲的时候，能给消费者提供什么样的东西？东营尤其是黄河三角洲这个独特的资源，完全可以把心灵体验作为一个核心方向去打造，黄河三角洲可以往"心灵胜境"的目标上去琢磨。我简单做了一些梳理，在黄河三角洲这个大景观中做小节点的时候,可以把瑜伽的元素做进去,把社会心理的治愈系做进去,把生命教育、冥想、人和地球的人地关系、素食主义、绿色食品等要素做进去。如果说能够在全域休闲的过程当中把这些元素展现出来,那么休养生息也好,净化心灵也好,这种空间、这种体验是完全能够实现的。

第二,处理好休闲度假项目建设与生态本底之间的关系。在大尺度生态系统中做休闲度假的项目,可能需要处理好"隐群商"的文章。一个是隐,所有的项目建设,尤其黄河三角洲这个空间中,要把项目隐藏在生态系统当中,千万不要喧宾夺主。如果在项目建设过程当中,在需要突破生态尺度的时候,这个东西尽量不是一个固化的东西,尽量是可移动、可拆卸,这就是隐的文章,如果做不好,一定会被喧宾夺主,整个生态的本底价值会被破坏,休闲度假的本底会被破坏掉,项目的价值也会大打折扣。当然,要隐下去,就往往要求规模小、尺度小,那这些小项目小设施怎么引起人们的关注呢,一个是空间上,产品需要往业态上转型,小尺度的产品,在这个空间当中要有集聚。比如在空间布局上可以参考一下马尔代夫,马尔代夫的每一个岛就是一个以度假酒店为依托,从而整体上形成马尔代夫度假旅游目的地的整体形象。小尺度的东西来应对大众化的市场肯定不现实,所以一定要面对高消费的人群,要找高消费的人群来消费小尺度的产品,通过这个市场把整个高端的休闲度假形象打出去。

(四)全域旅游需要全域文化

从文化的角度来说有三点可供参考。第一是湿地。湿地本身是不断地生长,可以考虑做湿地博物馆,这个湿地博物馆要是一个生态化的、可以生长的建筑。全球很多著名的建筑师在中国规划了很多建筑,这里面也有很多很有生态思想的规划。大家有兴趣的时候可以看看杭州的西溪湿地,日本的非常著名的建筑师在他们那里建了湿地博物馆,有很好的思想和文化。第二要形成文化主题,贯穿于各个旅游要素中,包括吃、住、行、游、购、娱六要素,要考虑主题化来贯穿的问题。当然不是要把所有的吃、住、行、游、购、娱设施都通过主题来改造,但是在重要的节点,完全可以通过主题化改造来树立形象,这也是吸引高端市场消费的需要,也是供给侧改革的一个方向。第三要注意文化转换问题。东营的文化可以上推到春秋战国时期,东营这个名称也与唐太宗东征的历史有关。但厚重的文化一定要轻松地解读出来才行。虽然这里有很悠久的文化,但悠久文化是卖给现代人的。不轻松地解读出来,不时尚化地解读出来,这些文化对现代人来说很可能就是没有价值的。真正可以变为产品的、可以贩卖的、可以落到体验上的文化,才是真正有价值的文化。所以,全域文化一定要非常强调解说系统的建设,要让文化可以外化在可以去卖的产品身上。

(五)全域旅游需要全域体验

有些地方大尺度的景观,拍照片、做宣传的时候非常棒,但是消费者去体验的时候,却很难体验得到。

全域体验的第一个要求就是可见。好的东西一定是可见的东西,要营造形成各种各样欣赏、消费的方式,让有震撼力的景观可以让消费者欣赏到。如果欣赏不到,这个东西再震撼,对游客来说也是零。黄河三角洲就要考虑海陆空多视角的欣赏方式,包括利用热气球、动力三角翼等多视角地营造人们体验的方式。第二个要求就是做好时间节点上的安排。全域旅游需要一个全时空的产品供给体系,包括一年四季怎么展示的问题。黄河三角洲春夏秋冬四个季节都有可以看的东西。例如,用动力三角翼、热气球看黄河三角洲的时候,完全可以选择鸟类迁徙季节以外的其他三个季节,冬季则主要是鸟类迁徙的时候,干扰比较小。如果一年四季形成不同的主打,通过有意识地设计,着眼于整体打造,完全可以规避相互的影响,形成不同的市场热点。第三个要求就是做好交通文章。黄河三角洲面积为 1600 平方千米,除了自驾之外,还可以把骑行、徒步等多样化的通行方式利用起来,而且这些方式对整个生态本身的影响都很小,大多数情况之下又是隐藏在生态系统当中的。三角洲内还有很多河汊,也完全可以把游船要素多样化地用起来。美国就专门有一个国家步道系统法案,如果东营能够在交通系统上形成一个多元化的交通系统体系的话,可以进一步考虑研究形成自己的户外步道标准,通过标准来营销黄河三角洲。

(2016 年 3 月在山东东营黄河入海文化旅游目的地品牌研讨会上的发言,厉新建)

三清山旅游发展：超越与回归

三清山旅游发展经验与创新，总结起来，大概包括四个关键词：互利、共生、全域、共享。

第一个是互利的问题。

所有的人、所有的物都不是孤立存在的，都是在一个系统当中，在一个结构网络当中存在着，既然在结构网络当中存在，就会涉及相互的关系。任何旅游目的地的发展，都离不开资源，但是同时任何资源的发展开发、资源转换的产品，都离不开资本，所以，旅游的发展一定是在"资源+资本"的结构当中来发展的。在中国过去资本非常缺乏的时代，大家在利益关注点上可能更关注的是如何给外来资本更多利益上的回报、更多政策上的优惠，使其有意愿把钱投到这里来。以前大家关注比较多的是资本端利益的实现问题。但如果只关注资本端而不关注资源所在方，那么这个结构是不可能平衡发展的。所以，越来越多的旅游发展开始关注资源端的价值问题，开始关注到资源端当中资源所有者的利益实现问题。这也是三清山在旅游发展过程当中，非常重视当地老百姓利益保护的内在原因。

在旅游发展过程当中，有很多地方开始关注资源所有者利益的问题，但还只关注到实实在在那个物化旅游吸引物的所有权问题。但是，在资源所有权当中还会涉及另外一个所有权，就是非物化的资源的所有权问题。这个地方的民风很好，这个民风价值怎么体现；这个地方的环境很好，环境很好是每一个人的付出所形成的结果，而不简简单单是景区发展的结果。所以，在这个过程中，非物化资源的所有权和非物化资源所有权的权益如何来保证就是一个值得高度重视的问题。三清山在它的发展过程当中，就很好地关注到了这些问题，非常重视在结构和利益关系网络当中去思考发展的问题。

第二个是共生的问题。

三清山最值得关注的是两个资源，一个是它的生态系统，另一个是道文化。生态资源对人类社会最大的启发就是生态群落，生态群落中的每个个体之间相互依存发展。在三清山旅游发展的过程当中，也非常注意这一点，认为旅游发展本身也是一个生态，旅游经济的发展也是一个生态，旅游产业的发展也是一个生态。再细化下去，旅游市场本身也是一个生态，有大众市场、有高端市场、有中间层的市场，只做大众不做高端还是只做高端。这些问题三清山都用市场共生模式做了很好的回答。打造不同的目标市场有不同的方法，有传统的营销手段，也有利用新技术、新媒体的手段。有社交媒体的问题，有门户网站的问题，有搜索引擎的问题，都有各种各样的方式方法。这些方式方法之间，如何达到协同、共生，推动营销效率的改善，推动目标市场的定位得以实现，推动旅游目的地的有序发展，都是需要考虑的方面。这可能也是三清山给我们带来的启发。三清山在山上山下关系处理、区域内和区域外的关系处理等方面，都是基于生态的角度来思考的。

第三是全域的问题。

在山上应该强调体验，在山下应该强调享受。当然，享受是体验的一个层次或阶段，它可能是达到比较高的体验阶段时的结果。体验也分好坏，享受当然是比较好的体验。旅游的本质是体验，旅游的目的是休闲，要让自己能够在闲暇时间找到一个能够给自己带来快乐的空间。所以，其实最终的目的是休闲。休闲与传统意义上所讲的旅游差异性在于，休闲可能比较强调慢游。传统上所讲的旅游，可能比较强调比较喜欢到一个具有震撼力的、具有标志性的景区，一个相对小的空间上去。所以，很多人出去旅游的时候，为了达到最终目的，很多旅游的空间不是聚焦性的，而是发散性的。越是发散性的旅游行为，对旅游目的地景区的建设、环境的改善、服务的提升越提出了更高的要求，使得旅游目的地不能只聚焦某些节点，而是要把这些节点扩散开来，变成某个基质。这样，旅游才能够服务现代人所追求的休闲的目标。

在这个过程当中，也可能会对三清山提出新的要求。作为一个景区在全域旅游发展过程当中应该扮演什么样的角色。三清山有很多度假村，这些度假村在全域旅游发展过程当中又应该扮演什么角色？比如度假村是不是只服务于住宿需求？除了住宿功能之外，能不能够成为或者转变为在这个区域当中休闲度假的组织节点？这样一来，度假村本身的角色可能就需要发生变化，景区就不再是把景观售卖给消费者，景区本身可能会成为非常重要的流量入口，而这个流量入口就可能会提升景区本身的平台效应。如果把景区作为一个平台效应来打造，景区的价值、景区的角色又应该如何开发、利用？这是一个发展形势提出的新问题。

第四是共享的问题。

现在大家对共享经济或者分享经济讨论得很多，其实在旅游当中，旅游本身就是讲分享的。人们到旅游景区玩的时候，景区让渡给游客的只是景区的使用价值，而且景区把这个使用价值让渡给游客的时候，并不排除同时让渡给其他游客。所以，作为旅游发展过程中的主体吸引物，景区本身就是共享。现在越来越多的景区通过市场化来发展，如果回到市场发展本身，大家也会意识到，任何市场的发展其实都在讲供给和需求的问题。任何市场经济能够更好地发展的前提，就是供给和需求之间能够形成一个非常好的平衡机制，而任何一个好的平衡机制的形成，都需要快速找到合适的需求或者找到合适的供给。随着交通条件的改善、互联网时代的到来，这个连接供求的平台出现了。由于这个平台的出现，让供给和需求能够更好地找到对方，从而推动旅游经济更好地发展。

　　三清山在后续发展过程中,可能也需要更好地把共享的理念贯彻下去,包括在发展的过程中如何看待三清山在共享的大背景下进一步做好精细化的市场定位。因为如果没有一个合适的市场定位,各种人群到三清山来共享的时候,就容易产生很多冲突。每个人到三清山来,人们的诉求是不一样的,不一样的诉求,欣赏、消费的方式也不一样,这些欣赏、消费的方式就可能有干扰,就可能影响人们到三清山来休闲度假时的体验效果。市场定位确定好之后,就要研究如何让这个市场定位是可以贯彻的。市场定位不是写在本子上的,一定要被贯彻下去,通过什么样的方式来贯彻,就会涉及如何来协同、处理有效营销的问题。有效营销的过程当中,如何进一步去做好在线监测,如何通过在线监测评价三清山在网络平台中的在线声誉,如何通过在线声誉,以在线方式来把握、发现消费者在旅游过程中的痛点,通过信息共享的方式,线上线下互动的方式,来推动三清山更好地发展,都是接下来需要认真思考的方面。

　　（2015年11月25日,"三清山旅游创新研讨会"上主旨发言,厉新建）

横店影视城的发展经验

第一，横店影视城的发展充分体现了平台经济的思想。

企业发展的最高境界不是产品、质量、标准，而是将企业打造成平台，把平台作为企业最终意义上的产品。淘宝、苹果等企业的成功很大意义上就是把自己打造成了一个平台。淘宝是众多卖家的平台，苹果手机是众多应用软件的平台。淘宝在成就众多卖家的同时也成就了自己，苹果手机在成就众多应用软件开发者的同时也成就了自己。

实际上，在这些当今商界大腕实施平台经济战略之前，横店影视城从2001年开始就敏锐地意识到了打造平台经济的重要性，横店影视城是全国最早开始实施平台经济战略的旅游企业。这可以说是横店影视城对中国影视基地乃至整个中国旅游业最重要的实践探索和理论贡献。

从2001年起，横店影视城就采取免场租的做法吸引剧组，2008年摄影棚也免费提供。正是通过持续践行平台经济的思想，至今已有《英雄》《无极》《雍正王朝》《汉武大帝》《龙虎门》《满城尽带黄金甲》《画皮》《木乃伊3》《投名状》等1200余部影视剧在横店影视城拍摄，极大地提高了影视城的知名度，丰富了影视城的吸引力。

相应地，横店影视城旅游也取得了长足的进步。1997年横店影视城接待的游客为28万，1998年为29.3万、1999年为36.7万、2000年为50万，增长都比较平缓，而到2001年实施影视城拍摄免场租后，当年接待游客数快速上升到70万，此后2002年为128万，同比增长了82%，2004年突破200万，2005年突破300万，2006年接近400万，2007年接近500万，2009年接近600万，2011年更是达到1000多万。旅游接待人数的跳跃式增长，不能不说与横店的平台经济思想密切相关。

为了保持和提升平台的吸引力，横店影视城进行了不懈追求和探索，致力于通过不断创新和专业化发展，在平台型产品之外着重加强了平台型产品所需的产业生态系统的建设。现在，横店集团"共有、共创、共富、共享"的经营理念为横店影视产业发展植入了企业DNA，生发了包括影视拍摄、戏剧服装、道具制作、制景搭景、拍摄器材租赁和演员公会等在内的互动互促、良性循环的平台型产品生态圈。横店影视城已经形成了从投资到剧本创作，再到拍摄、后期制作等相对完整的影视产业链，"带着剧本进来，拿着复制出去"已经成为现实。据最新统计结果显示，2012年，横店影视城接待了150多个影视拍摄剧组，累计接待约1200多个剧组。平台生态圈的打造吸引了持续的影视剧拍摄，持续的影视剧拍摄又为横店影视城注入了持续的发展动力。

第二,横店影视城的发展充分体现了集群化发展的思想。

主题公园型景区的发展由于自身生命周期因素的影响,必然需要通过不断调整主题公园内部的内容的发展,以及通过外部性扩展、新增主题公园的方式获得生命周期的新生。横店影视主题旅游走的就是这样一条路子。自 1996 年横店集团为支持著名导演谢晋拍摄庆祝香港回归的献礼巨片《鸦片战争》而无偿投资兴建广州街之后,1997 年建了秦王宫,1998 年建了香港街和清明上河图,1999 年建成江南水乡景区,此后又陆续建成明清宫苑、梦幻谷、大智禅寺、明清民居博览城等影视拍摄基地,至今已经建成十几个影视拍摄基地和两座超大型的现代化摄影棚。正是通过这种打造主题公园集群的方式,在横店这个不通火车、不通飞机的江南小镇,形成了每年吸引 1200 万游客的横店影视城。历经短短的 17 年,横店已成为全球规模最大的影视拍摄基地,中国乃至世界上最大的主题公园集聚区,被美国好莱坞杂志称为"中国好莱坞"。

旅游业的发展一般都会经历从点到面的发展,而最终决定一个旅游目的地未来发展空间的将从单一性要素向链条化要素转型、功能性要素向空间性要素转型。横店影视城通过在相对集中的空间中打造的秦王宫、清明上河图、明清宫苑、梦幻谷等十多个影视拍摄基地,建设贵宾楼、国贸大厦、影星酒店等多层次的星级酒店,成立影视管理服务公司、制景公司、营销公司、旅游商品公司、产品管理开发中心等多元化的公司体系,链条化地满足了影视拍摄和影视旅游的系列化需求,全域性地提升了横店作为影视旅游目的地的整体形象。

第三,横店影视城的发展得益于超前的战略思维。

超前的战略思维一方面体现在,当很多乡镇企业在大力发展工业项目的时候,横店集团的创始人徐文荣已经开始探索文化旅游项目;另一方面则从一开始就抓住了土地这一根本性的要素,而旅游用地问题也是目前中国各地旅游发展过程中最重要的制约因素。正是因为横店集团自发展之初就高度重视土地这一经济发展的核心要素,储备了大量的建设用地,为横店影视城的集群化、全域化、平台化发展打下了最为重要的战略基础。在很多地方囿于用地指标问题无法突破发展的时候,横店影视城的项目创新则一直在大刀阔斧地推进中。

当然,兴建这些拍摄基地所需的土地更多是通过炸山填滩、开辟荒地而成的。17年来,横店集团共炸山填滩,开辟荒地 32 742.48 亩。这一做法完全符合 2009 年年底出台的《国务院关于加快发展旅游业的意见》精神。该意见指出,要"积极支持利用荒地、荒坡、荒滩、垃圾场、废弃矿山、边远海岛和可以开发利用的石漠化土地等开发旅游项目。支持企事业单位利用存量房产、土地资源兴办旅游业"。

第四,横店影视城的发展得益于持续的产品创新

横店影视城的发展因影视而起,因影视而兴。一方面,横店影视城通过不断建设新的影视拍摄基地来保持市场持续的高度关注,将市场关注的热度转化为企业发展的动能;另一方面,横店影视城在继续重视剧院式旅游文化演出产品的精细化发展外,也充

分认识到并将持续坚持开放空间的文化演艺作品是活化横店影视城固化建筑的生命力最好的方式。为此,横店影视城积极开发了诸如《英雄比剑》等影视再现式作品。

考虑到游客在每个影视主题公园中如同车轮战般地看旅游文化演艺必然会产生审美疲劳,横店影视城正在积极探索旅游文化演艺作品的多元化体系,推出了《梦幻太极》《龙帝惊临》等高科技演艺作品。

对于广受市场欢迎的旅游演艺作品,横店影视城也坚持不断进行持续性创新。自2007年一经推出,《梦幻太极》就受到了市场的广泛好评,围绕着这个节目的改进一直在进行中。截至2012年4月底,《梦幻太极》已经升级改版6次,累计演出2512场,接待中外游客650万人次。

第五,横店影视城的发展得益于职业经营的战略眼光。

横店影视城的发展虽然与横店集团创始人徐文荣密切相关,但横店影视城的发展并没有局限于横店这样一个乡镇,也没有局限于徐文荣先生这样一个人,而是很早就注意到引进职业经理人来完善影视城的管理,提升影视城的经营。

应该说,大量引进外来的职业经理人是横店影视城成功的重要人才保障。这其中也包括2001年将现任横店影视城总经理殷旭从时任浙江省旅游局法规处处长的位置挖到横店来。横店影视城在发展过程中,始终将人才战略放在突出位置。自2001年公司就积极从省内外引进旅游专业人才,目前,横店影视城80余名中层管理人员,有50%来自外地,大量旅游专业人才的引进,带来了丰富的管理经验,从而给企业带来了生机与活力。

第六,横店影视城发展的智能化未来。

横店影视城已经强化了社会化媒体的营销应用,以及撞星指数之类的发布。未来则应重视影视基地建设自身的精品化和影视基地文化演艺作品的精品化,加强在线声誉管理,提升旅游体验质量。横店影视城已经意识到,互联网时代需要企业通过网络手段去发现网络上的潜在消费者,需要充分关注人们记录信息、获取信息的方式发生的根本性变化,从而高度关注网络上对自己的评价,并及时对相关评价做出回应,建立起现代网络信息环境下管理影视城品牌的新机制。在这方面,横店影视城网站的建设、微博群的管理、人人网等社交平台的应用等方面都已经做了积极探索。数据表明,横店影视城在我国众多影视城中,具有独占鳌头的网络关注度。

我们也希望横店影视城能够进一步充分利用游客手中的移动智能终端设备,着眼于将横店影视城的电影拍摄和电影文化很好地结合起来。如果横店能够基于移动智能终端设备,整合拍摄基地的影视拍摄相关文字、图片和视频材料,则必将大大改善当前"导游讲、游客听"的单一体验模式,将推动横店影视城从目前的影视拍摄外景基地游向影视文化游的深层转变,从而真正实现横店影视城"文化为魂"的发展理念和战略。

(2013年11月4日,中国旅游报,"横店影视城的发展经验")

旅游开发十点思考：以德钦为例

思考之一：概念启动还是产品为首

产品的开发对于目的地旅游经济的发展至关重要，但是创造概念、树立形象是前提。在旅游开发中要注意"先创造概念，再以产品支撑"，在市场概念指导下进行契合的相关产品开发。

德钦旅游开发的概念创造可以是"不到长城非好汉""请到天涯海角来"之类的旅游意念，也可以另行设计德钦旅游主体形象或者借助潜在游客群对德钦的契合的保有形象。这些主体概念或形象主要围绕香格里拉、三江并流、梅里雪山和茶马古道展开，诸如"失落的地平线，永远的香格里拉""中国的德钦，世界的香格里拉""神秘梅里，神奇香格里拉""雨崩圣境，香格里拉的中心"等。在产品开发中，只有紧紧围绕这些概念，才能最大限度地满足游客的预期，使游客获得较高的满意度，进而带动口碑效应。

思考之二：旅游者优先还是社区居民为重

旅游产品规划需要考虑旅游者的需求，只有与旅游需求相适应的产品供给才能完成交换并获得利润。但是发展旅游业的目的是要带动地方经济的发展，尤其是要带动社区居民生活水平等各方面的提高，在发展旅游的时候，希望目的地居民能够秉承原有的文化和生活方式，从而能够保证旅游真实，但是这不是一种比较好的方法，因为社区居民有追求更好的生活的权利。因此，旅游产品的规划要注意旅游者享受与当地社区居民生活质量改善之间的利益均衡。

在德钦兼顾旅游者需要和社区居民利益的解决方法有：①所开发产品应该尽可能考虑雇用当地居民做向导，为此，需要对规划产品将涉及的社区居民进行有针对性的培训。②所开发产品组合中要尽可能多使用当地社区居民的相关设施和资源，尤其可以考虑大力发展家庭旅馆，考虑到当地社区居民在家庭旅馆建设资金方面可能的困难，建议采取针对这些居民的专项小额信贷；家庭旅馆可以组成合作管理委员会来进行管理；最重要的是要对这些家庭旅馆进行评级管理，可以考虑由德钦旅游局注册专门标志(如滇金丝猴),以区分档次。③根据相关的市场调查,村寨旅游产品很受欢迎,而且开发村寨旅游产品能够更多地增加当地社区接触旅游者,增加当地社区从发展旅游中获利的机会。

思考之三:均衡开发还是非均衡带动

资源优势要转化为真正的旅游经济优势还需要通过市场、管理、资金及相关配套条件的辅助,因此,资源具有优势而经济不发达地区发展旅游经济不能走"天女散花"而导致的"只见星星,不见月亮"之路,而必须坚持"重点突破、滚动发展、带动全局"的次序推进,精品带动之非均衡发展战略。

德钦作为资源品位高、经济发展落后的地区,为了使有限的资金能够发挥最大效用,同时兼顾市场群体变动与产品开发之间的动态协调需要,无论在发展区域还是产品类型选择上都要有合理的时序安排。在旅游产品开发上的时序安排就是要坚持次序推进,精品带动的原则:①一般而言,生态旅游产品开发的投入相对较少,德钦多可用于生态旅游的资源,故从德钦实际出发即可从开发诸多生态旅游产品入手。但是,除了正确理解生态旅游内涵外,还要考虑到德钦旅游的市场群体年轻化、较低收入的特点,以及由此而生的开发此类产品整体市场回报较少、缺乏旅游自我滚动投入内在活力的特点,因此,在产品开发上,一则的确需要进行生态旅游产品的开发,二则在没有确立良性利益分配机制、制定有效生态旅游管理制度之前,除了进行相关组合,以用于目的地营销目的外,生态旅游产品开发不应该成为最优先项目。②从旅游消费行为而言,旅游目的地进入游客决策过程首先不是该地有多少旅游景区(点),在该过程中起重要作用的是目的地有哪些标志性景区(点)、有哪些旅游精品。故而首先要在德钦现有开发基础上,针对存在问题,着力诸如明永冰川等相关旅游产品的改良提升工作,进行深度开发,形成能够增强德钦旅游核心竞争力的精品(景区)。

思考之四:延长时间还是深化体验

平衡淡旺季,延长游客停留时间是每个旅游目的地的愿望,德钦亦然。增加目的地旅游经济收入的途径如下:①不能仅仅依赖于延长游客停留时间上,并且延长其停留时间也不能仅仅停留在目的地政府的主观愿望上,而是需要通过相应的开发规划使游客在自愿或不知不觉中增加了停留时间,这使得有效的旅游产品开发面临更大的挑战。②要通过尽可能改善目的地旅游体验的质量,从而通过口碑宣传带动潜在客源市场的开发,通过量的扩展带动经济收入的提升,因为对于远程旅游目的地能够吸引回头客的可能性毕竟较小,且不足以支撑其长久发展。

为此德钦在进行相关规划设计时要:①尽可能地考虑到了旅游产品的搭配问题。

②考虑旅游目的地之间竞争日趋激烈的竞争状况,从有效合理地增加游客停留时间方面特别进行了旅游产品解说系统建设方面的考虑。③考虑从中国解说系统建设示范区的角度进行项目规划和立项,一则达到营销宣传之目的,二则可以申请利用相关贷款。

思考之五:运行距离还是观景大道

旅游经济发展实践表明,在游客面临旅游的时间约束情况下,感知距离(注:不同于客观的空间距离)是阻碍游客上量的一个重要原因。因此,如何通过改善交通方式和条件是目的地旅游开发的重要课题,在交通方式单一,交通条件难以迅速改善的情况下,应该考虑充分利用沿途景观,通过将交通道建设成观景道的方式来降低游客感知距离的负面影响。

德钦有这方面的潜力,可以考虑坚持"一路风光一路行"的原则:①围绕现行交通干线着手或深入开发相关旅游产品。②加强214国道(奔子栏——升平镇)沿线的观景点的开发设计。③加强拟开发旅游景区(点)间旅行线路上的观景点的引导设计,甚至可以在产品开发中多考虑设计些徒步小道,丰富观景内容。

思考之六:资源性产品还是概念性衍生

旅游开发可以分为资源性开发和概念性衍生开发。资源性开发主要包括旅游景区内相关项目开发与设施建设,概念性衍生开发主要是指利用市场概念开发一些能直接推动目的地旅游发展的节事活动——在"寻梦香格里拉"的概念下可衍生出:"寻梦香格里拉"暨滇藏汽车拉力赛、"寻梦香格里拉"自行车赛、"寻梦香格里拉"世界摄影名家摄影大赛暨颁奖典礼、"寻梦香格里拉"DV大赛、"寻梦香格里拉"游记创作大赛、"寻梦香格里拉"全国电视台、"易地采访、寻找德钦亮点"等节事活动。只有这两者相互结合,在开发旅游产品同时起到营销宣传的作用,才能有效地推动目的地旅游持续发展,增强目的地旅游经济的内在活力。

鉴于此,德钦旅游开发需要:①加强产品中的专业知识外化的能力,包括专业的、现代的解说系统在德钦旅游产品开发中的广泛应用。②提倡走自然生态与现代科技相结合的路子,包括在自然生态景区(点)相关设施建设中要体现人文关怀和自然协调。③充分利用诸如香格里拉、三江并流、茶马古道、梅里雪山等概念性资源,充分利用国家重视大江大河源头环境保护、重视少数民族地区发展、重视西部旅游开发等历史机遇,设计一系列相关的研讨(论坛)等活动型产品。德钦在充分挖掘利用这方面资源上还大有文章可做。④在策划节事活动型旅游产品时,必须要考虑经济效益,不能让节事活动变成节事负担,但同时也要协调直接经济效益与长远营销推广(或间接效益如旅游形象改善与提升）间的关系。

思考之七：行政性规划还是区域性联动

对于远程旅游地，旅游者多会采取"多点流动"的旅游方式，而且这种流动往往表现在游客在不同的人为行政区划间的流动，因此，不同旅游地可能扮演着终极旅游地（旅游目的地）、过境旅游地（旅游集散地）和延伸旅游地（目的地的"后花园"）三角色之一。明确特定旅游地的角色定位将对其有效发展产生重要影响。

从德钦旅游发展的实践看，德钦基本处在其他旅游目的地的延伸型目的地的地位，因此旅游产品开发需要充分注意站在区域联动的高度上进行规划，需要突破行政区划约束，联动开发产品：①德钦可以通过诸如"滇藏线越野汽车之旅""滇藏、川藏越野汽车之旅"等线路产品与川、藏若干行政区域进行联合产品开发。②升平镇及梅里景区可以通过外转经线路旅游产品开发与西藏交界昌都芒康联合开发。③佛山乡的旅游开发更可以与芒康、盐井联合。④奔子栏旅游开发可以通过诸如摄影线路产品与得荣联合开发。

思考之八：旅行社获利还是目的地经济发展

在谈及西部旅游开发时，多数都认为西部各旅游地应该发挥生态优势，加强生态旅游、探险旅游等产品的开发。西部各地之所以将旅游经济作为原有经济形态的替代，是希望旅游经济能够更好地带动地方经济发展，在这种愿望基础上这种定位是否可行呢？

应该说通过生态旅游、探险旅游等产品的开发，能够符合市场上某些群体的需求，如果这部分人群的消费能力较强，则能够在小量的游客流量的状况下获得较高的经济回报，但这主要是针对旅游企业，尤其是旅行社而言的。况且实际上参加这些旅游的多为有现代环境保护意识的"新青年"，他们的消费水平又往往受制于他们的收入而不一定表现出较高水平。

另外，1997年世界旅游组织突尼斯大会认为，发展生态旅游可以延长旅游季节，同时也是一项高投入的旅游开发；在这种旅游开发旅游收入更多地流向了客源地（国），生态旅游的组织者也没有可行的规划来考虑目的地生态的未来。因此，旅行社可以通过组织几个团甚至一个团的游客到目的地进行生态旅游，从而获得它的经济效益，但是对于希望通过旅游发展带动目的地经济发展的旅游地而言，则生态旅游未必成为最优先发展的项目。可以考虑的只是将生态旅游融入到整个目的地旅游开发中去，作为一个组成部分而不是全部。

思考之九:居民生活改善还是目的地国民经济带动

在旅游开发中,往往会碰到旅游经济的规模设计问题,即究竟应该建设什么样的交通设施、饭店设施和旅行社数量;旅游景区的开发建设究竟应该走数量限制型的精英旅游路子还是走数量扩张型的大众旅游发展路子等。其实这里的深层问题是:究竟是希望在一定区域范围内的旅游吸引物能够起到改善区域内(往往是一个较小的地理单元,如一个村庄)的居民生活条件,还是希望能够带动更大范围的居民受益?这就是旅游吸引物的功能承载问题。

在德钦如果将雨崩村的旅游发展作为改善雨崩上村和雨崩下村的20多户居民的生活条件,则可以考虑保持这里的原始、神秘与古朴,维持现有的山中马道并略作修整即可;但是如果将整个雨崩村作为发展德钦旅游经济的重要带动点,则这里如果没有便捷的交通条件是不可想象的,如果要人为地限制游人的数量,则将因为游客无法欣赏到这里的标志性吸引物而降低其目的地评价,从而通过其意见领袖的信息扩散功能萎缩目的地的市场规模。

思考之十:政府主导还是市场为先

在很多旅游规划文本中都会出现一些所谓的线路及产品规划。但是这种存在本身是不是合理呢?应该说,目的地提供的吸引物可以通过各个旅行社或者单个的旅游者自身的创新性利用而形成各种各样的旅游产品,并通过旅游产品的多样性来丰富旅游产品生命周期,从而也综合地形成目的地的生命周期。因此,创新的主体应该是各个旅游企业而不是政府。政府在其中要做的工作就是完善现有的旅游经济发展相关配套,为旅游企业的旅游产品"装配"提供足够、有效的"原材料",至于吸引物及其他旅游地要素的组合交由旅游相关企业进行即可。

(初稿于2002年德钦旅游总体规划编制时撰写,删减稿发表在2010年6月9日中国旅游报,"旅游开发八思")

第四篇

热点关注

网络舆情呼唤旅游在线声誉评价机制

2014年11月21日,在北京第二外国语学院举办的智慧旅游与营销年会上,200多位各界代表共同探讨大数据时代智慧旅游发展的新变化、新趋势,就大数据挖掘与开放、旅游网络舆情监测、旅游目的地智慧服务、旅游城市智慧营销、智慧旅游城市系统构架、投融资以及建设经验等话题进行了广泛而深入的交流,大会形成了丰硕的成果,为未来中国智慧旅游的发展提供了宝贵的经验、深邃的思考,为中国旅游业转型升级、提质增效贡献了智慧。在会上,基于新浪微博关于全国339个优秀旅游城市的100万条微博数据分析,中国旅游大数据研究中心发布了2014年中国旅游城市网络舆情指数。网络舆情指数的发布提出了一个大数据时代非常重要的问题,那就是旅游在线声誉评价机制的构建。

大数据时代最突出的特征就是数据的极大丰富,人们的生活越来越受到数据的引导,吃饭跟着点评走,出门跟着推荐游。伴随着全新的数据生产、存储、分享等方面机制的形成,数据搜集、整理、展示、解读方面的需求应运而生,基于大数据而形成的在线声誉也逐渐形成了远大于传统声誉的影响力,人们对于大数据的信任已经在很大程度上影响和改变了出行选择与购买的行为方式。在线声誉对政府管理、企业运营和消费决策的影响也日渐凸显。中国旅游城市网络舆情指数是对旅游在线声誉进行评价的新尝试。在评价成果发布之外,我们还需要深入认识旅游在线声誉机制的重要性,对旅游在线声誉机制的构建亦须进行更深入的探讨。可以说,高度重视并快速建立旅游在线声誉评价和管理机制,已经成为旅游业发展的当务之急。

为何重视旅游在线声誉机制

数据分享机制改变了旅游消费决策模式。旅游的核心在于体验。正是这种体验性产品的属性,使得旅游者往往只能在正式旅游消费之后才能判断产品或服务的好坏,大大地增加了旅游消费的不确定性、高风险性。消费者可以通过两种途径来降低旅游消费风险,一是购买低价产品,万一决策失误,可把损失降到最低;二是加强信息搜索,通过信息的充分性来增加购买结果的确定性。在以往信息不充分、信息渠道受限、信息搜索成本高等因素影响下,人们往往选择第一种规避行为,在一定程度上也导致了零负团费的盛行。

大数据时代,人们记录、存储的方式发生了巨大的变化,封闭、独享的模式被开放、共享的模式所取代。旅游消费行为和消费效果的数据被即时呈现在无处不在的网络空间,搜索引擎、分享平台则进一步降低了获取他人消费体验的成本。大数据时代的数据分享机制使得他人体验越来越有可能成为本我体验的"前兆",从而极大地改变了旅游消费的"后验性"特征,改变了旅游消费决策的模式,提高了旅游消费正确决策的可能性和旅游业良性健康发展的可能性。

数据分享机制改变了旅游声誉形成机制。良好的声誉往往意味着更高的消费概率,任何一个旅游企业或目的地都希望有一个好名声,只是现在这种好名声的形成受到了大数据时代数据分享机制的严峻挑战。网络社会的数据分享机制首先体现在快速传播上,任何信息节点都有可能在网络空间中快速传播,无论节点性质是正面的还是负面的,从而加剧旅游企业或旅游目的地声誉的波动性和共现性。对旅游企业或目的地而言,信息快速传播的时代好评与差评的共现、继起特征,不单单是增加了争取消费者、吸引消费的难度,而更可能是影响未来发展的致命问题。

网络社会的数据分享机制还具有持久存在的特点,任何数据节点都可能永久地存在网络空间,而无关乎这些数据节点本身的正面性和负面性,也无关乎这些数据节点反映的问题是依然存在还是已经解决。数据搜索技术显然会让这些持久存在的数据节点随时被激活,从而影响潜在消费者基于这些数据节点对旅游企业或目的地的声誉做出判断。旅游企业或目的地都不希望那些过时的、错误的信息被消费者错误地用于旅游消费决策,但在大数据时代,这种基于错误信息形成负面声誉并影响消费决策的情形,每时每刻都在发生。

数据分享机制改变了旅游质量信号机制。声誉其实是旅游企业或目的地希望建立的、消费者希望用来参照的旅游产品或服务的质量信号。在中国旅游业发展历程中,各种不同层次、不同类型的标准,各种不同名称、不同细分的品牌都曾经扮演过旅游质量信号的角色。也就是说,对于具有"后验性"特征的旅游消费,标准(如旅游饭店星级标准等)和品牌(如中国国旅等)曾经是重要的替代指标,用来帮助消费者进行旅游产品或服务的质量判断。在市场发展的初级阶段,标准往往是最重要的质量替代指标,在市场发展的成熟阶段,品牌会取代标准,成为最重要的质量替代指标。当然,相较于标准,品牌的构建需要更多的投入,因而也常常是更具有生命力的质量信号机制。

作为一种信号机制,声誉的概念从来就有,所不同的是,大数据时代之前,传播的主动权往往在旅游供给一边,旅游声誉的构建往往具有受动性的特点,有限数据是传统声誉形成的重要基础;在大数据时代,传播的主动权受到了"数据民主"的极大挑战,旅游者拥有了越来越多的主动权,旅游声誉构建也越来越具有主动性的特点,无限数据成了在线声誉最强大的基础。数据分享机制的出现,不仅改变了旅游声誉的形态,也使得传统的品牌忠诚度理论面临严峻的挑战。品牌忠诚度的稳固程度与数据分享的广泛程度往往成反比。在网络空间中分享的数据越丰富,则基于消费经验而形成的品牌忠诚度会越低,品牌转换也会比以往更加频繁,旅游企业或目的地面临的竞争环境将越来越激烈。基于数据分享机制而形成的在线声誉将在很大程度上形成对品牌信号机制的迭代,从而形成标准、品牌、在线声誉的流动性转换与迭代性演进,推动旅游质量信号机制的创新性发展。在这种转化和创新的过程中,旅游企业或目的地仍然固守在传统的标准、品牌上,很容易被时代所抛弃。

如何构建旅游在线声誉机制

消费者在通过诸如"货比三家"等方式来降低决策风险的时候,其实是对更多信息的需求。大数据时代巨量的数据很好地满足了这种信息需求,但更多的数据本身不会导致更聪明的消费决策,只有找到了一种新的路径,能够让极大丰富了的数据从"多"再轮回到"少"的层面,大数据才能真正影响、帮助消费者。旅游在线声誉机制的建立不是简单地在网络空间中展现尽可能多的好评这么简单,而是需要在多组关系中找到平衡。平衡的建立是旅游在线声誉机制构建的核心。

寻找数据的巨量生产和减量利用的平衡。并不是所有在网络空间的数据节点都能够构成有效的信息,并不是每个数据节点都构成每个潜在消费者的旅游消费决策基础。我们需要对混沌网络世界中的"噪音"(如五花八门的在线评论)进行筛选,选择有用的"数据"构成有序的网络世界(形成客观旅游在线声誉评价的数据集合)。还需要对数据节点进行进一步的提纯、简化、结构化,形成最终用于决策的"信息"。这个从混沌世界到有序世界再到有效世界、从噪声到数据再到信息的过程,其实就是寻找数据的巨量生产和减量利用之间的平衡的过程,也是旅游在线声誉构建和评价的过程。应该说,中国庞大的旅游市场从来不缺乏数据来源,当今世界也不缺乏分析数据的工具,缺乏的是管理数据、应用数据的思想和传统。旅游在线声誉机制的建立,就是要通过对巨量数据的搜集、整理、减量、提纯、分析、呈现等方面的一系列工作,让巨量数据能够转化为对政府管理、企业运营、消费决策真正有价值的有限信息。

寻找实时动态监测和及时更新之间的平衡。网络空间快速的数据分享机制是导致旅游在线声誉波动的内在原因,旅游企业或目的地有必要对相关的数据流动进行实时动态的在网监测,及时发现影响声誉的数据的出现、传播,采取有效的应对措施维护在线声誉,而不能让影响旅游在线声誉的数据"放任自流"。网络空间持久的数据沉淀特性是导致旅游在线声誉误判的重要原因,旅游或目的地有必要及时回应网络空间中提出的问题,及时更新在线数据,并通过符合商业伦理的技术手段剔除过时信息、恶意信息、已更正的错误信息对旅游在线声誉的延伸影响。当然,全时在网监测、及时动态更新等方面的具体工作可以通过外包模式,让专业的机构来承担。在大数据时代,旅游在线声誉管理业务具有良好的成长空间。

寻找信息丰富供给与有效呈现之间的平衡。如何将混杂的、无序的结构化或非结构化数据转变为简单的、有序的信息，是大数据时代首先要解决的问题。同时，数据大爆炸也增加了对那些能够有助于进行数据展示、数据解读、数据应用的专业思想和工具的需求，增加了将逻辑性、文字性信息转化为图示性、可视化信息的手段和方法的需求。人们没有兴趣也没有精力去穷尽那些"没完没了"的数据，而是需要一种对这些庞杂数据所包含的大量信息，以及信息之间的关系进行简化、集成的呈现方式。就像我们没有耐心一条一条、一页一页地去读那些在线评论，我们只会在关注综合了在线评论后的打分表现后有选择地浏览一些评论。有研究表明，在人的大脑皮层中，有40%是视觉反应区，人类的神经系统天生就对图像化的信息最为敏感。因此，从生理学角度看，达到信息丰富供给与有效呈现之间平衡的最佳方式就是信息的可视化，将众多纷杂的在线信息转化成更加直观的评价分值、图形图像等形态。

寻找数据庞杂库存与匹配推送之间的平衡。有利的旅游在线声誉的形成有赖于及时将正确的信息通过正确的方式传送到正确的受众那里。否则，构建旅游在线声誉机制的努力就如同"对牛弹琴"。至少有两个方面的工作可以做。第一就是对数据节点进行分类，从而有助于信息搜索者"对号入座"，更准确地选择能够成为本我体验"前兆"的他人体验。比如，一个三口之家在搜索酒店的时候，那些单身游客留下的评论并不具有参考价值，因为他们面临的是不同的消费情境。第二就是要基于对人们消费行为、关注焦点、消费情境等深入分析，即时掌握潜在信息受众的偏好、改进人机交互的准确性，从而最大限度地减少无效信息（包括延期信息、过期信息等）的推送，以最快的速度从数据仓库中找到与消费者需求相匹配的信息，在能影响决策的第一时间内有效送达这些高匹配度的信息。有效的信息配送是旅游在线声誉良性构建的重要前提，也是当前旅游在线声誉主动构建方面的薄弱环节。

（感谢中国青年报记者齐征的采访，采访稿刊发于2014年11月21日中国青年报）

大众旅游时代的在线旅游

微旅行与在线旅游

大众旅游本身很复杂。外部条件变化之后,大众旅游中可能会出现很多近距离旅行。在新的环境之中,人们的消费理念会发生变化,原来强调要到一些景观非常壮观的、具有震撼力的地方旅游,现在很多旅游者出去旅游时不一定都去具有震撼力的地方,而是可能比较喜欢到环境好的地方去,越来越多的旅游会转向休闲的本质,这是第一方面的变化。原来出去旅行时,因为比较难得,去的距离就比较远,路途也可能比较艰难,但现在交通条件发生了巨大变化,高铁网络逐渐形成,高速公路不断完善,越来越多的人具有自驾出行的条件,这是第二方面的变化。第三方面的变化,现在网络越来越方便,人们获取信息的方式越来越多;随着旅游电商的发展,人们购买旅游产品的方式都发生了变化。

由于这三个方面的变化,使得大众旅游当中会有更多是近距离、多频次的微旅行。在微旅行的时代,人们可能倾向于慢休闲、深度假。消费是复杂的,在大众旅游时代,追求个性化、特色化、单个消费能力比较高的市场也会不断成长。这意味着在线旅游企业在把握产品需求、发展变化方向上、在开发新的产品组合上可能都需要去满足市场提出的一些新的要求。比如电商会推动旅行方式的变化,旅行方式对电商会提出更新的要求,高铁会推动微旅行的发展,旅游电商在做高铁和旅游结合的产品方面,应该怎么完善自己的产品线?这些可能都会有新的要求。

微旅行和日常生活结合比较紧密的是周边游市场,但需要重新认识周边游市场,要突出休闲度假,如果不花心思,那么在周边游上就不一定能挣到钱,为此就需要在设计、服务、环境、组织上做好文章。大众上要求量,用量求得影响;小众时候要做深,在周边旅游产品线中需要有大众化的景点、大众化的餐饮、住宿,也要做私房景点、私房餐饮、私房住宿。随着农村旅游政策的调整,第二居所的出现,城乡对接不断深入,旅游电商可能也需要在所做的产品或者所涉及的领域做出相应的新的调整。

选择悖论与过滤机制

在大众旅游时代的在线旅游领域里,还涉及选择悖论和过滤机制完善的问题。如果在线电商不能够很好地把自己的过滤机制设计好,自身的竞争优势很有可能会在整个海量信息当中被掩盖掉,为什么讲到这个问题?大家其实很清楚,旅游者出去旅游的时候,如果对旅游产品、旅游目的地、旅游相关环节信息不了解的话,或者了解得比较少的话,由于信息不充分就会有很多不确定性产生,旅游选择就会有很多风险,因此,需要通过丰富的信息来降低风险。另外,如果信息太多,也会产生问题。现在把信息放到网络空间时,成本很低,这就导致人们面临着巨量的信息。如果有太多选择、太多信息,实际上也会影响人们的选择。在人们的选择当中,没有选择会很痛苦,有太多选择时候也会很痛苦,只有在有限的选择当中人们才能够感受到选择的快乐。在线旅游电商需要考虑如何把更多的现实网络空间当中的"多"的数据轮回到"少"当中来,从"少"到"多"再回归到"少",使人们从原来很难做决策到现在环境中很方便、很准确地作出决策,这是在新的时代在线旅游领域一定要关注的问题。在大数据时代当中,可能会导致大数据轻阅读、快阅读需求的快速增长,因此,如何构建面向消费者的分层评价机制和模型,如何把数据、在线信息形成可视化、可读性、可用性的内容呈现出来可能会变得越来越重要。一定要非常清楚地意识到,数据经过过滤之后,把筛选之后的数据像现在物流配送一样,准确地配送到数据的需求者那里、配送到消费者那里,这是信息爆炸时代必须完成的一项工作。其实可以设想这样一个情境:消费者选择酒店,如果酒店没有任何评论,没有任何跟酒店有关的信息,消费者会很难判断。现在在线旅游发展之后,有很多在线评论,人们也不会一页、两页、三页这样不断地往下看所有的评论。更何况如果在酒店评论当中,有正面评论和负面评论,恰好是50%对50%时,应该相信哪个50%?消费者肯定会觉得很为难。市场上有商务型酒店、有面向背包客的酒店、有城市酒店、有乡村的民宿,酒店类型很多。同样的,市场上出游者的动机很多,可能是商务出游者、可能是家庭出游者,也可能是大学生背包出游者。如何通过分门别类的方式把与消费者需求相匹配的信息过滤出来,背包客要找酒店时候,一定能够使那些跟背包客有关的评论及时地呈现出来,再通过对信息进行量化处理,以可视化的数据方式呈现出来。这样消费者选择起来就会非常方便,否则就是一头雾水。

信号机制与在线声誉

跟在线旅游兴起之后在线评论有密切关系的是在线评论形成的在线声誉。在线声誉跟整个旅游产业发展或者环境信号机制变迁有密切的联系。大家都知道,旅游本身是具有后验性特点的,消费之后才能知道买的产品是否合适,具体消费之前、做决策的时候往往没法判断质量好坏,这时消费者就需要找一个能够帮助做质量判断的指标。以前很多情况下是通过标准来判断旅游产品或服务的质量的,例如,住酒店,要看饭店的星级;玩景区,要看景区的等级;选择旅行社时,也要看旅行社的资质等级。当市场发展得比较成熟时,大家会看到人们对标准的重视程度其实在逐渐下降,因为有很多企业开始关注品牌打造的问题,在整个市场选择过程中,品牌逐渐对标准形成了一个替代,因为大多数人都了解,品牌的营造并不是起一个名字那么简单,品牌的构建需要有大量的投入,所以,品牌可能会比标准更加具有生命力。

但是,随着在线旅游的兴起,大家发现,在线旅游当中的在线评论分享机制会使得他人的体验越来越多地成为自己体验的"前兆",消费者没有必要通过自己体验之后再来判断产品好坏,而是可以去看在网络上跟自己一样的成千上万人的消费体验,根据这些人的体验分享来判断自己买这个产品所能得到的体验。这种变化一定会影响到旅游的后验性特征,从而改变旅游消费模式,也会涉及信号机制从标准到品牌再到在线声誉这样的迭代演进机制。无论在线电商企业也好,线下各种类型的旅游企业也好,都会面临品牌忠诚度方面的问题,品牌转换也会比以往更加频繁,旅游企业或目的地所面临的竞争环境也将越来越激烈。很多人手里都有航空公司的里程卡,如国航知音卡等。现在技术的发展使得里程变化的实时了解很方便,例如,飞机刚降落,航空公司就会及时给你推送一条信息,告诉你这次里程是多少,总积分达到了多少。但如果我们仔细去深究,这个信息对每一个持卡人的忠诚度的强化几乎没有任何作用,因为持卡人并不知道在现有积分基础上再累积多少积分就能获得什么奖励,或者根据现有积分能够获取利益。由于利益呈现非常不及时,不了解利益兑换的缺口,那么消费者下次选择航空公司时,就不一定会选择自己持有积分卡的航空公司,而是可能根据自己业务需求随机进行选择,有些时候业务需求可能只是提前十分钟、推迟十分钟的问题。在这时候怎么让忠诚度发挥作用,这其中有很多可以深入探索的东西。

服务保障与线下发展

在线旅游的发展到一定程度,必须考虑一个问题,那就是服务保障和未来的线下发展需求。在线旅游电商的平台化性质使得其自身对供应商服务质量保障程度比较低,这是当前面临的一个非常大的挑战。以前在线电商只做机票时,与现在除了机票、酒店外,产品线仍不断丰富的时候相比较,所面临的挑战是完全不一样的。酒店和机票的服务质量控制能力还是比较强的,或者说所涉及的服务环节相对来说还是比较少,但是如果产品跳出了"机+酒",那涉及东西就很多。很多在线旅游企业为了强化服务质量控制能力,其中很重要的一个选项就是线下发展。如果线下发展,往往会出现企业发展重资产化的发展趋势。目前很多在线旅游企业在线下做区域服务中心,或者在线下收购旅行社及介入其他类型企业。对于在线旅游企业而言,物化资产重型化特征和传统意义上在线旅游轻型化特征之间会不会有冲突?一旦发生冲突,下一步的路子应该怎么选择?在大众时代,在线旅游发展可能面临着很多需要不断探索的问题。

(在2015年第二届智慧旅游与营销年会上的主旨发言)

共享经济：温暖的当下与长远的未来

第一方面，共享经济的温暖。

对共享经济大家会有很多认识。其实很简单的认识就是在共享经济当中就是你的、我的，在这个界线关系的处理过程当中会越来越模糊。所以很多人讲共享经济是什么？共享经济就是"我的就是你的"。如果基于这样一个思想来认识的时候，其实共享经济所讲的就是用我所拥有的来帮助你实现你的需求，或者说用我的需求帮助解决你的过剩。简单讲就是让使用价值在你我之间分享的过程中得到充分的释放。如果在你我共享互动的过程当中，其实大家可以观察到它能够汇聚成一个社会化的温暖的力量。例如，从一方面大家可以关注到的，从理性消费的视角，大家可以看到通过共享经济的运行，每一个人都不需要拥有更多的完全被你所拥有的东西，那么从地球身上所汲取的东西就可能会减少。同时，咱们向这个地球所排放的垃圾也会减少，一定会让这个地球本身在运行过程中的超负荷状态得到缓解。在某种意义上来讲，通过共享经济人们给了地球更多的关爱和温暖。另一方面，作为共享经济来说，在共享的过程当中，实际上是对某一个具象物来协同使用，协同使用的结果是，即便你没有很多钱，但是你也可以享受到像拥有很多钱一样的消费水平和状态。如家里很穷，没有办法给孩子买很多很多玩具，但是这个时候只需要拥有某个玩具就可以了，这样就可能通过共享机制分享别人的玩具。在贫富不均衡的情况下，这个社会在把你的变成他的，把他的变成我的，在互相协同使用的过程中，大家的生活水平在既有的收入情况下，都能够得到提升。这可能也是在社会发展到目前这个阶段，共享经济给社会当中每一个人所带来的一个温暖。

第二方面，共享经济的前世。

目前共享经济所言必称国内的滴滴，国外的Uber、Airbnb。实际上共享精神或者共享的经济模式在整个人类社会发展的过程中早已有之，共享经济模式并不是Uber、Airbnb这两个企业所创造出来的。进一步说，Uber也好，Airbnb也罢，只是某个时段内的独享，还不是共享，只是人们站在这些东西的更长久的生命周期中往后看的时候所看到的结果，只是无数个使用权的独享所构成的总体意义上的共享而已。共享精神、共享的经济模式早已有之。在软件领域中开源软件是不是共享模式？在坐飞机的时候，飞机起飞之后，坐在飞机上的这些人是不是在共享这个机舱的空间？进入一个景区的时候，每一个旅游者是不是共享景区的空间？在酒店领域经常会看到的现象是,酒店业主与酒店管理方往往是分离的,也就是酒店业主把酒店交给专门的管理公司运营。在这里,饭店管理公司实际上是最早把商业当中的所有权和经营权分离出来的一个实验。而人们目前很多所谓的共享,其实就是所有权和使用权、经营权分离的一种产物。

当然,大家需要关注的是,共享更多地只发生在消费者之间。如果这种共享关系是建立在消费者和生产者之间,是一种买卖双方之间的共享的话,其实它就只是一种交易,而没有纯粹意义上的共享,也没有纯粹意义上的分享。作为共享经济,实际上它的本质应该是在共享的精神下,用传统的共享精神,用现在的商业运行方式,把两者结合起来的产物。因此,共享经济的本质不是在共享上,而是在于通过现有的技术条件和手段,让市场当中的供求匹配有一个新的发现机制。现在所熟悉的共享经济的运行,大多数都是基于网络技术的平台,是为供求双方的交易实现搭建起来的一个桥梁,再进一步为个人的过剩资源的价值实现开启一个新的实现窗口。只不过大家会看到在这个平台上的资源有些是商业化的资源,有些可能是非商业化的资源,在共享经济运行过程中,这两种资源可能都会成为非常重要的资源。也恰恰是因为在这个平台上有些是非商业化的资源,也就可能会导致共享经济运行的未来会有一些内在的弱点。

第三方面,共享经济的本质。

多数人认为,共享经济是所有权和使用权分离的结果。那么,这种使用权怎么产生的?为什么会产生短时间内的临时性的需求?临时的、短时的、异地的需求的快速发展是推动共享经济的重要因素。如果没有这种需求的发展,共享经济运行的模式也不会出现。而且在这个过程中,旅游扮演了非常重要的角色。可以预见,在可以预见的人类社会的未来,人们的旅游需求一定会不断膨胀、增长,而恰恰是这种短时的、异地的需求增长,会导致人们对暂时性使用权的新的追求。人们到外地去旅行,不需要到每一个旅游目的地都买一个房子,使用途家、Airbnb 平台上的酒店就可以;到外地旅行不需要在每个地方都有一辆车,用 Uber、滴滴就可以。这些都是在旅行过程当中必然的需求,而且没有必要对这些标的物产生所有权的需求,自然就形成对共享经济的推动。可见,共享经济的发展跟旅游经济的发展、跟休闲经济的发展有着天然的耦合性。现在国内供给侧改革的过程中对房地产的去库存化问题,有很大一部分也需要跟旅游密切结合在一起。从个人的发展本质上来说,每一个人的生命都是有限的,但是每个人都希望在有限的生命当中能够活得更加丰富多彩。怎么样才能够让每一个人在有限的生命当中都活得更加丰富多彩?这就需要尽量减少对所有权的需求,而增加临时使用权的需求。在这个社会上,每一个个体都有个性化的需求,市场上很多商业主体也会有很多个性化的供给,而共享经济恰恰就是为这些个性化的供给和个性化的需求互相能够及时地找到对方提供了平台,有了共享经济的模式和基于这些模式的平台的出现,个性的供给才能够对个性的需求产生响应,个性的需求才能够及时地找到个性化的供给。

第四方面,共享经济的前提。

共享经济的运行既包括线上的平台,也包括线下的资源。并不是所有的资源都可能成为共享经济平台上的标的物。因此,有两种不同的标的物问题需要考虑:一方面对同一标的物,人们不会产生持久的需求,这是什么样的一种标的物?哪些标的物会放到共享经济平台上?如有些只使用一次的东西,或者可能会使用很多次,但是使用的频率非常低,这样的标的物放到平台上的概率就比较高。因此,持久的使用一定会产生持久的需求,只有在使用频率很低的情况下,才会对使用权有需求,而对所有权没有需求。另一方面要考虑,如果持久拥有标的物的成本比短时使用的成本要高的话,人们就会放弃对标的物的所有权的要求。反过来,如果拥有的成本比短时使用的成本还要来得低的时候,即便使用频率很低,也会去寻求拥有它,这就会导致共享经济平台上资源的萎缩。

另外,共享经济之所以能够在当下这个时代快速发展,与每个个体之间的信任程度有关,如果 Airbnb 平台上的房主和要使用这个床位的旅游者之间没有基本的信任,共享经济也不可能产生。共享经济的前提也包括经验的分享,如果没有个人经验的分享,就不可能有迅速发展的共享经济。大家都知道,现在人们在经验分享上的行为模式跟 5 年前、10 年前相比已经有了很大的变化。以前人们出去旅游所形成的旅游体验,消费所形成的消费体验,餐馆吃饭所形成的餐馆体验,等等,这些体验是多数情况下个人化的结果:旅游完之后写游记,游记是自己看的;吃饭的时候对餐馆不满是埋在心底的,只是下次不再到这个餐馆吃了。现在不一样了,旅游完之后把心得体验放在网上传播,如果对餐馆不满意,也会把经验分享到网络空间当中。这样分享方式的变化,以及在网络空间快速传播,就会导致他人的体验变为你的消费决策的依据,在这个时候每个消费者个体才会对他即将要消费的供给有更多的了解,跟现在所了解到的大数据和大数据基础之上的筛选机制的建立会有密切的关系。这种筛选机制的建立也会使得供求匹配机制的效率进一步得到提升。

第五方面,共享经济的类型与未来。

作为共享经济来说,它的具体的类型有哪些?它的未来可能需要关注哪些东西?共享经济分为基于使用权共享的共享经济和基于使用权独享的共享经济、基于效率的经济和基于公平的共享经济、分散标的的共享和整体标的的共享、复杂服务的共享和标准服务的共享等。每个个体的需求可能都是个性化的,因此,在未来的市场中可能会出现越来越多的非标准化的标的。这些非标准化的标的怎样才能更好地被消费者认识?怎样被消费者更好地去使用?以前人们选择一个产品的时候,基本的选择机制就是标准,如饭店的星级,后来慢慢大家会更多关注饭店的品牌,再后来由于人们经验分享、信息分享的方式发生了变化,在线声誉机制发挥了越来越重要的作用。共享经济模式发展可能更多的是在线声誉机制的完善和它的发展的问题,在线评论可能会影响到企业的生死存亡。从未来的角度来说,大家可能还需要去关注,如现在已经有很多企业在挖掘基于共享的商业价值,但是对商业价值本身的共享做得怎么样?现在看到的共享绝大多数都是物化要素的共享,但实际上人们消费对象有很多是非物化的要素,非物化要素的价值怎么来兑现?或者再简单一点讲,物权价值的共享经济现在已经发展得非常棒了,未来非物权价值的共享经济发展会怎么样?在旅游中会有很多非物化的吸引物,会涉及旅游目的地的环境问题、会涉及旅游目的地的空间生产问题,会涉及某个住宿企业内部客房的空间生产问题。这些都很值得大家去关注。

大家可以关注到,在共享经济平台上用来分享的有很多是非商业的标的,这些非商业标的在共享平台上去分享的时候,会不会涉及不公平竞争的问题?会不会涉及商业道德的问题?再有一个,共享经济的出现在很大程度上是基于减少浪费,但是如果说社会更好地发展,大数据起到越来越大作用,人们去买东西只是基于自身使用权的需要才去获取这个产品的时候,对所有权的需求越来越低,那未来共享经济平台上究竟有多少所有权可以拿出来跟别人分享?如果说大数据越来越发展,每个产品在生产时都先确定好了有没有相应的需求存在,那这个市场还会不会有过剩?如果没有过剩的时候,共享经济的来源又是什么?这些问题都需要在共享经济未来的发展中去深入思考。

(在 2016 年 1 月 8 日共享经济下的文创产业转型与商业模式创新论坛上的主旨演讲)

旅游智库建设的二元融合之路

自党的十八届三中全会通过的《中共中央关于全面深化改革若干重大问题的决定》提出"加强中国特色新型智库建设,建立健全决策咨询制度"后,智库建设成为社会关注的焦点。作为当前国民经济社会发展的重要领域,旅游业也迫切需要进一步加强智库建设,形成一批具有国际水平、中国特色、二元融合的新型旅游智库。

1. 目标:决策咨询+社会影响

在中国"双百年"战略目标的实现过程中,旅游业必将成为重要的战略抓手;在中国经济社会未来的发展格局中,旅游业必将成为重要的战略产业。当然,在战略抓手功能发挥和战略产业目标实现的过程中,将有一系列涉及中国旅游发展的重大问题需要依赖于具有深度分析、缜密论证的政策咨询报告,将有一系列涉及中国旅游发展的重大决策需要依赖于具有系统思考、独立见解的公共政策主张,显然,向政府部门提供政策咨询报告和公共政策主张是未来旅游智库的首要任务。

同时,旅游智库要获得良好发展,还不能停留在决策咨询的层面上,还应该在更广泛的范围内产生更大的社会影响。尽管我们不能寄希望于旅游智库代替院校教育,但旅游智库往往聚集了旅游领域顶级专家,它就有义务为逐步解决当前中国旅游领域缺乏自身学术语言体系、缺失独特学术思想提炼、缺少特色学术理论框架的尴尬局面作出应有的贡献。这就要求旅游智库在自身的发展过程中,能够在创造新知、创新思想和创建理论等方面形成丰硕成果。这不仅是对旅游学科发展的贡献,更是提升旅游智库自身社会影响力的重要途径。

2. 方向:独立发展+联合攻关

独立性是智库在决策咨询体系中存在的前提和基础,没有独立视角、独立分析、独立判断就不可能有智库应有的地位。旅游智库应该围绕着当前旅游实践发展热点和旅游政策关注焦点展开不受干扰的独立对策研究。同时也应该围绕着旅游产业发展和政策设计中具有全局性、综合性、战略性、长远性的课题形成前瞻性研究。

围绕旅游发展所作的战略性研究的缺乏也是导致旅游业在整个国民经济与社会发展中难以真正"纳入中心、进入主流",屡屡沦为"救火队员"的关键所在。这一方面是因为多数旅游研究的力量分散在不同的智库或相关机构中,为数不多的建制性旅游智库尽管已经取得了很多很好的成果,但在长远战略研究的投入和取得成果方面仍面临诸多限制;另一方面我国的旅游智库建设还远未形成完备的智库体系,官方智库、民间智库、企业智库、高校智库的智库体系架构还在起步阶段,而且智库本身的组织化程度还比较低,智库之间在面对长远战略的重大课题的联合攻关方面也还缺乏实质性的行动,在智库研究成果报送渠道、数据库建设,以及智库人才培养等领域的合作也还有很长的路要走,在处理智库的独立性发展与开放性发展方面还有很多要向国外知名智库学习借鉴的。

3.人才:专业精英+跨界整合

旅游智库不同于学术共同体,旅游智库的建设与发展必须依托于严密的组织体系。在面对激烈的智库竞争环境、突发的热点问题决策咨询需求,以及系统性的智库研究规划方面,松散的顾问委员会或学术共同体模式是没有足够的竞争能力、响应能力和研究能力的。要想打造具有广泛的社会影响力和强大的问题响应能力的旅游智库,就要用组织化的方式来组建。当然,旅游智库的团队构成可以采取"紧密层+半紧密层+松散层"的模式,从而在保证智库基本研究力量的同时,可以形成完整有效的智库人才队伍储备,提高面对重大问题时研究力量的动员能力、面对国际发展时研究力量的全球化水平、面对融合发展时研究力量的跨界整合实力。

在旅游智库的人员构成上,至少需要考虑到三点,那就是以坚实的学术基础保证智库研究成果的理论水平、以丰富的行政经验把握智库研究成果的政策水平、以鲜活的企业实践保证智库研究成果接地气不空谈。未来的旅游智库可以多借鉴国外智库建设的经验,尤其是"旋转门"制度,一方面,鼓励智库优秀人才进入行政体系,更直接地在政府部门决策中发挥作用;另一方面,则要积极吸收行政体系离任高官和知名企业离任高管进入智库体系,高校智库则还要加强与政府部门、知名企业之间的合作,并通过访问学者等制度来增强智库人才的多样化。

4.基础:稳定经费+基金制度

组织化的旅游智库要想正常开展工作,必然离不开资金方面的支持。在这方面,由于旅游智库自身的性质不同,可能面临的运转资金压力也并不完全相同。官方智库、高校智库和企业智库要么有来自政府的财政拨款,要么有来自企业经营利润的支持,经费相对有保障,但也正是因为智库运转经费来源于政府和企业,其研究的独立性和公立性可能会受到一定程度的影响。民间旅游智库的研究虽然可能有更强的独立性和公立性,但较之于另外三个类型的智库而言,其所面临的资金压力要大得多。

经费来源自主是保证旅游智库研究独立性的重要前提。因此,包括旅游智库在内的所有智库的建设过程中,如何建立一个稳定的经费来源机制是一个无法回避的问题,探索形成智库基金会制度或许是一条可供选择的路子。诺贝尔奖之所以持续100多年依然能够有足够的资金用来发放各个奖项,也正是因为成立了诺贝尔基金会,并且得益于政府减少了对基金会的税收、修改了基金会章程以允许诺贝尔基金会投资于政府债券之外更多元的投资领域。

5.渠道:自主平台+现有渠道

真正具有国际竞争力的旅游智库必须要形成自身的标志性成果,这既包括以蓝皮书等各种形式呈现的年度性研究报告,又包括建立符合智库专业定位的独立数据库,还包括具有自主知识产权的专业指数研发或专业榜单。例如,瑞士智库"世界经济论坛"这几年通过连续发布全球旅游业竞争力排行榜,其研究成果被广泛使用,在旅游领域形成了其广泛的影响力。

旅游智库的决策咨询报告、公共政策主张和新思想、新理论都需要通过合适的渠道才能发挥其应有的作用,形成其应有的社会影响。从旅游智库成果发布渠道方面看,大致有两个方面。一方面要通过打造年度性专业论坛品牌和不定期的专题研讨会等方式来及时向社会发布自身的研究成果,另一方面则需要充分利用现有的资政渠道,让自身的研究成果能够有机会进入政府决策人员的视野。

(刊发于《旅游学刊》2016年1期,厉新建　胡晓芬)

旅游法若干解读

总体评价：难能可贵

所谓"难"，是指出台过程之间艰难。旅游法起草从20世纪80年代就开始着手，这次开始起草到正式审议通过，期间历经诸多困难，各种艰辛只有参与旅游法起草制定的相关部门、相关专家、相关领导才能真正体会。

所谓"能"，是指这次旅游法内容对涉及旅游发展中诸多重要问题都做了较为全面的规定，尤其是旅游者权利保护、旅游规划与促进、旅游安全等方面的规定，对于推动旅游业健康持续快速发展具有重要的作用。

所谓"可"，是指这次旅游法规定的内容中绝大多数都是可操作、可执行的。旅游业具有很强的综合性，涉及领域广，利益协调难度大，而且在旅游法出台之前已经出台了很多行业法，这次能够在综合法的模式下形成目前具有可执行性的法律文本，值得充分肯定。

所谓"贵"，是指这次旅游法是旅游业发展的里程碑，我们都应该珍惜这来之不易的宝贵成果。尽管《旅游法》中还有这样或那样的问题需要进一步加以完善、改进，但更重要的是，我们应该在批评的基础上，以理性、建设性的态度来对待它。

第一，旅游法为未来旅游业的科学发展进行科学的定位。

在《旅游法（草案）》征求意见稿时，笔者曾经提出应该在《旅游法》中明确旅游业的战略定位。很高兴看到正式颁布的《旅游法》开篇第三条就提出"国家发展旅游事业"。这简单的八个字掷地有声地明确了旅游作为经济性产业和公益性事业的双重特性。个人认为，这为未来中国旅游发展指明了战略方向，也要求各地在发展旅游业的过程中，应该注意由原来强调产业功能向产业与事业并重的方向转型，应该将旅游放在人民生活水平不断改善之后的一种全新的生活方式的高度来认识。可以说，旅游业在促进社会和谐、改善民生福利、推进公共外交、提升民族自豪感等方面具有重要作用，旅游也是富裕起来的中国人的中国梦，所以，我们不能简单地把发展旅游看作经济性产业，也要把发展旅游看成伟大的社会主义事业的重要组成部分来认真对待。

第二，旅游法体现了今后一段时间旅游业发展的战略要求。

旅游业进一步的发展不仅是旅游景区景点的发展，而是整个旅游目的地的发展，一味通过发展习惯理解意义上的景区景点已经不足以推动旅游经济的发展，旅游业的发展不再简单地依赖于旅游资源的优势，而是要将整个旅游目的地作为一个旅游吸引物、旅游吸引场来打造，这就要求旅游目的地在总体规划、城乡发展规划等上位规划编制时要主动、充分地考虑旅游发展的要求，而不是旅游发展规划被动地去适应总体规划等上位规划。同时，随着旅游业发展的逐步深入，我们发现，只从食住行游购娱传统的六要素角度来推动旅游经济的发展已经远远不够，旅游经济的发展必将越来越依赖于土地、资本、技术、制度等因素，尤其是旅游用地方面将成为制约旅游经济发展的重要因素，在《旅游法》第二十条中明确提出，"各级人民政府编制土地利用总体规划、城乡规划，应当充分考虑相关旅游项目、设施的空间布局和建设用地要求。规划和建设交通、通信、供水、供电、环保等基础设施和公共服务设施，应当兼顾旅游业发展的需要。"在第二十二条规定，"各级人民政府应当组织对本级政府编制的旅游发展规划的执行情况进行评估，并向社会公布"。这具有非常重要的战略意义，有效地提升了旅游规划的法律地位，改变了旅游规划"规划规划，墙上挂挂"的状况。

第四十六条指出，"城镇和乡村居民利用自有住宅或者其他条件依法从事旅游经营，其管理办法由省、自治区、直辖市制定。"第四十八条指出，"通过网络经营旅行社业务的，应当依法取得旅行社业务经营许可"。这两条也具有非常重要的战略意义。前者有助于通过发展旅游的方式来推动城镇历史风貌的保护，通过发展旅游的方式维持乡村性，延续乡村肌理；后者则拓展了《旅行社管理条例》的适用范围，把随着互联网发展而兴起的在线旅游企业也纳入到旅行社管理范畴，在一定意义上将《旅行社管理条例》管辖的范围从"旅行社"拓展到了"旅行服务商"，这很好地适应了时代发展的潮流和趋势。

第三，《旅游法》为破解景区门票难题提供了合理的规范。

凤凰古城的门票风波引起了大家广泛的关注，其本质之一，就是限制了游客购票时的自由选择权。《旅游法》第四十四条指出，"将不同景区的门票或者同一景区内不同游览场所的门票合并出售的，合并后的价格不得高于各单项门票的价格之和，且旅游者有权选择购买其中的单项票。"就很好地将购票的自由选择权还给了旅游者，旅游者既可以选择购买套票，也可以购买景区的单向门票。第四十四条同时指出，"景区内的核心游览项目因故暂停向旅游者开放或者停止提供服务的，应当公示并相应减少收费。"也充分考虑到了景区的复杂构成和旅游者的消费权利。在旅游研究中，我们常常会对旅游目的地的景区分成标志性景区和非标志性景区，同时将景区内的景观分为标志性景观和非标志性景观，显然标志性景区和标志性景观在很大程度上决定着旅游目的地和旅游景区的消费价值。以往我们常常会遇到奔着标志性吸引物前往游览,但进了景区才发现,标志性景观正在维修,根本无法欣赏,但又退票无门。《旅游法》出台后这种现象将有效改观。

第四,《旅游法》完善了旅游主管部门对景区的监督管理。

我国旅游资源的归属不一,因而长期以来存在着旅游景区管理上的"九龙治水"现象,各级旅游局尽管是旅游行政主管部门,但对各旅游景区无法实施有效的监督管理。尽管通过旅游景区的资质等级评定国家标准,对监督旅游景区管理和服务,提高旅游景区的运营水平,推动旅游景区的市场化有着重要的作用,但毕竟这只是一个推荐性国家标准,不具有强制力。此次《旅游法》第四十二条专门指出,"景区开放应当具备下列条件,并听取旅游主管部门的意见"。如果法律能够得到严格执行、有效实施,显然将有助于完善旅游主管部门对政出多门的旅游景区的监督管理,有助于为旅游者提供一个更加贴近市场、贴近消费者的游览环境。

第五,《旅游法》的相关条款亟须尽快出台相关司法解释或实施细则。

例如,《旅游法》第三条指出,"国家发展旅游事业,完善旅游公共服务,依法保护旅游者在旅游活动中的权利"。而实际上,旅游公共服务不仅是为了旅游者,也是为了当地居民,因此,要从旅游者和当地居民双重角度来重视旅游公共服务,重视旅游公共服务设施的建设,从资金、用地等方面给予切实有效的支持。

第四条指出,"利用公共资源建设的游览场所应当体现公益性质"。对于什么是公共资源?自然遗产和文化遗产是不是公共资源?曾经享受政府财政补贴的游览场所是不是属于利用公共资源建设的游览场所?体现公益性质是在门票价格上还是体现在设立免费开放日上?等等,都亟须完善。第四条还规定,"国家鼓励各类市场主体在有效保护旅游资源的前提下,依法合理利用旅游资源"。可是物化旅游吸引物的资源所有权好界定,让度也相对简单;但如居民生活状态、民俗民风等非物化吸引物的资源所有权难单独界定,集体的集合所有权让度也更复杂。但现在更多的"被让度了",居民只能在民俗表演等劳务性就业中获利。这或许可以视为从凤凰古城门票风波中得到的启示。

第十二条指出,"旅游者在人身、财产安全遇有危险时,有请求救助和保护的权利。"表述上也似乎有语病,可能改为"旅游者在人身、财产安全受到威胁时,有请求救助和保护的权利"更好些。第八十二条指出,"旅游者在人身、财产安全遇有危险时,有权请求旅游经营者、当地政府和相关机构进行及时救助。"这与第十二条有一定的重复,可进一步斟酌改进。

第二十五条指出,"国家制定并实施旅游形象推广战略。国务院旅游主管部门统筹组织国家旅游形象的境外推广工作",可进一步明确"国家旅游形象是国家形象的重要组成部分"。

第二十六条指出,"设区的市和县级人民政府有关部门应当根据需要在交通枢纽、商业中心和旅游者集中场所设置旅游咨询中心",但实际上有很多地方设置了旅游咨询中心,却不能正常运转,旅游咨询中心成了无用的摆设,因此,应该在条文中规定,设施的建设与服务的配套要科学合理地结合。

第四十条指出,"导游和领队为旅游者提供服务必须接受旅行社委派,不得私自承揽导游和领队业务。"这不利于散客获取导游服务,毕竟在国内通过旅行社出游的比例还不到10%,通过旅行社出境旅游的比例也仅占25%左右。在散客化时代,如何保证散客的权利值得再斟酌。

(2013年5月3日,《中华人民共和国旅游法》高端研讨会上的发言)

创新五问

当今社会,大家都在谈创新。研究者文必称理论创新一二三,企业者也常夸自己的产品是新产品。可是,每个人对创新的理解未必相同,自然,创新的实践也可能千差万别,创新成功者有之,虽创新却无法转化为利润的例子也不在少数。

在此,略谈创新五问,或可对企业的创新实践有所启发。

一、创新为谁

表面上,这是一个小儿科的问题,创新自然是为了消费者、为了市场。但实际上,在"为谁创新"的理解上常会有失偏颇。为市场而创新、为消费者创新最终不自觉地演变成了为技术而创新、为设计人员而创新,从而产生了大量的过度创新。市场上多有企业设计家电产品的寿命以百年为目标,可市场需要的明明只需要能用上 5~10 年即可,过了这个时限就该更新换代了;消费者需要的明明是只需接打电话、收发短信功能的手机就行,可企业偏偏愿意将众多的所谓创新功能加到手机产品中。世界上没有免费的午餐,任何功能的附加、质量的改善,背后都意味着成本,当成本无法在企业内部消化时,以更高价格的形式转嫁给消费者就是"水到渠成"的事情了。

正因为这样,才有了价值创新的概念,强调在创新过程中要牢牢把握消费者的需求,要认真分析究竟有哪些功能、哪些产品属性是消费者真正所需要的,哪些属性应该重点加以改善,又有哪些属性是可以忽略的,等等。

在旅游服务创新过程中,也面临这个问题。影响旅游服务质量评价的肯定会有若干个关键点,如果能够在这些节点上下足功夫,服务质量就容易获得整体性提升。比如,TUI 集团的研究发现,影响旅游者满意度的主要因素包括饭店(65%)、目的地服务(16%)、航班(11%)、旅行社(8%)。旅行社服务也是同样的道理,只是恐怕没有多少旅行社会关注其服务过程中哪些是"关键时刻"。

所以,创新的目的是从促进消费中获得企业价值,而促进消费必须真正关注消费者,关注影响消费者的关键属性和关键时刻。

二、创新跟谁

明确了创新需要关注消费者的需求后,如何创新就转变为如何了解消费者的问题,可是如何才能真正获得有助于创新的信息却是一门不小的学问,这绝不仅仅是发放问卷、分析问卷的问题。比如,贝尔实验室早于摩托罗拉发明了移动电话技术,但因市场调查显示该技术没有市场需求,故而停止了开发,摩托罗拉在启动移动电话项目之前,也进行了市场调查,结果显示只有建筑包工头、已拥有一辆汽车的人及拥有多部汽车的人三类人对移动电话有需求。幸运的是,摩托罗拉没有采用这份市场分析报告,继续加大投入,最终获得了行业领先地位。这样的例子还有很多。

鲜活的例子告诉我们,消费者其实未必清晰地知道自己需要什么,尤其当他们原有的需求平台被突破之后。所以,通过市场调查的方法获取创新启迪的方式或许适用于维持性创新,但未必适用于突破性创新。更何况,企业需要提供的是整体解决方案,而消费者意识到的可能只是这个整体解决方案中很小的一部分而已。在创新的道路上,我们应该更清楚地意识到,所谓的需求,更应该理解为附着在供给上的欲望,当创新性的供给还没有出现的时候,消费者的欲望也不会产生。要想从这些消费者身上获取创新的启迪,几乎是一件不可能完成的任务。

所以,创新需要消费者,但突破性的创新更需要企业的智慧。

三、创新与谁

创新可以分为率先性创新与模仿性创新,先行者未必成功,模仿者未必失败。Lilian 和 Yoon 针对法国 7 个行业、112 种工业品创新的调查表明,第三至第四家进入市场的企业较第一、第二家企业的成功率更高,在导入期第三至第四家进入者成功率为 87.5%,在成长期为 81.82%;Golder 和 Tellis 通过对"二战"前后 36 种产品的研究发现,率先产品的失败率为 47%,而早期跟随产品失败率为 8%。

这其中自然可以从试错成本、开发时间等方面进行解释,但恐怕还与创新扩散所需要的消费者教育,以及创新执行所需要的系统基础密切相关。创新企业单兵突进、率先突破,同时也面对着教育消费者、培育市场的重任,而模仿型企业开始加入竞争队伍时,消费市场已经在先行者的努力下形成了相应的规模,加之自身在成本和质量上的优势,竞争获胜也在情理之中。

所以,创新未必是孤单英雄,创新需要适当的距离,正如,距离产生美。

四、创新在谁

企业的创新最终会体现在产品上,但围绕最终的产品创新涉及了设计、技术、流程、组织等诸多方面,创新是一个系统工程,而不是某个部门、某个高层的事。斯坦福大学经济学家保罗·大卫对电力之于生产力提升的影响的解释也说明了这个问题。电力出现后,只有高大的可以容纳蒸汽引擎和各种滑轮的多层建筑物改成小型的低矮建筑、管理者改变他们的管理方法、工人修正他们的生产方式之后,电力马达才能取代蒸汽引擎,电力才会真正推动生产力的发展。

对于企业而言,设计上创新了,工艺跟不上,粗糙的工艺降低了设计创新的影响力,创新依然没有价值;工艺跟上去了,流程又拖了后腿,影响了最终的生产速度、成本结构,创新依然无法产生价值;流程跟上去了,组织变革又不到位,降低了创新成为企业基因的可能性,创新依然无法真正产生价值。同样,正因为创新的根本在于创造价值,而不是停留在做大规模上,不能为创造高附加值的价值提供保障的规模提升是没有意义的。只有依托已有或更大的规模,形成对价值链的控制和占有,才是企业发展的真正出路。

所以,创新不仅在产品设计部门,更在于企业的流程再造、组织变革以及组织变革蕴含的企业价值观的塑造,没有系统协调的企业架构,就无法产生出真正有意义、可持续的创新来。

五、创新是谁

谁会成为市场中的创新者?从企业而言,创新更可能来自困境中的企业;从员工而言,创新更可能来自会学习的员工。有人说,伴随着中国经济自然成长的企业恐怕没有内在动力投身于创新,慵懒的企业也可以分享自然增长的成果。但是,开放的经济政策必将从外部引入更强大的竞争对手,政策的保护、分割的市场都将成为历史,自然成长的环境总有终结的一天。如果不能采取"转基因"手术,将创新的基因植入企业之中,再辉煌的企业都会有落魄的一天。而且,我们不能仅寄希望在"快"上下功夫,快进快出,停留在"碎片市场"上求发展,而应在创新上下功夫,稳扎稳打,"强"字为本,通过占据"系统市场"求发展,这样才能实现"机会创造机会、条件创造条件"式的循环发展。

企业的创新基因依赖于学习组织的建立,更依赖于会学习的员工。哈佛商学院教授克里斯坦森曾指出,所谓流程,是指"交互作用、协调、沟通及使员工将资源变成更高价值的产品和服务的决策模式";所谓价值观,就是一系列的标准,"通过这些标准,员工能够设定优先权,来判断一份订单是否有吸引力、一个客户是否重要、一个新产品是否具有吸引力等"。这些影响企业创新的基本因素,归根结底其实就是人的因素、员工的因素。只有一个企业拥有了会学习的员工,流程才能真正发挥效用,否则,再重组都是徒然;只有一个企业拥有了会学习的员工,价值观才能发挥作用,否则,再标准又如何?

所以,差距并不可怕,可怕的是能力的缺失,学习、自省与创新精神的缺失。

(刊发于2010年内部刊物《恒道至简》)

学习、忠诚与信任
——关于执行力的故事

任何一个立志长远发展的企业都需要制定合适的战略,而合适的战略能否取得预期中的绩效,则取决于战略执行水平的高低。高水平的战略执行能力不仅可以保证合适的战略最后的成功,有时候也能挽救在执行中才发现的不那么合适的战略,或者减少不合适战略可能对企业造成的损失。

也就是说,在这个过程中,战略匹配是一个大问题。一项与企业生存发展环境相匹配的战略,只有在与企业内部的结构、管理系统、流程设计、组织文化等内部变量相匹配时,才能真正正确、有效地被执行,才能取得好的效果。

尤其是当一个企业不仅要在一个相对稳定、熟悉的环境中发展,还要走向更广泛的发展区位时,这个问题就显得更为突出。就像国旅总社,它不仅需要在北京发展,也需要在上海、广东等中国其他区域推行国旅总部的战略,还需要在更加陌生的日本、美国、欧洲相关国家执行国旅总部的战略。

显然,这使得战略的执行面临着更为复杂、不确定的环境,战略的有效性将面临更大的挑战。如何让总部制定的战略在更广泛的范围内得以传递和实现,依然会涉及组织结构、管理流程、组织文化等诸多方面的问题。决策层与执行层之间的控制和联系、总部与各个分支机构之间的控制和联系,信息的共享与群体的沟通都是做到有效战略执行、获取区域战略绩效所必须慎重考虑的。

在这里,需要强调的则是这些因素之外的,看似简单老套,但又是至关重要的,那就是学习、忠诚和信任。

战略的有效执行依赖于组织的学习文化

战略的有效执行需要组织文化的保障,其中最重要的文化大概来自我们每天都在讲的学习。不学习,不易提高自己的素养,故易缺有效执行战略所需之精神,亦不易理解战略之精要,故易缺有效执行战略所需之能力。治国者,必先修身。道理大致也是如此。治企业,又何尝不是如此呢。

在这方面,华侨城的例子是值得研究的。在中国的旅游企业中,创新如华侨城者并不多见,旅游企业创新影响如此之大者除华侨城外亦不多见。华侨城之"生活的创想家"之战略缘何得以有效执行和推进?原因很多,但组织的学习文化甚为重要。从2003年开始,华侨城每年都号召并实实在在地推动着员工的学习。2003年,全体员工读《致加西亚的信》,培养大家不惧艰难的精神;2004年读《自动自发》,培养员工的主动和热情;2005年读《细节决定成败》,力求让细节化的思维成为员工的一种思维常态;2007年读《冰山在融化》,培养员工的危机意识;2008年读《问题背后的问题》,培养员工的个人责任意识。持之以恒地重视学习、强调学习,将学习真正内化为企业的重要基因,恐怕是华侨城能持续有效地执行发展战略的关键。

从国家治理而言,亦如是。汉光武帝建立了两百多年的东汉王朝,史评甚高,有曰:在中国的历代帝王中,汉光武帝刘秀是唯一同时拥有"中兴之君"与"定鼎帝王"两项头衔的帝王。而其之所以能如此,恐与东汉的学习型社会不无关系。王子今先生在《东汉的"学习型社会"》中指出,"光武诸功臣,大半多习儒术",这与西汉王朝的开国功臣往往出于亡命无赖明显有别。天下未定时,刘秀即"修起太学",并曾亲自到太学讲经,后汉明帝亲御讲堂,命皇太子、诸王解说儒家经典。若非有学,何敢授学?与人学,而非独学,亦可见执政者之良苦用心。若撇开独尊儒术而废百家不言,执政者刻意倡导的学习热潮,不仅帝王皇子学,而且公卿子弟皆学,这对政令通行、巩固统治显然是大有帮助的。

战略的有效执行依赖于员工的忠诚程度

战略的有效执行,不完全取决于组织结构、管理流程、组织文化,还有赖于环境的变迁。环境之好,即便结构和流程有所不妥,战略依然可以有效执行。环境不佳,即便结构和流程甚为合理,战略依然可能无法有效执行。前者可略,后者则需重视。而需重视者,乃是培养员工对企业的忠诚度、对企业战略的忠诚度。

仍有一故事,或可证此意。我国历史上,素有和亲传统,将和亲政策视为国之安定、修好近邻的战略。虽有唐朝之强大,亦莫能外。唐朝大盛时文成公主和亲松赞干布的故事广为流传,开创了唐蕃友好局面。但同样值得记住的,还有大唐盛世不在后的金城公主和亲吐蕃的故事。其时,大唐变局迭起,吐蕃动荡不安,金城和亲到吐蕃后,被视为危及吐蕃安危的不祥之兆,并被废黜为"罪臣",连生存都受到了威胁。就是在这种恶劣的环境中,金城公主始终不忘自己承担的唐蕃和好的崇高使命,凡历三十年,终于赢得吐蕃上下人民的理解、信任和爱戴,成为藏民心目中美丽智慧的象征、善良慈悲的圣母。

顺境时,难以真正体现战略执行力;逆境时,最需要如金城公主般的战略执行力。可是,对于企业而言,这种忠诚来自哪里呢?

战略的有效执行依赖于充分的信任

忠诚的管理层和员工，不靠口号，不靠宣贯，也不完全靠工资奖金的激励，而是靠信任，基于组织性学习环境下对管理层和员工的信任，基于后台严格成本控制前提下对管理层和员工的信任。

海底捞创始人以 1 万元起家，现在已经开设了 30 家分店，年营业额近 3 亿元。在成功背后的诸多故事中，关于信任的故事更值得我们记取。海底捞给一线服务员的授权很大，甚至包括为顾客免单的权力。这绝对是对员工的信任。当然，员工每人都有一张卡，他在店内的所有服务行为都需要刷卡记录在案，一旦发现公司的这种信任被员工滥用，则不会再有第二次机会。反之，如果员工不滥用，他就一直可以保有这种权力。海底捞对 30 家分店的店长也是充分信任。店长只需要对顾客满意度和员工满意度负责，而不需要对营业额负责。这大抵反映出公司对管理层的信任。正因为"公司给你的总是超出预期，所以就会死心塌地地为公司干"。这就是信任的力量。

当然，这不是盲目的信任，盲目的信任一定会带来战略执行的危机。海底捞的信任是理性的信任，是有底气的信任，是基于严格成本控制基础上的信任，是基于现代化管理基础上的信任。海底捞在全国建立了四个配送中心，为各自负责的门店服务，为这些配送中心的规划、建设、管理提供咨询服务的是麦当劳全球物流合作伙伴美国夏晖公司。科学设计的配送中心通过规模化的采购和生产为公司赋予管理层和员工的"放纵"打下了很好的基础。另外，海底捞通过配置现代化的设备，最大限度地减少员工的工作量。比如，客人要加菜，服务员只要在餐厅的触摸屏上操作一下，订单就下到后厨了。员工省时省力了，就可以有更多的精力让顾客满意，而顾客的满意又会带来更多的市场份额，更多的市场份额则给海底捞提供了更多的发展机会。

战略的执行，在信任和由信任衍生出来的自觉中，不知不觉完成了。或许，这可以称得上是战略执行的一种境界。当然，如果失去规模化采购、信息化流程，这种境界终究会落下地来，成为战略执行的困境：放也不是，收也不是。

由此看来，战略的制定依赖于战略的执行，战略的执行需要流程与结构，但更需要逆境下的忠诚，唯有对战略的忠诚，对企业的忠诚，才能保证战略的有效执行。忠诚需要企业对员工的信任，而信任的基础是规模经济、信息技术运用带来的成本集约，只有大大压低的成本才能赋予企业"放纵"信任的资本。在信任的幸福中陶醉的人们，如果没有基本的素养和执行的能力，有效地执行战略只能是一句空话，发现执行中的战略的缺陷更是一个不可能完成的任务。

所以，学习、忠诚、信任，是有效战略执行的基础。

（刊发于 2010 年内部刊物《恒道至简》）

新常态下的旅游业新发展

——国务院 31 号文件学习笔记

自 2014 年 8 月 22 日国务院发布《关于促进旅游业改革发展的若干意见》(以下简称"31 号文件")以来,在学界业界引起了广泛关注,诸多专家也做了多方深入的解读。在此,笔者亦愿就学习 31 号文件的收获与思考与读者诸君探讨。

旅游业在国民经济和社会发展中具有重要地位,但需要进一步改革以激发其巨大的发展潜力。正因为此,此次出台的 31 号文件以十八届三中全会《中共中央关于全面深化改革若干重大问题的决定》等重要文件为指导思想,在吸收《国务院关于加快旅游业发展的意见》(以下简称"41 号文件")、《国民旅游休闲纲要(2013—2020年)》《中华人民共和国旅游法》等文件及法规之成果和精神的基础上,重点放在了"改革发展"上,这切中了当前旅游业发展的根本,那就是如何在新常态下实现旅游业的新发展。要制定解渴的战略文件,就必须解答旅游业为什么要改革、改革什么、发展的目的是什么、发展的战略重点是什么等问题,而这些问题的回答只有放在新常态下才能凸显出高度和深度。新常态既包括宏观经济发展的新常态,也包括旅游业发展自身的新常态。这里只谈旅游发展的新常态。从个人的学习体会来看,31 号文件就是基于新常态的发展理念而制定的指导新时期旅游业新发展的重要文件。

如何理解新常态下政策的新突破

新突破 1:制度化的保障

与很多其他行业不同,旅游业在我国国民经济中属于发展相对晚的,在条块分割的发展模式中,旅游行政主管部门拥有的调控手段和行政资源非常有限;旅游涉及系列化消费在空间上的整体转移,所涉行业和管理部门多,尽管游客遇到问题都会想到找旅游行政主管部门,但显然旅游行政主管部门与其他相关部门协调时受限于条块分割的体系,这在很大程度上限制了旅游业成为"国民经济战略性支柱产业和让人民群众更加满意的现代服务业"。

31 号文件则为这个问题的解决提供了有效的制度化的保障。比如,文件指出,"坚持融合发展,推动旅游业发展与新型工业化、信息化、城镇化和农业现代化相结合""国家支持服务业、中小企业、新农村建设、扶贫开发、节能减排等专项资金,要将符合条件的旅游企业和项目纳入支持范围""统筹利用惠东资金加强卫生、环保、道路等基础设施建设,完善乡村旅游服务体系",这些政策很好地解决了以往因为旅游企业不属于控制这些专项资金的行业主管部门主管,因而无法享受这些专项资金支持的问题。文件还规定,"在城乡规划中要统筹考虑国民休闲度假需求""有条件的城市要加快建设慢行绿道",从而将休闲度假设施建设和功能布局制度化到城乡规划之中,不仅为旅游业发展奠定了还好的发展基础,而且也为城市回归其休闲功能提供了制度保障。

文件指出,"高速公路、高速铁路和机场建设要统筹考虑旅游发展需要""完善加油站点和高速公路服务区的旅游服务功能""将通往旅游区的标志纳入道路交通标志范围"则对解决旅游中关键的可进入性问题具有重要的积极影响。有没有高速公路出口对接显然是影响旅游景区、旅游目的地发展的核心影响因素,而此前我国高速公路出口的设置并不形成像美国一样的规范化、制度化(美国高速公路每1英里就有一个出口),很多地方需要耗费大量的人力、物力、财力,以争取能够设立出口,带动地方发展。另外,不同于美国高速公路服务区内餐厅、饭店、零售店、咖啡馆、加油站等综合配置的模式,我国高速公路服务区目前基本上还停留在"厕所、加油、快餐"这样的"点"的概念,在服务区空间中没有形成旅行服务业态的集聚。这既不便于游客出行,也对提升高速公路服务区的经济效益不利。此次文件的出台将在推动高速公路点状式、杂牌化服务向集聚区、连锁化服务转型发展方面发挥重要作用。

此次文件专门指出,"抓紧研究新形势下中央财政支持旅游业发展的相关政策,做好国家旅游宣传推广、规划编制、人才培养和旅游公共服务体系建设",而以前完成上述任务的资金主要来自国家旅游发展基金。这预示着中央财政支持旅游发展的力度可能在原有国家旅游发展基金基础上会有新的突破。此次文件还提到了"政府引导,推动设立旅游产业基金",结合"增强旅游发展动力"部分所涉及的针对旅游企业的多项鼓励和支持,使我们对旅游产业基金的作用充满了期待。

新突破2:旅游用地政策

在2009年41号文件中,关于用地问题的政策是"年度土地供应要适当增加旅游业发展用地。积极支持利用荒地、荒坡、荒滩、垃圾场、废弃矿山、边远海岛和可以开发利用的石漠化土地等开发旅游项目。支持企事业单位利用存量房产、土地资源兴办旅游业",仅作为"保障措施"中"完善配套政策和措施"的一部分。而在这次31号文件中,则在"完善旅游发展政策"中单列了"优化土地利用政策"部分,可见对旅游用地问题的高度重视。

土地始终是经济发展的最关键要素之一,对于旅游项目的建设也是如此。以前,由于在我国的土地利用类型中没有单列的旅游用地类型,因而对旅游用地的供应造成了很多限制，也给旅游项目的建设和旅游业的发展增加了不少障碍。这次出台的31号文件，几乎每一条有关优化土地利用政策的条文都有所指，都利好新常态下旅游的新发展。比如，"按照土地利用总体规划、城乡规划安排旅游用地规模和布局"的规定为旅游用地做了很好的顶层设计，破解了旅游用地类型缺陷。"严格控制旅游设施建设占用耕地"在一定程度上为乡村旅游发展用地、耕地与复耕地置换建设旅游设施等未来发展留了制度的口子，对借助旅游业带动乡村经济发展是利好。

"改革完善旅游用地管理制度，推动土地差别化管理与引导旅游供给结构调整相结合"也是一项具有很高含金量的政策，可以视为响应党的十八届三中全会决议所指"负面清单"的具体措施，是推动旅游招商引资向招商选资转型的重要调控手段。该条政策背后隐含的含义，是不同类型的旅游项目将会有不同的用地供给政策，对于那些优先发展的旅游项目将提供优先的优惠的土地供应，而对于那些限制发展的旅游项目将在土地供应上进行约束，从而通过土地供应这个调节阀作用来推动旅游目的地供给结构的优化。在旅游项目用地中，存在着设施用地与景观用地之间的差别，31号文件提出的"土地差别化管理"在"推动旅游产品向观光、休闲、度假并重发展，满足多样化、多层次的旅游消费需求"的新常态下会显得至关重要，甚至会影响到一个旅游项目的生死存亡。因为一个显而易见的现象是，很多休闲度假项目的景观用地可能比设施用地要大很多，而这些景观用地一方面并不直接产生经济效益，另一方面则往往具有很强的正向外部性，有助于改善周边区域的旅游环境。在这种情况下，如果对景观用地和设施用地规定同等的地价，则是项目投资方很难承受的，也是不公平的。这也是很多旅游地产、休闲度假类投资项目比较棘手的问题。

我国不仅有960万平方千米的陆地国土，还有300平方千米海洋国土、3.2万千米海岸线（1.8万千米大陆海岸线），但是1.8万千米大陆海岸线中，真正留给滨海休闲度假的资源已经不多。31号文件指出，"编制和调整土地利用总体规划、城乡规划和海洋功能区规划时……规范用海及海岸线占用"。这一政策将在协调我国发展滨海休闲度假需求动力和供给约束之间的矛盾方面产生积极影响，对于大量适合发展滨海休闲度假的资源的工业化利用是一个约束。"在符合规划和用途管制的前提下，鼓励农村集体经济组织依法以集体经营性建设用地使用权入股、联营等形式与其他单位、个人共同开办旅游企业"则是在乡村经济发展的高度来更加客观地认识乡村旅游。乡村旅游是很多中国的乡村从农业经济走向乡村经济的重要抓手，城乡互动大潮中不断涌现、迅速壮大的微旅行市场（慢旅行、轻度假、深休闲）则是乡村旅游发展的重要抓手，而解放土地要素则是乡村旅游发展的关键。相信土地要素的解放必将有助于推动乡村旅游发展中的资金流动、产品完善、品质提升。

新突破3：研学旅行定位

《第三次工业革命》一书提到，人们的亲自然情结是与生俱来的，但却越来越迷失在社会系统中,我们需要找到一种能够唤醒埋藏在潜意识里的亲近自然的本能的路径。注意力重建理论认为,自然环境能够提高人的注意力和记忆力,因为大自然中到处都有"温柔的魅力"——沙沙作响的树木、清澈宜人的水流,都能为思维带来高度的放松和补充。认知心理学的试验也表明,自然界对人类认知能力有重要的"修复和滋补"作用。出门旅行正是唤起这种本能,进而提升人们认知能力的最佳选择之一。同时,需要深刻认识到的是,再辉煌的文化也只有在有文化的后辈那里才能闪闪发光。如何推动年轻人对祖国大好河山、灿烂文化的深刻认识,进而在中国的年轻人中加强文化传承、爱国主义方面的教育,就成了一个非常迫切的议题。在这方面,旅游是非常重要的,也是非常有效的方式。

也正是基于上面的认识,"积极开展研学旅行"单列构成了31号文件中"拓展旅游发展空间"重要的组成部分。将研学旅行放到全面素质教育、增进对自然和社会的认知、培养社会责任感和实践能力、爱国主义和国情教育的高度来阐述,这对家庭结构独生子女化以来的中国教育而言是一个非常大的突破。文件进一步提出要建立分阶段研学旅行体系、建立一批研学旅行基地、完善接待体系等具体举措,使得这个重要突破具有更强的可行性。如果能够从增强青年人全球视野的角度考虑,进一步将大学阶段的国际研学也纳入到体系建设中来,则会更臻完美。抓住青年就抓住了中国的未来,抓住青年旅游也就抓住了中国旅游的未来。从这个角度来看,31号文件专门强调研学旅行的突破意义再怎么强调都不为过。

如何看待新常态下旅游发展的老问题

问题1:入境旅游市场怎么看

31号文件在"增强旅游发展动力"专列了"大力拓展入境旅游市场"部分,足见对入境旅游市场的重视,以及入境旅游在我国旅游业发展中的重要作用。解读文件条文,大致涉及两个方面,一是加强营销推广力度,二是提高入境便利程度。其中提到的政府通过购买专业化、市场化的旅游宣传推广服务显然是一大创新,"推动外国人72小时过境免签城市数量适当、布局合理"也为未来进一步的政策整合、空间优化埋下了伏笔。我们可以想见,如果那些在高铁网络上的72小时过境免签城市形成联动,在上海72小时免签入境的外国游客可以通过高铁到北京后出境,或者在北京入境的72小时免签外国游客可以乘京津城际到天津游玩后再从北京出境,等等,对提升入境旅游的吸引力,以及提高区域旅游一体化都有重要推动。

不过,入境旅游的发展显然不是加强营销推广和提高入境便利性所能解决的(这些更多的是技术性的问题),这里面更有入境旅游发展的结构性约束和需求性挤出的原因。

结构性约束假说。我国入境市场结构自身限制了我国入境旅游市场的持续快速发展。从2012年中国旅游业统计公报中可以发现，1.32亿入境旅游游客中，来自港澳的游客就达到1.00亿，其中香港同胞7871.30万人次（UNWTO数据显示，香港全年出境8527.60万人次），澳门同胞2116.06万人次（UNWTO数据显示，澳门全年出境129.1万人次）。如果我们再想象一下港澳两地人口，就可以想见入境旅游市场增长的结构性约束：香港700多万，平均每人每年到内地旅游10次以上；澳门近60万，平均每人每年到内地旅游35次以上；在这么高的内地旅游频次基础上要想有大的增长几乎是不可能的。当然，如果我们将到访的港澳游客人次与过夜港澳游客人次（香港同胞2671.00万人次，澳门同胞431.57万人次）比较一下，从中也能看到真正对中国旅游经济产生实质性推动的入境人数的状况，以及看到入境旅游人次的统计问题。从这一点上，31号文件提出"完善旅游统计指标体系和调查方法"是非常及时和必要的。大数据时代更应强调统计数据的客观性、真实性、开放性。

需求性挤出假说。中国目前入境旅游结构中港澳台居多的结构恰恰预示着我们在开拓外国游客方面存在巨大的潜力，入境外国游客仅2700多万（过夜人次为2719.16万人次）说明其还需要大力开拓挖掘。不过在中国旅游市场演进过程中，我们不能忽视庞大的国内旅游需求规模对入境旅游需求所产生的"挤出效应"。如果放长考察周期，考虑到中国旅游业发展初期基础设施贫乏的历史，我们可以把这种"挤出效应"称为"交替性挤出"。也就是说，初期是基础设施贫乏导致的"供给性挤出"，现在是国内旅游旺盛导致的"需求性挤出"。这种国内市场的蓬勃发展与旅游空间的有限性、集中性造成对入境旅游市场的挤出和国内休闲性旅游需求的挤出。我国对境外潜在旅游消费人群的挤出效应从下面一组数据对比中看出点端倪：故宫72万平方米的面积最高日接待日曾经达到18万游客，2012年全年接待量达到1420万；美国最著名的黄石国家公园，面积接近9000平方公里，从1904年至2013年，接待量最高的一年才364万。伴随着国内旅游市场规模迅速壮大，出境旅游市场规模的扩张也让预测机构屡屡失误，两相比较，或许也能从中嗅到国民旅游需求被挤向出境游市场的意味。

问题2：旅游购物消费怎么看

31号文件特别提出中国旅游商品品牌建设工程，加大老字号纪念品的开发力度，大力发展具有地方特色的商业街区，鼓励特色商品购物区建设，在出境免税店、进境口岸免税店、离境购物退税等诸多方面更是有重大的政策性突破。可以想见，这些政策和措施的落实，对扩大旅游购物消费必将产生积极而深远的影响。

在这里，对于旅游购物消费问题，还有几个问题需要厘清：旅游购物消费达到什么水平才是合适的？旅游购物与旅游纪念品究竟是什么关系？扩大旅游购物消费是应该推动产品创新还是平台打造来实现？购物免税政策存在什么问题？进一步应该如何完善？

旅游购物消费的总量、比例与结构

2012年我国旅游商品销售111.54亿美元，占全年旅游外汇收入的22.3%，相比香港60%以上的旅游购物比重有很大的差距，巨大的差距是我们关注旅游购物还有继续上升空间的重要原因。但是在这种横向比较的时候，一定不能忽略对旅游购物内部结构和旅游目的地的资源禀赋状况，以及整个目的地的旅游收入结构状况。

从旅游购物内部结构看，2012年访港游客最经常购买的物品包括现成服装（42%）、化妆品（28%）、零食/糖果（27%）、皮鞋/其他鞋类（18%）、手袋/钱包/皮带（16%）、药品/中药（13%）、纪念品/手工艺品（10%）、香水（8%）、个人日用品（8%）、金首饰（无宝石，8%）。从这里可以看到，我们平常最关心的旅游纪念品在游客购买清单中并不占有重要地位，因此，如果仅从旅游纪念品入手抓旅游购物消费问题，显然不可能达到香港的这种购物消费比重水平。

从旅游目的地的资源禀赋状况看，有些目的地可能主要以自然风光为主，有些可能在人文历史方面见长，有些则可能以商业购物取胜。还以香港为例，显然免税港、购物天堂等是其最重要的旅游吸引力，购物自然就成为游客访港的主要消费项目。对此我们从香港入境市场消费结构中可见一斑：2010年访港过夜美洲游客的购物花费比例为28.8%，欧洲/非洲/中东31.1%、澳洲/新西兰/南太平洋40.5%、北亚44.8%、南亚/东南亚46.1%、中国台湾54.0%、中国大陆73.6%；访港不过夜美洲游客的购物花费比例为40.0%，欧洲/非洲/中东58.4%、澳洲/新西兰/南太平洋47.4%、北亚51.5%、南亚/东南亚64.8%、中国台湾71.4%、中国大陆92.2%。显然，由于各自资源禀赋的不同，我们可以围绕着游客形成旅游消费的产业链，通过产业链条的延伸来提升整体的旅游经济收入水平，但不能简单地进行旅游购物消费比重的比较。

从旅游收入结构角度看，有些目的地的旅游购物比重很高，有些旅游目的地的旅游购物比重相对为低，但是不能简单地说旅游购物比重高的目的地的旅游经济就发达，购物比重低的目的地旅游经济就不发达。举个简单的例子，我们可以看一下新加坡2007—2013年入境旅游购物消费比重的变化，分别是27.6%、25.7%、26.7%、21.0%、20.2%、19.9%、19.4%。从这些数据上可以发现2010年的旅游购物比重较2009年显著下降，但是这并不能说明这一年新加坡的旅游购物消费水平下降了。实际上2010年旅游购物消费还比2009年的33.77亿美元增长了5.94亿美元，之所以造成2010年相较2009年的购物比重有所下降，是因为2010年开始将博彩收入并入观光/娱乐消费项。

旅游购物消费的产品创新战略与平台发展战略

尽管目前国内常常说起的所谓世界旅游强国旅游购物比重大多在40%~50%，实际上只是不愿花时间查数据者的想象，但我们也要正视与旅游发达国家在旅游购物消费方面的差距。比如，英国2008—2013年入境旅游购物消费分别为31.34亿英镑

(18.40%)、30.05亿英镑（17.59%）、28.36亿英镑（16.87%）、29.82亿英镑（16.60%）、31.28亿英镑（16.80%）、32.92亿英镑（15.86%）；美国2007—2012年入境旅游购物消费分别为165.07亿美元（9.45%）、171.44亿美元（10.52%）、140.55亿美元（9.25%）、142.36亿美元（9.21%）、177.85亿美元（9.74%）、186.22亿美元（9.56%）。为了尽快缩小差距，全国各地在发展扩大旅游购物消费方面都下了很大功夫，尤其是在各地旅游行政主管部门的努力下，通过组织旅游纪念品/旅游商品设计大赛、国际旅游商品博览会等形式多样的活动，极大地带动了旅游纪念品/旅游商品的创新，增加了旅游购物的可选择性。31号文件也提出了发展具有地方特色的商业街区，鼓励建设特色商品购物区，通过这种空间集聚的方式可以最大限度地降低外来旅游者在寻购旅游商品的信息搜索成本，从而最大限度地增加旅游商品供给与需求见面的机会，这些形式其实各地都在推动，也的确对扩大旅游购物消费产生了实际的推动作用。

不过与各地在鼓励产品设计创新、加强空间集聚程度等方面投入的努力相比，旅游购物消费的推动效果似乎并不让人满意，这也正是此次31号文件之所以积极关注旅游购物消费的重要原因之一。那么能不能在产品创新、空间集聚之外考虑积极运用平台战略来扩大旅游购物消费呢？对于旅游购物这种高度个性化的需求而言，我们不仅需要那些占少数、顶天立地、市场主体、为数寥寥的产品创新，更需要占多数、市场主体、铺天盖地的产品创新。扩大旅游购物消费，需要依靠群众的力量，需要相信智慧在民间。只有把广大人民群众在旅游商品购物上的创新激情调动起来了，旅游购物消费这篇大文章才能做得更加到位。这些民间的创意产品要想完成到商品的惊险一跳，往往缺乏一个跳板，而这恰恰是各地政府可以通过平台战略思想来打造和提供的公共服务的重要组成部分。如果政府能够为这些民间的创意产品提供一个免费进入市场的跳板、舞台，相信对于各个急于推进的旅游购物消费的地方政府而言是一个事半功倍的选择。在这一点上，国外很多类似自由市场的旅游纪念品、手工艺品销售市场就很值得我们学习。

免税购物体系的构建问题

31号文件构建了一个包括出境免税、进境免税、离境退税在内的较为完整的旅游购物消费免退税体系，对于挖掘入境旅游市场的购物消费需求，以及部分出境旅游的本国居民购物消费需求具有重要的意义。

不过，这里有两个问题需要进一步关注：一是入境旅游消费者出境免税购物的空间能否前置，也就是说能否将出境口岸免税购物前移到市内免税店；二是相较于瞄准国际入境市场的旅游购物消费，本国居民境外免税购物需求如何内化以及本国居民在国内旅游享受免税购物是一个更大的金矿。这两个问题在海南岛离岛免税政策实施的过程中其实都已经摸索出了一定的经验，只是有些障碍还需要通过持续的改革来破解。例如，面向国际入境旅游市场的市内免税体系的建立，无论是相关企业还是地方政府，都很有积极性，现在面临的问题是这些在市内免税店购买的免税品需要到机场办理提货业务，因此，如何改革现有规定和政策以允许市内免税店在机场建设提货点是下一步的重点。在当前无法增设机场免税品提货点的情况下，如何在市内免税店与离境退税措施相结合，也是一条可供考虑的思路（尽管离境退税复杂的手续会影响人们的热情，就像环球蓝联数据显示的因为手续复杂，2013年中国游客没有领取的离境退税金额超过了10亿美元，2012年该数据也达8亿多美元）。

另外，相比入境市场旅游购物消费需求而言，国内居民出境旅游购物消费的能力更强。从欧睿旅游信息数据库的数据可以看出（见表1），2006—2011年，我国入境旅游购物消费分别是701亿元、920亿元、639亿元、622亿元、714亿元、723亿元，而同期我国出境旅游购物消费则为785亿元、811亿元、803亿元、885亿元、1022亿元、1183亿元。如何完善面向国内的境内免税体系或许是未来更重要的改革方向。如果梳理国内出境游客在境外购物单，会发现很多购物消费并不是在免税店而是在国外的outlet，因为有很多在国内动辄成百上千元的品牌在国外的outlet往往只有几十美元。从这个角度看，应该从降低关税、整顿国外品牌中国式暴利现象等方面入手，从而有效降低旅游购物消费巨大逆差。

表1　中国入出境旅游服务贸易情况

（单位：亿元）

消费项目	2006年	2007年	2008年	2009年	2010年	2011年
其他旅游花费项目	-166.23	-310.1	-328.57	-455.43	-428.91	-535.51
购物	-83.93	108.76	-163.98	-262.61	-307.51	-459.91
餐饮	-39.66	33.68	-17.11	-97.54	-105.53	-143.87
短途旅行（多为一日游）	-45.6	-40.19	-38.77	-39.14	-50.44	-64.19
娱乐（含主题公园）	116.05	152.63	68.68	18.51	26.73	0.21
当地交通	394.75	559.12	709.54	763.04	842.16	846.25
住宿	1077.52	1169.17	1237.73	1283.37	1455.19	1569.2
旅游逆差/顺差	1252.89	1673.07	1467.51	1210.19	1432.69	1211.19

资料来源：欧睿旅游信息数据库。

问题3：其他相关问题怎么看

31号文件指出，"稳步推进建立国家公园体制，实现对国家自然和文化遗产地更有效的保护和利用"，首先将被纳入国家公园体系的可能是我国的世界自然遗产、文化遗产，这些遗产地往往都是各地旅游经济发展的重要财源，这与国家公园公益性定位可能会产生冲突（美国国家公园的年票才80美元，一票在手全车人都可享受，不限次数）；美国的国家公园着眼于开放性空间、休闲化利用，这对于我国著名遗产地习惯于观光化利用、有限空间开放的状态而言,调整的难度不小。

文件对国家旅游宣传推广网站的建设多有期待,但宣传网站内容的可见性优化、与访客的互动性优化、网站宣传与大数据功能的衔接等问题还有待进一步思考。文件高度重视旅游安全问题,但对于旅游交通工具的安全管控,尤其是安全管控的信息化手段方面投入甚少。文件提出旅居全挂车上路问题,但目前我国的旅居全挂车的数量并不确知(截至2012年,在欧洲拥有旅居全挂车最多的是德国和法国,分别为88万辆和84万辆),相形之下,推进汽车租赁网络的建设、打造在线汽车租赁平台型企业显得更重要。文件明确指出风景名胜区、自然保护区、文物保护单位是利用公共资源建设的景区,这是对《旅游法》有关条款的细化,有助于从门票价格上保障广大消费者的旅游权利。不过,景区门票预约制度的实施需要充分考虑到消费人群的相应技能禀赋差异,旅游景区最大承载量控制也不能演变为一限了事,而更多地应该立足于向管理技术改进、游览空间拓展等方面挖潜,以做好资源保护和利用之间的平衡。文件多处提到铁路旅游产品打造和服务创新的问题,但前提是中国铁路总公司要将旅游作为其多元化发展的战略支点上来认识。文件将完善旅游信息服务体系放在"完善旅游交通服务"条款中,将特色餐饮和主题酒店的发展放在"扩大旅游购物消费"条款中,并不是很合适,如果分别置入到"树立科学旅游观"和"加强旅游基础设施建设"中进行阐述似乎更为妥当些。

对31号文件的语义网络分析可以发现,文件的一个语言组团主要是围绕需求展开的,另一个语义组团则是围绕落实展开的,这也客观地反映了31号文件绕不开的政策落实问题。一方面,文件有很多制度和政策上的创新是长时间以来久思未得的,这是值得高兴的事,另一方面,也正是因为这些创新都涉及部门之间的协调,最后能够在多大程度上真正落地,还有待观察。

(2014年11月21日,中国青年报,如何理解新常态下旅游政策的新突破独立)

如何看待中国企业跨国旅游投资

中国是全球出境旅游市场发展最快的国家之一。2013年,中国公民出境总人数为9819万人次,比上年增长18%,中国早已成为名副其实的世界第一大出境旅游客源国。

在中国出境旅游发展迅猛、旅游服务贸易逆差的扩大、政府对"走出去"战略的有序推进,以及旅游企业自身实力不断增强的背景下,可是与如此庞大的出境旅游市场不相称的是,中国旅游企业跨国经营的发展并不尽如人意。而且中国旅游跨国经营企业呈现出在可能面临亏损的状态下,却毅然决然到国外进行跨国经营的局面。那么,为什么中国出境旅游的迅猛发展不能催生出具有国际竞争力的旅游业跨国企业呢?是不是中国出境旅游市场总量背后,隐藏着其结构的独特性?从中国出境旅游思辨旅游企业跨国经营,为什么中国的这些企业要去跨国经营?中国旅游企业需要怎么样的跨国经营,要跨国经营的时候应该怎么样来做?这是当前产业界和学术界亟须加以研究的问题。

一、中国出境旅游市场的真实结构

中国出境游市场化发展时间较短,1997年至2014年,仅有17年的时间。但出境游发展势头猛进,规模发展迅速。随着出境市场规模的不断扩张,中国出境旅游花费的规模也不断扩大。1983年,中国出境旅游花费规模仅为0.66亿美元,而到了2013年时,出境旅游花费规模已经到达1287亿美元,与上年同比提升26.8%。中国早已成为名副其实的世界第一大出境旅游客源国。值得注意的问题是,中国出境旅游市场总量如此庞大,但是其数据结构真的与其总量呈现的一致吗?中国出境市场的总量和结构之间的关系如何?

从出境旅游发展规模上看,中国目前的出境旅游市场更准确地说应该称之为"出境市场"。因为在整个出境市场中,并非所有的出境者都是出于旅游的目的,还有很多属于交通服务员工、会议商务、探亲访友、就业、学习、定居、访问及其他目的。

例如,据公安部出入境管理局的数据,2006年中国出境人次为3452.36万人次,其中,出境观光旅游984.45万人次;出境访问597.95万人次;出境会议商务469.07万人次;其他出境目的的为1400.89万人次,分别占出境内地居民总数的28.52%、17.32%、13.59%和40.57%。可见,以观光旅游为目的的中国公民所占比例还是较低的。另外,韩国近几年成为中国出境最重要的旅游目的地之一,2013年中国赴韩出境市场规模达到432.69万人次,其中观光旅游为313.99万人次,商务会议等12.60万人次,官方访问0.32万人次,其他105.78万人次;如果从另一个角度看,这432.69万人次中,包含了54.18万的交通员工。以日本为例,2013年中国赴日出境市场规模为131.44万人次,其中观光旅游约为70.47万人次,商务访问约为23.48万人次,其他目的约为37.49万人次。又如,作为发展最快的出境市场的美国,2013年共有180.7万中国公民访美,同比增长了23%,中国赴美出境消费相当于美国对华旅游贸易出口97.97亿美元。若分析其中的构成,可以发现,旅游度假者占43%,探亲访友者占32%,留学教育者占21%,商务占19%。由此可见,中国出境市场并不能等同于出境旅游市场。当然在这里并不是要简单地分出这些不同目的的出境人群,而是因为这种出境结构的分解有助于我们更清楚地认识到中国出境市场的真实情况,尤其是希望以中国出境旅游市场为主要目标市场而开展的旅游跨国投资,要客观、科学地看待中国出境市场对跨国投资的影响。

如图1所示为2011年中方统计出境人次与入境方统计人次对比。

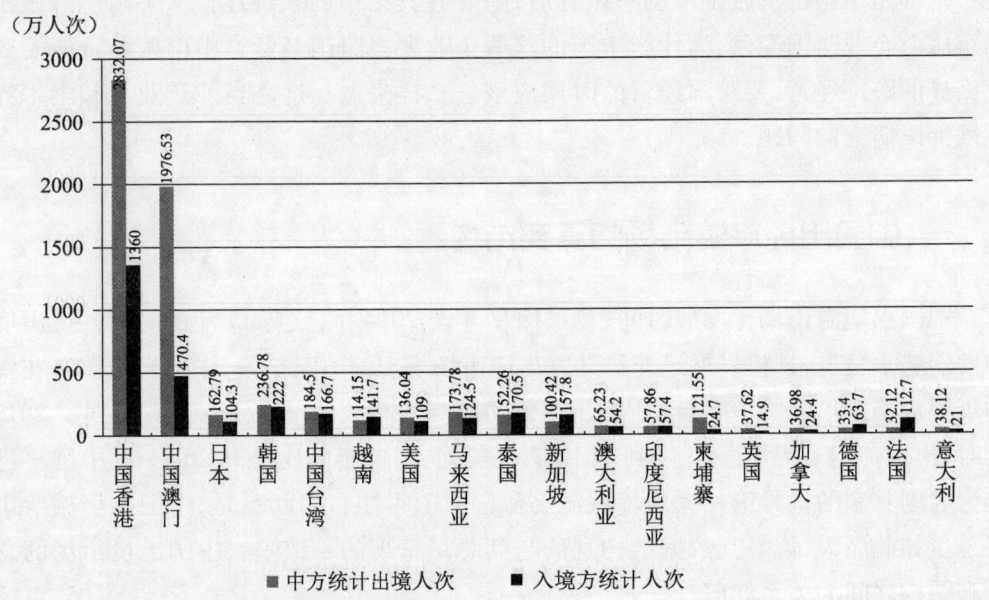

图1 2011年中方统计出境人次与入境方统计人次对比

资料来源:2011年中国旅游统计公报。

除此之外,关于中国公民出境旅游的数据,中方出境旅游人次统计的数据和入境方入境旅游人次统计的数据有很大的反差。例如,据2011年中国旅游统计公报的数据,中国内地到香港旅游的人次为2830万,实际上香港统计的只有1360万。这就意味着我们在关注出境市场的数据时,同时要注意统计过夜数据和非过夜数据之间的差别。

从出境旅游地区结构上看,中国出境旅游的大洲分布上,亚洲承接的比例最高,占80%~90%,欧洲占5%~10%,美洲占3%~5%,大洋洲占1.5%。而在洲内旅游市场中,又有80%的中国内地游客前往中国港澳地区,以及包括新马泰、日韩等最主要的传统热门出境旅游目的地。

如表1所示为中国出境市场分布情况。

表1 中国出境市场分布情况

(单位:万人次)

出境旅游地	2007年	2008年	2009年	2010年	2011年
中国香港	9 092 700	9 379 700	9 663 600	11 678 055	13 599 768
中国澳门	2 806 714	3 057 142	3 282 433	4 012 193	4 703 663
韩国	1 068 925	1 167 891	1 342 317	1 875 157	2 220 196
泰国	1 003 141	937 358	815 708	1 132 267	1 704 800
中国台湾			860 075	1 548 139	1 666 562
新加坡	1 113 956	1 078 742	936 747	1 171 493	1 577 522
越南	574 600	643 300	518 900	905 400	1 416 800
马来西亚	689 293	943 787	1 015 550	1 130 261	1 245 475
法国	832 000	778 000	740 000	909 631	1 127 137
美国	397 405	492 958	524 817	801 738	1 089 405
俄罗斯	765 120	815 469	718 581	747 640	
日本	942 439	1 000 416	1 006 085	1 412 875	1 043 246
德国	462 293	421 452	384 576	510 611	637 362
印度尼西亚	230 476	337 082	395 013	469 365	574 179

资料来源:UNWTO。

从出境旅游消费结构上看,入境市场增速的相对趋缓,入境外汇创汇和出境花费相比,旅游服务贸易逆差也将进一步扩大。从中国官方公布的旅游服务贸易逆差来源来看,2009年中国的旅游服务贸易逆差主要是来自美国、中国澳门和澳大利亚;2010年主要来自中国澳门、美国、澳大利亚和中国香港;2011年主要来自美国、中国澳门、澳大利亚、加拿大、中国香港、日本、韩国;2012年逆差主要来自中国香港、美国和澳大利亚。因此可以看出,从2009年到2012年,中国旅游服务贸易逆差来源是美国和澳大利亚。但问题是,中国统计的在这些地方的旅游服务贸易逆差是不是都是由旅游花费造成的?其实不然。这里需要关注的一个现象是,除了香港、澳门两大中国的特别行政区外,我们可以发现中国其他的主要旅游贸易逆差来源国与中国出境留学的主要目的地国有相当高的重合度。根据安永咨询转引自凤凰教育的资料显示,中国出国留学的主要目的地国家和地区分别是美国占50%、英国15%、澳大利亚11%、加拿大6%、日本4%、韩国1%;从2013年出国留学学费角度看,中国赴美留学学费约为25万元,澳大利亚、英国、加拿大都为16万元,日本与新加坡是8万元,韩国是5.5万元。

如图2所示为中国旅游服务贸易国际收支情况。

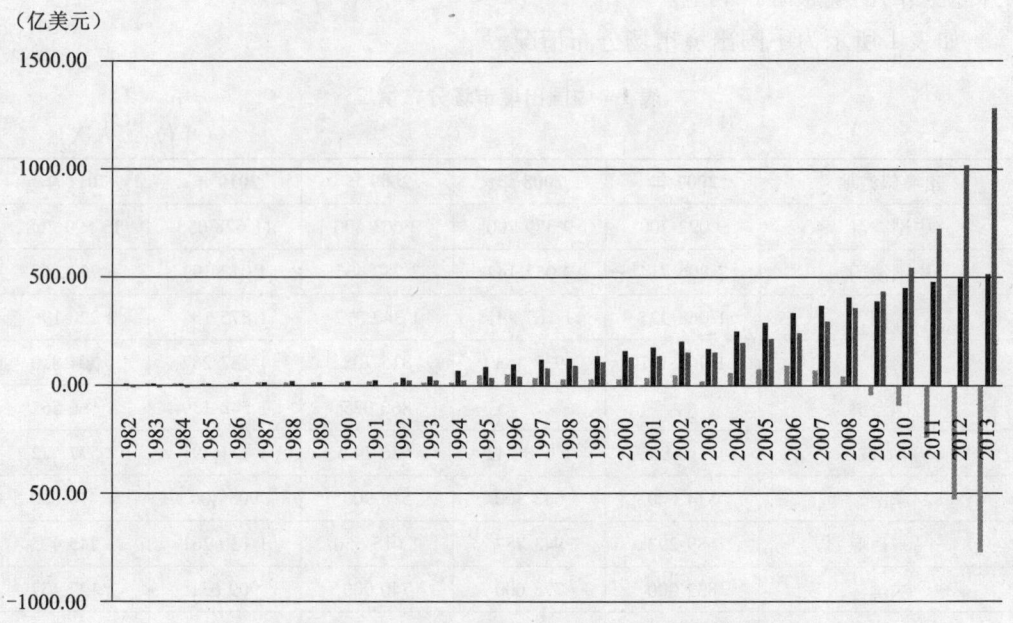

图2 中国旅游服务贸易国际收支情况

如图3所示为2009年中国旅游服务贸易收支。

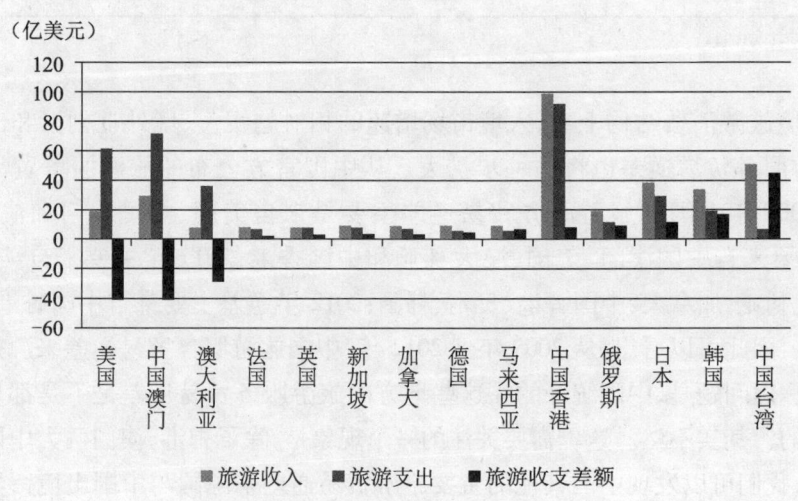

图3 2009年中国旅游服务贸易收支

如图 4 所示为 2010 年中国旅游服务贸易收支。

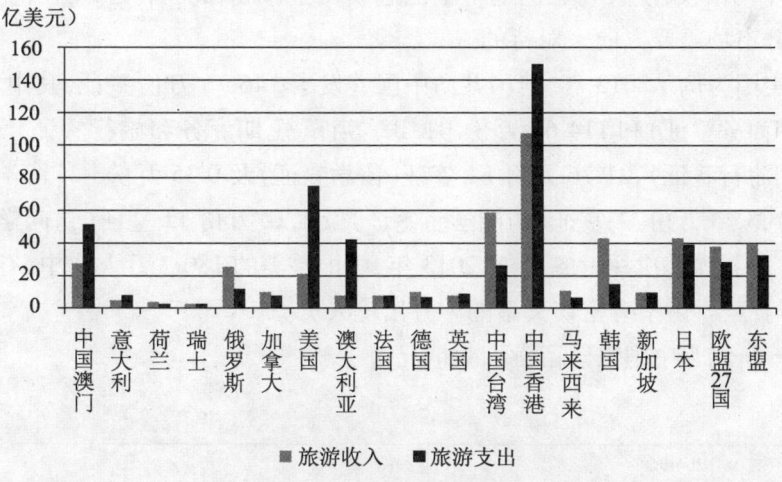

图 4　2010 年中国旅游服务贸易收支

如图 5 所示为 2011 年中国旅游服务贸易收支。

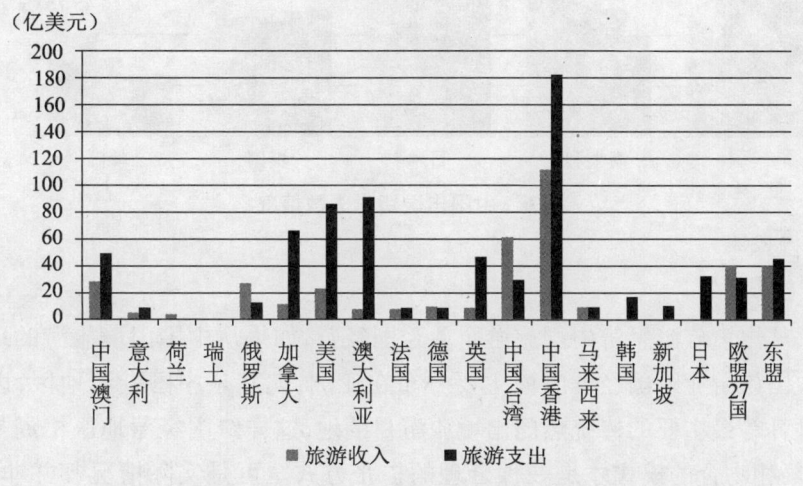

图 5　2011 年中国旅游服务贸易收支

以澳大利亚为例,中国出境旅游消费的统计中包含中国留学生在国外的教育和生活消费。其中,教育消费是中国人到澳大利亚旅游的最大比重的花费,餐饮、住宿消费是 1174 澳元,教育消费是 1590 澳元。澳大利亚的统计资料显示,2011—2012 年,教育市场占中国访澳市场 56% 左右的比重,中国公民在澳大利亚 50% 左右的花费是教育花费,大约为 18 亿澳元;中国赴澳留学市场是其消费增长最快的市场,从

2000—2001年到2011—2012年,教育花费的年均增长达到22%,远高于其他市场平均16%的年均增长,澳大利亚也是将中国赴澳留学市场作为开发中国出境市场最有价值的细分市场重要方向来对待的。

再以美国为例。2013年,美国共向中国签发了146.76万份签证,其中472份B1签证(短期商务签证)和114.63万份B1/B2签证(短期商务和旅行签证)、941份B2签证(短期旅行签证),21.76万份F1签证(留学签证)及0.35万份F2(留学生配偶及子女签证),3.43万份J1签证(访问学者签证)及1.22万份J2签证(访问学者配偶及子女签证)。扣除多次往返签证外,2013年,中国赴美的180.7万人次中,有很大一部分应该是与留学/访学有密切关系的中方出境人员。

如图6所示为中国出国留学人数情况。

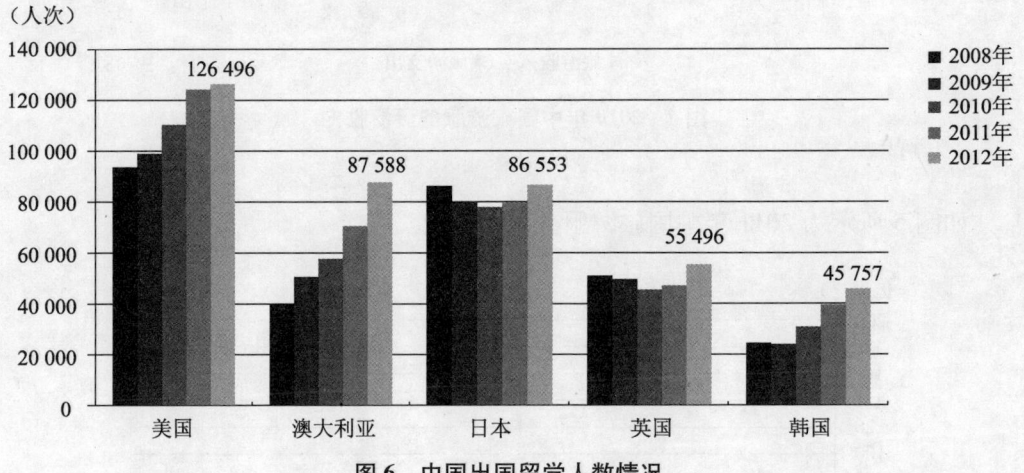

图6 中国出国留学人数情况

资料来源:UNESCO。

因此,从出境旅游思辨中国旅游企业跨国经营,如果从中国出境旅游的地区格局来推断,中国旅游业跨国经营应该主要分布在亚洲,尤其是中国港澳地区,以及包括新马泰、日韩等最主要的传统热门出境旅游目的地,这样跨国经营地区格局与出境旅游地区格局相吻合的模式才是一种合理的扩张方式。可是实际情况却并非如此,两者甚至出现了背离,我国旅游企业跨国经营的投资扩张区位主要是在欧美地区,而中国港澳、东南亚等地分布较少。显然,中国旅游业跨国经营并没有表现出倚重出境旅游市场规模扩张,以接待本国出境旅游者为跨国经营切入点的特征。如果从中国出境旅游数据结构来推断,分析旅游业跨国经营并不能仅仅关注出境进行旅游消费的旅游者,而且也应该包括境外中国留学生、访问学者等更广泛层面的市场群体。相信这样的视野才更全面、更有意义。

二、中国旅游企业跨国经营的动机

(一) 获取利润而非客户跟随

一般认为，中国旅游企业跨国经营的主要动机是获取更高的利润、寻求新市场、赢得有利的竞争环境等。但是目前从中国从事跨国经营的旅游企业的实力和中国消费者的品牌认同度和顾客忠诚度来看，获取利润和客户追随战略的假设，在现阶段都并不是中国旅游企业跨国经营的真实动机。

从国内外竞争环境和企业实力角度来看，目前中国的旅游企业尚处于资本和技术都相对匮乏的发展初期，在旅游目的地和影响力有限，市场竞争力、国际经营经验和政策优势都相对薄弱。中国旅游企业一旦在与国内竞争环境完全相异的国家或地区进行投资和从事跨国经营时，将不得不面对来自发达国家实力强大的旅游跨国公司的竞争优势压制，中国新一代的旅游跨国公司在国外的发展空间都会受到强力挤压。中国旅游业跨国公司面临与发达国家跨国企业较大的竞争能力差距，面临着更多异国负担、异国风险的问题，因此，在现阶段中国旅游企业跨国经营以获取更多的利润为目的，还为时尚早。

从中国消费者的品牌认同度和顾客忠诚度角度来看，目前如此庞大规模的旅游消费人口和消费力的出境外流，对于正处于经济发展关键时期的中国来说，理应有相应的消费"回流机制"。"利润回流"机制是效仿当年日本曾实施的"黑字还流"伴生的，即积极通过本国旅游业的跨国经营，借助在国外进行跨国经营的企业，将本国国民出境的花费在通过母公司利润汇总的方式，"潜流"回国内，从而降低出境旅游对国家财富带来的冲击。但是实行"回流机制"，我们不得不面对中国消费者对中国自身品牌的认同度和忠诚度尚未建立起来的问题。因为目前中国旅游企业在市场中为了争取客户资源时，往往采取的是价格战手段，互相压低价格，从而吸引和赢取客户。这种相对单一地依赖于低价战略进行的企业发展，往往很难在市场上建立起广泛而深远的影响力，这一点与国外很多企业在发展战略制定过程中积极实施品牌战略是有很大差距的。

同时我们还要客观地认识到，随着互联网技术的发展，以及服务于旅游市场的各种应用和平台的出现，人们在不同价格的供应商之间转换是非常容易的。甚至我们需要立足长远，更进一步地看到，即便是对高度重视品牌建设的企业而言，品牌忠诚在互联网时代也是很容易发生变化和迁移的，以前那种因为品牌知识和体验缺乏而导致对原有品牌的依赖和对新生品牌的担忧，将随着互联网时代人们分享消费体验和品牌价值的可视化等方面的发展，顾客的品牌转换成本已经发生变化，品牌转换有可能会更加频繁。

所以,对于有意向进行旅游方面的跨国投资的时候,显然不能再局限在价格优势上。中国很多旅游服务企业的价格优势是无法转移的,因为它们的价格优势很多时候是建立在中国庞大的劳动力供应而形成的劳动力廉价基础上,而跨国之后这种劳动力廉价可持续性,以及企业在与劳动力供给方进行价格谈判时的优势地位都容易受到不同国家的具体环境的深刻影响。从这一点上看,或许单纯的客户跟随战略并不是解释中国企业在当前进行旅游领域跨国经营的最佳答案。

(二)全球学习而非本地学习

随着全球化的发展及市场的开放,发达国家不断向发展中国家输出资本和管理等优势要素,缩短了发展中国家接触发达国家旅游企业经营理念的机会,但发展中国家旅游企业要想获得发达国家同行的各种优势和经验,还必须进行全球学习,学习市场本质的知识,这不是本地学习可以替代的。

中国旅游企业跨国经营之所以不在本国学习而到他国学习,是因为中国的市场和国外的市场性质不同。中国是一个碎片化的市场,碎片市场需要具备慧眼、胆识、判断力和快速反应能力。国外旅游发达国家是一个系统性的市场,系统性市场要强调的是战略、标准、规则、制度、智慧、产业业态和可持续的发展的问题,本身是比较成熟、比较稳定的。在中国的碎片化市场中,旅游企业的发展和成长会依靠市场推动,只要遇到好机遇,企业就能够顺势发展,而非完全依靠企业自身日积月累的战略和技术能力。所以,在中国,我们分析一个企业究竟是企业能力推动型还是市场机遇推动型非常重要。有些旅游企业之所以能够达到一定的发展高度,或许不是因为这个企业本身有多厉害,而是可能由于一些偶然的或者无法持续的因素的推动。这一点也可以从政府消费的萎缩对旅游的影响中看到一些端倪。由于中国市场并不是十分完善,中国在其自身原有旅游发展的过程中,政府消费体量非常大,因此,国内许多像湘鄂情这样的企业,将主要的市场聚焦在了政府市场。但是随着当前市场的不断规范,政府消费的萎缩,企业收益急剧下滑,这种泡沫式增长显然无法像自生性增长那样持续,先前的战术性措施也无法像战略性措施一样在变化了的、更加系统规范的市场中发挥作用。

从全球市场的发展演变趋势来看,碎片化市场终究会演化成为系统性市场,而且从中国社会经济各方面的改革来看,这个转变会来得非常快,尽管我们很难在短时间内建成完全的系统性市场。因此,目前中国旅游企业跨国经营在某种意义上其实是在打提前量,是提前进入到国外的系统性市场中,从中学习企业在系统性市场中经营发展所应该具备的知识,并积极将这种知识随时转移到国内碎片化特征不断消退、系统性特征不断凸显的国内市场中,以适应中国未来由碎片化市场向系统化市场转型中所需要解决的战略规划的问题、经营智慧的问题、产业生态的问题和持续发展的问题。中国企业的跨国旅游投资,不应该只看到经营的地理空间上的变化,而应该进行多元的观察,从地理空间、市场知识、战略观念等多角度来看待。

(三) 全球性利润而非局域性利润

目前中国的旅游企业跨国经营多面临亏损的状态,但是在亏损或明知要亏损的情况下企业却依然坚持进行跨国经营。对于这个现象的解释就涉及分析利润的静态视角和动态视角的问题。从静态视角分析利润,重视的是一时一地的盈亏,重视的是战术效果和局域性利润;而从动态视角分析利润,重视的是整体的盈亏和全球性的利润。企业之所谓会冒着可能亏损的风险进行跨国经营,其实是在局域性利润和全球性利润中进行博弈选择。既然跨国经营是全球化中的一种方式,考虑利润问题时也应有全球化的视野。企业意识到此时此地的亏损可能会在其他时间和地方带来利益,整合起来带来的利润是正效应的,那么短时间的利润亏损也是值得的。

三、从三个典型案例看中国旅游企业跨国经营

在近些年中国在旅游领域的跨国经营进程中,至少有三个案例值得我们关注,那就是 2009 年锦江集团联合美国德尔集团(2014 年被 Brookfield Asset Management 收购)收购美国州际酒店集团(现名为"州逸酒店和度假村")、2010 年复星集团开始发力收购著名的度假村品牌——地中海俱乐部、2011 年海航集团开始对西班牙 NH 酒店集团的持续收购。

(一) 如何看待"境外购并、境内发展"的问题

我们先来看一下这三个集团跨国购并后的发展思路。锦江的国际购并完成后,除了派出人员到美国培训外,从战略发展方向上着力于建立州际中国,拓展中国市场的第三方管理业务,其中上海绿地集团明确将旗下酒店优先交由州际中国公司管理。海航收购 NH 酒店集团后表示,将延续 NH 原有的发展思路并加以提升,保持公司经营自主性的同时给予充分的股东支持,大力拓展海航在欧洲乃至全球的酒店业务;至 2014 年海航已持有 NH 酒店集团 29% 的股份,并于 2014 年 9 月与其成立合资公司"海航 NH 酒店管理有限公司",海航酒店集团持有 51% 的股份,合资公司主要在中国发展中、高级别酒店业务,目标客户锁定中、高端商务消费者。复星在收购地中海俱乐部过程中,贯彻的是其一贯的"全球资源+中国动力"模式,指出复星不搞中国企业收购外国公司、不挑战跨文化管理难题、不抢海外市场,只关注分享这些企业在中国的发展。

从这三个中国企业对外旅游投资典型案例看,都不约而同地强调了利用这些购并加快国内发展的战略。这不禁让人想起中国汽车工业"以市场换技术"的战略。尽管褒贬不一,但多数都认为始于 20 世纪 80 年代初期的"以市场换技术"战略在很大程度上是失败的,中国汽车工业的市场让出去了,但并没有换来中国汽车工业自主发

展的自有知识产权,技术还是牢牢地掌握在外方手中。那么,我们就有一种自然而然的担心,目前中国旅游领域跨国投资的这种"以市场换品牌"的模式会不会重蹈覆辙,再现汽车工业"以市场换技术"战略的尴尬后果?"品牌买办"显然不应该是中国旅游领域跨国购并的最终目的的,我们需要的不仅仅是"为我所用",而且要能够在"为我所用"的过程中积累学习到真正能够"为我所有"的核心运营与管理技术。

当然,我们也清楚地意识到,当前旅游领域的这种"以市场换品牌"的模式在利润来源的地域上与汽车工业的"以市场换技术"并不完全相同,汽车工业的"以市场换技术"的利润来源地局限在中国国内市场,而旅游领域跨国投资的"以市场换品牌"的利润来源地除了中国国内市场外,还包括这些国际品牌的全球网络(当然也可能承载这些全球网络节点的利润亏损),尤其是中国出境市场迅速膨胀的情况下,也有利于在短时间内将中国出境消费能力内化到这些具有"中国身影"的品牌上,从而快速提升中国企业内化"流失的"出境消费需求的能力,形成一种"利润回流机制"。

不过我们仍需要清醒地意识到,通过品牌的买卖来获利与通过拥有品牌来持续衍生发展是两个不同的概念,获得品牌的所有权与获得品牌内嵌的能力也是两个不同的概念。品牌身份有效转换、品牌运维能力转移要远比签署一份协议、获得一份管理操作手册难得多。很多时候消费者的品牌认同是与品牌的身份紧密联系在一起的,品牌换了"东家"很可能会改变消费者对品牌的原有认同。或者正是因为这一点,复星集团在并购地中海俱乐部的时候很郑重地提出一条原则,就是不让人家觉得企业由"白"变"黄"了。在现阶段这是一种非常巧妙的品牌身份处理手法。在当前人才流动如此频繁的环境中,专业的酒店管理公司仍然能够在激烈的市场竞争中获得自身的发展,本身就很好地说明了品牌运维能力其实是一整套与酒店管理公司自身密切相关的组织化知识,这种组织化的知识并不能简单地分解为某个操作规程、管理手册,也不会随着高层管理者的离开而被带走,相应地,其他竞争对手或者单体酒店也很难简单地复制所谓的手册或挖个管理公司的高管就能重新复制一个管理品牌。锦江集团在并购了美国州际集团后实施了锦江国际酒店百名中高级管理人员赴美培训计划,分期分批派出管理人员赴美培训12~18个月,除了3~4周在康奈尔大学学习外,其余时间主要在州际总部及其管理的酒店,与州际的管理高层共事,在实战中学习。这应该说是极具战略眼光的举措。

只有科学合理地处理好品牌身份有效转换、品牌运维能力转移的问题,并购后的国内市场开拓才能取得成功。而且也只有这样,通过在国内的适当消化,才能将并购后的品牌发展能力输送到各个预期投资的东道国去。

(二)对典型案例我们还需要关注什么

关于中国锦江集团与美国德尔集团(Thayer Lodging Group Inc.)收购州际集团的案例,我们可以从新闻报道中进行过程的还原,并重点关注以下几点。

第一,锦江的合作方德尔集团的背景及特长。美国德尔集团是成立于1991年的专注于酒店投资的私募投资公司,曾先后发行 Thayer Hotel Investors Ⅱ,L.P.(1995)、Thayer Hotel Investors Ⅲ,L.P.(2000)、Thayer Hotel Investors Ⅳ,L.P.(2004)、Thayer Hotel Investors Ⅴ,L.P.(2008),用于酒店领域的收购。显然对于中国旅游领域的跨国投资而言,购并是最快的成长方式,而德尔在酒店收购方面的专长显然是至关重要的。

第二,投资不是由锦江集团直接发起的,而是通过锦江集团在香港上市的上海锦江国际酒店(集团)股份有限公司(简称"锦江酒店")先期在美国设立公司,再由该公司与德尔集团在美国成立各占50%股份的合营公司 Hotel Acquisition Company, LLC(简称HAC),然后通过HAC逐步合并收购美国州际集团(Interstate Hotels & Resorts)。在跨国投资与经营过程中,往往对东道国法律、税收、政策环境等诸多方面并不熟悉,而且存在着跨国投资主体的国别身份问题,使得跨国投资面临很大的投资风险和不确定性。锦江先期在境外设立公司,并通过境外公司发起购并等投资行为很好地规避了上述风险,提高了购并的成功率。其实复星集团对地中海俱乐部的收购也有类似安排。2014年9月12日,对 Club Med 每股要约出价提升至22欧元的正是由复星国际、法国私募基金 Ardian 集团、Club Med 管理层和中国众信旅游公司联合组成的投资体。如果要约得到完全接受,Gallion 将获得 Club Med 80%股份(复星拥有 Gaillon 85.1%的股权),Fidelidade 获得剩余20%股份(复星拥有 Fidelidade80%的股权)。Gallion(Holding Gaillon Ⅱ及其全资附属公司 Gaillon Invest Ⅱ)也是复星在境外设立用于投资控股的附属公司。

第三,在本次跨国收购中,华兴资本与美林分别担任德尔在中国和美国的财务顾问,对最后成功收购起到了很重要的作用。这显然是一个值得高度重视的做法,那就是在跨国购并过程中,旅游行业需要减少冲动型决策、闭门式决策,而是要更多地向其他行业学习,将财务顾问、法律顾问等对购并至关重要的业务外包给专业机构,通过专业机构的专业建议来降低购并中存在的风险,推动中国企业在旅游领域投资更好更快的发展。这一点在海航集团收购 NH 酒店集团和复星集团收购地中海俱乐部的过程中都体现得很充分。海航集团在向 NH 酒店集团发出收购意向书后就派出了包括投行顾问、财务税务顾问、法律顾问在内的项目团队进行跟进运作。复星集团在收购地中海俱乐部过程中,也专门聘请 A Capital Asia 作为财务顾问,而且财务顾问事实上还是该起收购案的"协同投资人",尽管所占股份很少。

第四,据华兴资本介绍,该项收购的缘起是德尔集团希望在中国找一个合作伙伴,联合收购洲际集团,以便在收购完成后将一些经营经验复制到中国。事实上,在正式发起收购前,德尔集团已经对州际集团进行了两年时间的跟踪。这可能从一个侧面反映出中国企业在进行旅游领域的跨国投资时,如何进一步主动获取境外标的企业的能力方面还有待进一步加强,如何进一步提高境外标的企业主动寻求国内相关企业或品牌进行合作的主动性则更是下一步需要突破的难题。

关于复星集团收购地中海俱乐部的案例,我们还需要关注两点。

第一,复星集团有清晰的跨国投资模式,其提出的"全球资源+中国动力"是其最核心的跨国投资理念。在我们积极进军国际市场,大力推进跨国经营时,国际上任何一个旅游企业都垂涎中国规模庞大且仍在持续快速增长中的中国旅游市场。相信不论是地中海与复星的合作,还是州际同意被锦江的HAC收购,抑或NH酒店集团同意海航集团的收购案,这其中都有"中国动力"的因素在起作用。如何利用"中国旅游消费动力"去整合"全球旅游企业资源",而不是"利用国外品牌整合国内市场",这恐怕是当前中国旅游领域跨国投资的重要课题。

第二,复兴集团本身在资本运作方面有着非常丰富的经验,复星集团"收购——退市(私有化)——做高估值——再上市——资本市场获利"的资本运作手法在业内并不陌生。这显然给传统旅游企业跨国投资时聚焦于标的企业或标的品牌的常规运营带来了新的思路和方向。此番复星多轮次参与收购地中海俱乐部也有私有化的计划。

参考文献

[1] 杜江.旅游企业跨国经营战略研究[M].北京:旅游教育出版社,2001.

[2] 厉新建.中国旅游业跨国(境)经营新论[M].北京:中国经济出版社,2010.

[3] 朱易兰.旅行社跨国(境)经营模式研究[D].北京:北京第二外国语学院,2006.

[4] 孙健.国际饭店集团跨国(境)经营模式研究[D].北京:北京第二外国语学院.2007.

[5] 厉新建,崔莉.中国旅游企业跨国(境)经营潜力区位研究[J].旅游学刊,2013.

[6] 高舜礼.旅游企业:跨国经营做大做强[J].WTO经济导论.2003.

[7] 马波,寇敏.中国出境旅游发展及其影响的初步研究[J].旅游学刊,2006.

(刊发于《旅游绿皮书2014》,社会科学文献出版社,2015.1.

厉新建 宋彦亭 姜彩芬)

第五篇 研究回望

发展旅游经济的几个关键问题

随着人们生活水平的提高,将会有越来越多的人走出家门去旅游。正是看到旅游市场需求的巨大成长空间,各地发展旅游经济的热情也十分高涨。不过这其中的确有很多东西需要反思,只有认真地进行客观、理性的反思,才能真正推动旅游业又好又快地发展。

能够被市场接受的资源才是真正有价值的资源。这种客观的认识来自评价资源的正确视角,也就是一定要能够跳出地方看地方,而不能站在目的地视角来看到目的地的资源。否则,很容易缺乏理性的分析与判断,总是觉得自己手中握着的都是宝贝。能否科学合理地选择目标市场,能否站在目标市场的视角来看待自己所拥有的资源,能否站在基于目标市场定位的角度看待竞争对手,进而看待自己所拥有的资源的竞争优势,是一个旅游目的地能否科学发展的前提。"螺蛳壳里做道场"即便不是不可能,其难度也是可想而知的。如果对自身资源没有科学的价值判断,旅游经济的发展无异于"无米之炊"。

有价值的资源未必一定要具有震撼效果。随着旅游开发的逐渐深入,真正具有震撼力的景观数量将越来越少;随着人们旅游阅历的不断增加,旅游景观要想让人觉得有震撼力将越来越难。随着人们出游频率越来越高,旅游目的地关注的焦点恐怕应该更多地放在整体休闲环境的营造上,应该更多地放在根据目标市场的需求变化提供打造新的产品和业态上,而不是一味地关注景区的开发建设。如果能够从这个角度去审视自身的资源禀赋,必将获得全新的认识和全新的发展空间,尤其是对于那些传统意义上的旅游资源比较贫乏的地区,如果能够在优质环境的商业化开发中密切联系周边市场的需求,一定能够形成良好的经济回报。曾有研究指出,日本轻井泽并不具有震撼力的景观,而且距离东京有 200 千米,但却分布着 1 万栋别墅和 115 家企业会所,是东京的"后花园",更成了一种关于自然、乐活、文化的生活方式的代名词。这其中的要义就在于休闲环境商业化利用、集群化开发。

唯一性资源并不是最重要的。很多地方在旅游发展过程中,总喜欢强调自身拥有资源的唯一性,总觉得围绕这个唯一性资源开发形成的产品就一定具有市场吸引力。实际上完全不是这么回事。唯一的东西是否有价值一定要考虑市场需求的问题,毕竟最终决定产品成功与否的根本在于消费者是否购买,而不是自说自话的所谓"唯一性"。如果考虑到市场流动的空间特征,我们可以发现重复的资源及其产品也不一定就没有市场,乡村旅游产品就是典型的例子。对于那些依附在特定城市外围的乡村而言,这个城市周边乡村开发的产品与另一个城市周边乡村开发的产品即便一样,也完全可以有它的发展空间,因为这两个城市消费人群的乡村旅游空间流动是具有具体指向性的,是存在地域分割而非交叉流动的特征的。

能够落地操作的理念创新才是真正有价值的创新。随着地方政府领导及旅游行政主管部门领导视野越来越广,地方发展旅游的要求也越来越高,客观上也对旅游规划编制提出了更高的要求,要求旅游规划不能千篇一律,而是要绞尽脑汁地创新。没有新观念、新思路、新模式,是很难打动地方领导的心的。这是好的一面,有助于推动规划编制水平,也有助推动中国旅游经济整体水平的提升。但事情的另一面,往往会演变为对创意或创新理念的过度关注,而忽略了具体消费业态的打造,以及消费业态的配置、组合问题。从而往往导致理念飘在天上,无法落地形成真正的市场效益。因此,主政者一定要区分清楚欲望和梦想之间的关系。有人曾尖锐地指出,欲望给人的是痛苦,梦想给人的是希望。而不切实际的梦想就是贪婪的欲望。

思路决定出路。新的理念对于一个旅游目的地的发展至关重要。但出路是需要脚踏实地走出来的,而不是思路天然地就等同于出路。一个无法落地的思路显然不可能是一个好思路。比如,虽然在桂林、杭州等地成功地打造了水景实景演出,但是这种丰富娱乐产品的思路在我国北方就未必可行,在南方成功的主题公园模式在北方也未必适用。因为北方的气候条件直接决定着这些产品的可售时间周期,而可售期的缩短必将影响着这些产品的运行成本,从而决定着它们的命运。

借鉴不是移植。后发地区之所以有后发优势,是因为可以借鉴先发地区的发展经验,少走弯路。但借鉴不等于移植,在借鉴中一定要认真分析在先发地区获得成功的旅游产品之所以成功的原因。就像市场上很多成功的企业之所以成功,未必是因为这个企业开发市场的能力有多强或者这个企业的管理水平有多高,而是因为这个企业刚好处在了市场成长周期中,是市场内在的成长推动了企业的发展。同样,某个旅游产品之所以成功,未必完全是因为产品自身的原因,而完全可能是产品与市场相结合的结果。上述的轻井泽之所以成功,完全是得益于自身良好的休闲环境和东京强大的总部经济的结合,深圳华侨城主题公园的成功一定不能忽视其所处区位巨大的客流量。如果忽略了参照对象之所以成功的内在原因的深层次总结,移植的背后就不是高额的利润,而是巨大的风险。

能够切实抓住的旅游市场才是真正有价值的市场。旅游规划不应寄希望面面俱到、全面开花,而是要遵循"极化——扩散"的非均衡发展思路,争取在关键点上的突破,通过点的突破带动面的发展。同样,从区域层面确定目标市场时,不能动不动就要瞄准全国市场甚至国际市场,而是一定要形成"主体市场+辅助市场"的认识。一个旅游目的地接待的市场人群可能来自四面八方,但并不意味着市场开发也要面面俱到,而是要明确哪些是主体市场,哪些是机会市场。只有主体市场才是一个旅游目的地发展的根本,其他市场都只是起补充的作用而已。

从消费层面则要强调中高低市场的共生发展。对于旅游目的地而言,高端市场、中端市场和低端市场各有其不同的作用,需要通过这些市场的共生发展,才能推动目的地稳定的旅游市场生态系统的形成。高端市场一般市场规模有限,对目的地整体旅游经济的带动作用也就有限,但高端市场有助于目的地树立市场形象;低端市场虽然规模较大,但是消费能力相对有限,因此它对旅游目的地发展的重要作用就在于聚集人气;而中端市场才是目的地最主要的经济收益的来源,因为它是消费能力和市场规模兼备的一部分。从营销角度看,在共生发展过程中也需要各有侧重。低端市场应该主要通过市场内在推动力实现自发性增长,而中高端市场则需要通过有效的营销体系的构建来实现竞争性增长。

应高度重视微旅游市场的开发。这将是很多旅游目的地的主体市场。从生活节奏、交通条件和便捷服务等角度看,近距离、多频次的旅游将成为旅游中的主力军。从表面看,近距离的市场规模可能比较小,但由于旅游频次高,总体的流量会很大,对旅游目的地的经济贡献总量就会形成相当大的累积效应。因此,有必要对微旅游进行深入研究。从"微"与规模、速度、质量、创新等角度进行分析,探索从微消费(单次花费少但花费频率常态化)、微项目(单体项目小但容易体现以人为本理念,而且可以通过小项目的大聚集形成群落式竞争力)、微创新(通过虽然小但具有实实在在价值的创新来降低全面创新的风险、推动整体创新水平的提升)、微循环(近距离流动、快节奏消费、多频次体验)、微调整(强调在旅游发展过程中尽量避免大拆大建,而是多采取微创手术的理念,保证目的地发展肌理的延续,推动目的地的有序更新进程)等多层面研究构建完善的微旅游发展模式。

(2012年8月应中国青年报采访而作)

文化旅游、旅游凝视及其他

一、文化旅游的诸多困惑

文化是旅游的灵魂。各地在发展旅游经济的过程中,普遍都重视文化的突出作用。但是在文化旅游发展的过程中还是有很多困惑需要破解。

非物化文化旅游资源的价值与利益分配问题。我们都知道,文化可以有多样化的存在形式,包括物化的建筑、文物等历史遗存,也包括非物化的生活方式、风土人情或者干脆就是一种隐约的感觉或氛围。对于物化的吸引物这一资源的所有权界定相对容易,但是对非物化的吸引物的资源所有权的界定缺失一个还有待深究的领域。如果这个问题不研究清楚,那么对于目的地文化旅游资源所衍生出来的利益,就难以确立一种能够让该文化的利益相关者各得其所的分配机制。尤其是在当地居民逐渐文化觉醒、分享利益的要求逐渐提高的情况下,如果不能确立非物化文化资源的价值和利益份额,恐怕文化旅游的发展也难以持续,而且这显然也不是一种负责任的旅游,不是一种建立在公平基础上的旅游。这种状况在西南民族村寨旅游过程中表现得尤为突出,并已经引起了这些区域的旅游学者的关注。

文化资源价值的甄别问题。多数情况,人们先验地认为,文化的传承和保护很重要。但是,什么样的文化应该被传承、被保护?谁有这个权利去遴选、去甄别呢?是当地居民的文化取向、外来专家的文化价值判断,抑或是旅游者的需要、投资者的偏好?

在文化旅游资源开发的过程中,形成"资源+资本"利益结构是必然的,资源没有资本难以转化为产品,资本没有资源难以凭空"下金蛋",但在"资源+资本"的结构中,更具有控制力、影响力和决定权的,往往是资本。在各地拼命招商引资的过程中,资本的力量又被无形放大了。

在这种情形下,文化传承与保护对象的选择是不是合理的、科学的? 在这个过程,我们应该如何来面对舞台化的真实与本源性的真实? 本源性的真实是不是游客所需要的? 而舞台化的真实是不是恰恰有力地推动了文化的传播与扩散呢? 舞台化的文化是不是也恰恰是一种别样的文化形式呢? 我们又应该如何认识那些因"媒体化的凝视"需要而产生的那些文化旅游资源(如影视拍摄基地等)呢?

同时,我们是不是应该进一步追问,需要被保护本身是不是昭示着被保护对象本身缺乏生命力?是不是恰恰说明被保护对象本身在时代洪流中被认同的程度的严重下降?我想,那些被尊崇、被仰视的文化一定有其内在的自主性,一定能够被人恭敬地凝视,一定有其内在的蓬勃生机。否则,恐怕更多的只能是被外来的资本所操控与利用。在文化旅游发展的过程中,这样的例子应该并不鲜见。因为很多时候,即便当地居民也未必尊崇本地文化,或者这种文化需要追溯漫长的历史才能在早已断代、消弭的文化碎片中找寻。

我们还应该关注到文化旅游的发展会不会使得复杂的文化系统被简单化、麦当劳化、符号化?这是不是能够真正在发展文化旅游的同时保护传承文化呢?是不是能够真正促进当地居民对本土文化的敬意?或者只是让当地居民惊奇地发现原来那些尘封的文化也可以成为商品,带来收益?其实我们也不难看到,随着旅游业的快速发展,有很多原住民已经开始将一些资产转让给外来的经营者,文化最重要的载体之一——当地居民开始远离旅游。这是好事还是坏事呢?

二、旅游凝视的一些问题

旅游凝视理论存在吗?国内发表了不少关于旅游凝视方面的文章,其中多数会谈到尤瑞(也译为"厄里")的旅游凝视理论。真的有旅游凝视理论吗?或者关于旅游凝视的研究究竟只是一种研究方法还是可以上升到理论的层面了呢?一般而言,构建理论需要有明确的概念和概念运用形成所发现的规律。但是在目前国内介绍旅游凝视的文献中以及尤瑞的著作中几乎都没有发现关于旅游凝视的明确概念,尽管多数人都认同旅游凝视与福柯的医学凝视相仿。另外,理论的建构多数情况非一人之力所能为,必须假借大量的相关论文文献、专著做基础,但是从目前国内介绍国外旅游凝视的文献来看,这方面的延续性文献资料似乎并不多见。在与李天元教授交流的过程中,他很关注这方面的缺陷。恐怕这是国内研究者喜欢动辄将某些新发现称为"理论"的一个写照,其实,理论的创立谈何容易。

旅游凝视与旅游体验的关系。旅游凝视所要表达的是不是就是旅游体验的问题?正如尤瑞所认为的,凝视是旅游体验中最根本的视觉特性,观光时代,"旅游业中典型的旅游体验的组织感官是视觉"。从这个角度看,我们是不是可以理解为,旅游凝视研究的主要是旅游体验中的视觉体验。

一般认为,所谓凝视,"是一种观看方式,是凝视动作——目光投射在实施主体施加于承受客体的一种作用力"。简单而言,凝视是一种关注,旅游凝视是一种旅游过程中的关注行为。那么,在旅游过程中的旅游体验是不是,都需要用"旅游凝视"这样的"观看方式"呢?

旅游体验大抵可以分为深入本质的体验和深入体验的本质这两种不同类型。前者是想深入到体验对象的本质、内核中去,后者则是想深入到体验活动的本质、终极目的中去。从视觉角度看,深入本质的体验的确需要旅游者的凝视、旅游专家的凝视、人类学的凝视。因为只有更加集中的关注、更长时间的停留、更丰富的知识储备、更强大的审美能力,才能真正了解体验对象本身。但并不是所有的人都有这种"打破沙锅问到底"的诉求,很多人之所以"离开",就是想通过这种方式来还原生活本来应有的面目,获取一种放松或自我满足,这种深入体验的本质旅游就未必需要凝视,这个过程中或许需要的是瞥视(tourist glances)、扫视、旁观者的凝视。

要想深入凝视对象的本质,需要尤瑞所说的"恭敬的凝视",而想要深入体验活动的本质需要游客自己浸入到旅游的环境中去,是一种散漫的、扩散性的行为。这时人们并不是关注于某个具体的"凝视对象",而是虚化的、整体的一种氛围与感知。在观光旅游时代,"在旅游业中典型的旅游体验的组织感官是视觉",到了现在观光旅行、休闲度假共存的时代,甚至在有些地方休闲度假开始占据主流的区域,视觉恐怕就不是最典型的旅游体验的感官组织了。"只注重景物的观光对旅游者来讲很可能是一个缺陷。视觉被认为是最肤浅的感官,妨碍这人们的旅游体验。要想获得真正的体验,旅游者应该使用其他的感官,并有足够的时间使自己全神贯注"。

尤瑞曾引述到,"我旅行是为了观察而不是为了研究"。同样,我们也可以认为,旅行是为了愉悦、为了亲身经历、为了沉浸其中,而不是观察,更不是研究,只为了消磨一段时光。我们现在的旅行究竟有多少是"思考旅行(thinking-travel)"呢?要把旅游作为一种文化传承的重要方式,恐怕我们应该更多地研究切实可行、科学有效的措施,引导游客去凝视、浸入、理解,引导人们进行有风景的旅行、有文化的旅行、有责任的旅行。

三、文化旅游中的自信与自省

要重视文化旅游中的互破互立发展。在我们的社会生活中,旅游只是文化选择的一种形式,文化延续、文化更替还会受到更多因素的影响。我们要清晰地意识到概念本身的有限性(如"旅游凝视"),我们对事物的认识需要建构于概念,但又不能局限于概念。凝视"有形的、具体的和无处不在地存在于现代社会,并象征着一种权利关系和一种软暴力"。可是外来的旅游者真的能够影响到当地文化的延续,会促进当地文化的瓦解吗?还是这种文化的变迁本来就是一种规律?我们也需要清醒地意识到,任何事物都有其内在的发展规律,都有一个自然发展的过程,文化其实也有一个自然发展的过程。任何试图改变这个自然发展过程的,最后多数会被证明是徒劳的。我们所生活的这个社会,包括这个社会中的文化,其实都是在新旧互破互立中交替发展的,汲取"旧"中合理的,去除"新"中浮躁的,延续的文化才能获得新生,抱残守缺并不是一种理性的选择。

文化自信、他信与自省。在对待文化方面，我们不仅要有文化自信，同时还要通过更多的方式（包括大力发展旅游的方式）来推动文化的扩散、传播、渗透，建立起外部世界对自有文化的理解和信任，从文化自信进一步上升到文化他信的高度上。

同时，我们在津津乐道于我们的文化，在小心翼翼保护着我们的文化的同时，也需要从文化自信的轨道不断地变轨到文化自省的轨道上，需要发现我们津津乐道、想向外来的旅游者"推广"的文化内在的不足。在这方面要有"吾日三省吾身"的精神，只有这样才能真正推动文化的大繁荣、大发展。

最后，在发展文化旅游上，我们不仅要牢记自身在优秀文化的传承方面所承担的义务，更重要的是要明确我们在文化创造上所肩负的责任。不仅要"守成"，并将前辈创造的辉煌文化交给下一代，同时也要"创新"，在前辈的基础上创造有这我们这一时代鲜明印记的新文化。只有这样，才能真正推动文化旅游的大繁荣、大发展。

（刊发于《旅游学刊》2013年11期）

谈谈旅游安全与旅游警察

一

"城门失火,殃及池鱼。"任何一件安全事故都会影响整个国家的旅游形象。对所有外出旅游的人(包括探险旅游者)来说,安全总是第一位的。马斯洛的需求层次论也认为安全需求是人的基本需求之一。柬埔寨吴哥古迹世界闻名,可其所在省份每年旅游收入只有30万美元,据其官员说主要与柬埔寨战事连天,缺乏安全保障有关,虽然当地相对还算稳定。

旅游安全问题不在于有没有注意到,而在于有没有切实去抓。因此,仅开开会,传达传达精神显然是不够的。随着旅游业不断向纵深发展,旅游安全问题再也不能不提到重要议事日程上来了。

在此我们引进一个旅游警察的概念。

1982年,泰国建立了旅游警察部队,派驻清迈等旅游城市,与当地的旅游办事处合署办公,近几年还不断完善了其职能。美国旅游当局为了改变南佛罗里达的旅游危险地的形象,在迈阿密机场一平方千米的地区驻派了28名着绿色臂章的"旅游警察"。

二

按国际标准,每万人拥有的警力数应为125,而我国目前这一数字仅为7。随着生活水平的提高,观念的更新,五天工作制的施行,将会有更多的国人涌向旅游地;随着人民币汇率的总体走势趋降,改革开放的深入,我国经济的繁荣及各种限制如签证等的放宽将吸引更多的国际旅游者入境,因此,旅游景点(区),尤其是老景点(区)的人口承载压力将继续加大(1993年10月1日岳庙与花港的游客量分别为2.45万和2.69万)。为切实加强景区治安,保障游客安全,在日趋拥挤的景点(区)设立旅游警察已成为当务之急。

笔者极力主张实行旅游警察制还基于以下几个方面的考虑:

1.顺应散客剧增的潮流

调查数据表明:英国来华旅游者中散客比重达70%,中国台湾赴大陆的散客比例更是高达80%,英国、中国台湾地区都是主要的客源市场。随着旅游客源市场的不断成熟,散客比重的上升将是一个世界性的大趋势。相应地,游客对旅游的信息的需求量也将急剧上升。

世界上旅游发达国家一般都设有信息中心,如芬兰就设有多项目、高效率的三级旅游信息网络。我国旅游业的真正发展是近十几年的事,虽然在诸如旅馆、饭店、娱乐设施等方面取得了长足的进步,但旅游的信息咨询服务设施远未能满足游人的需要,面对汹涌的散客潮更是捉襟见肘。因此,实行旅游警察制,在各景区(点)配备旅游警察,从各个方面给游客提供面对面的充满人情味的咨询服务,不仅迎合了现代人的心理需求,而且可以弥补大型旅游信息设施缺乏的不足。

旅游警察不仅可以承担向游客提供其所需信息的义务,还可以负责反馈信息的收集。"千里之堤,溃于蚁穴。"任何错误和过失都具有相当强的"穿透力"。旅游要发展,就要做到最大限度地满足游客需求,因而信息反馈与收集显得很重要。信息按其性质可分为正信息与负信息。正信息即所谓的建议,负信息即通常而言的投诉。虽然设有投诉电话,但作用却并不明显。因为从心理学角度而言,冲动(如投诉冲动)的产生与消失总是在瞬间,而惰性却无时不在(如果冲动没有合适的外界载体)。更重要的是五千年的文化积淀使国人习惯了忍辱负重——文化之邦浙江省会杭州关于消费者投诉调查发现,有过投诉经历者只占抽调总数370人中的21%;因"价值小,算了",而不投诉者204人;投诉后20%不满意,25%根本没得到回音。随处可见的旅游警察可以面对面地解决各类投诉,这种有现场办公性质的方式既提高了办事效率又增加了游客的满意度,无形中也提高了旅游地的声誉。

另外,旅游产业属于劳动密集型产业。推行旅游警察制等于创造了一个新职业,因而,可以增加相当的社会劳动就业机会。《破产法》的严格施行,全国在岗的4000万隐性失业人口和庞大的待业队伍都将给社会造成巨大的压力。旅游警察制的推行可以在一定程度上缓解劳动就业压力,有利于社会的稳定。

2.打击假冒伪劣,维护旅游地秩序

国家大力发展第三产业的政策使旅游业成了一个爆炸性的行业,旅游商品的生产与销售也成了一块有利可图的大肥肉,人人得而蚕食之。个体经济、私营经济是社会主义公有制经济的必要的、有益的补充,但是在旅游商品的生产有待大力开发,行业管理力度不够的情况下出现"外宾跑个体,内宾跑友谊"的现象,不能不给游客购物安全性画上个问号。国际贸易中有一条"两劣取其轻,两优取其重"的商务原则,但是旅游业中适用的却应是"两劣取其重,优劣取其劣"的"板桶理论"。

20世纪70年代的印度旅游业曾陷入低谷,其很重要的一点就是假劣货充斥旅游商品市场,导致旅游业声誉日下。在我国连"质量万里行组"都要打假,足见假冒伪劣之严重程度。打假贵在坚持不懈,常抓不放,而不是形式文章,突击了事。常驻景区(点)的旅游警察将有助于将打假工作日常化,将打假工作真正落到实处,使游客有一个安全放心的购物保障。

各种各样的商贩及商店进驻景区已经使景区少了几分恬静雅致而增加了喧闹的商业气息,本身已经有违游客远离尘嚣,休养身心之初衷。可恨还时有强行买卖,回扣黑店的存在。杭州有些景区还有很多四肢健全的"现代派"乞丐。抹不去这一幕:一台湾老者刚进某著名景区就被高声叫卖的"茶叶女"们团团围住,虽一再解释,但"茶叶女"们仍死缠不放。老者为脱身给先迎上来的卖茶女一些人民币,不料却招来更多卖茶女的围追堵截……如此秩序,如何叫人有安全感?如何有雅兴去接受佛光恩泽?如何去享受大自然的恩赐?

有很多景区已经意识到了问题的严重性,相应地也设立了一些机构。但往往机构太多,政出多门,容易互相扯皮,谁都可以管,谁都可以不管。以致造成管理工作的"沙漠地带",因此,有必要设立一个唯一的有权威的专门机构——旅游警察部门来避免这一管理弊病。

古人云:以其人之道还治其人之身。针对游商深得"你进我退,你退我进"的游击战术的精髓,轻松与管理人员"捉迷藏"的现状,赋予旅游警察一定范围内的执法权力,则旅游警察必会比普通管理者更有威慑力,能更有效地规范景区(点)的旅游秩序,使"以游兴商"有一个合适的度。

3.保护环境,完善安全救护系统

环境保护总是与旅游发展连在一起。游客进入风景区不可避免要产生大量的废弃物,对环境造成污染,对资源造成破坏。"磅礴五百里,奈秀甲东南"的庐山因之失去了许多光彩;黄山在旺季时每个清洁工每天要工作十几个小时;长江、珠江…… 任何一个小小的不和谐都会使景观(点)黯然失色——外国游客在欣赏灵隐石刻弥勒佛时更会盯着笑和尚嘴里的 Marlboro(万宝路)皱眉!意境无存,风光不再,怎肯回头!

在国人的眼里,清洁护卫队的工作主要是处理游客的废弃物而不是监督人员——清卫队在这方面是失败的。诚然,乱扔废弃物与游客本身的素质修养相关,但是修养素质的提高并非一朝一夕可毕之功。在没有高度自觉性的现实下,为何不人为地给他们以外界的有效的约束力?譬如,设立旅游警察。这对于以国内游客为主要目标市场的景区(点)尤显重要。

旅游业正向高层次多样化发展,滑雪、登山、探险、森林狩猎等参与型的旅游项目将会在我国生根开花。但这些项目都有一定的危险性。为了尽可能满足游客的需求,安全救护系统的建立与完善是一个必须解决的问题。

"一般说来,越是历史上与外界交往少的地区,其独特的文化体系保存越好",其文化差异越大,旅游吸引力就越大、如九寨沟、西双版纳、西藏等新兴的旅游目的地。但据《桃源观光》所载台湾观光局评估表明以上几个景区的救护系统皆属高风险级:张家界为1.6,九寨沟为1.22,拉萨为1.5,日喀则为1.5(注:不足2皆视为高风险级)。

不要说这些新的旅游地,就是老景区也几乎没什么救护系统,更不用说紧急安全救护,老景区救护系统之所以好于新兴旅游地,主要依赖于其较为发达的城市医疗救护系统。虽少数景区有医疗队,但景区内的通信现状,景区的区位及地形很大程度上影响了救护速度。一旦出现非医疗性的突发安全事故,则基本无能为力,只有等待来援。为了快速有效地进行安全救护,建立旅游警察是行之有效的方法之一。分布于景区内的旅游警察将会直接发现安全隐患并将其消除。如果真的出了问题,也能及时加以处理。如果有了旅游警察,则当年华山救险的就不是满腔热血的大学生而是训练有素的旅游警察;如果有了旅游警察,则崂山山洪中身亡的大学生中或许就有人继续燃烧他们的青春;如果有了快速反应的旅游警察,则千岛湖之惨案或可将损失降到最低……

"没有安全就没有旅游!"为了我国旅游业的灿烂明天,扛起中国旅游业这一面大旗,努力抓好安全救护系统的建立与完善工作,切盼尽快实行旅游警察制。

(刊发于《旅游研究与实践》1996.3,指导老师:陈仙波)

假日经济现象的理论透视

1996年我国国民经济成功地实现了"软着陆",从1996年到1997年,国民经济连续两年保持了"高增长低通胀"的良好态势。但是,从1997年10月开始,物价指数连续23个月负增长,社会消费品零售总额增速减缓,投资需求和出口需求下降,宏观经济运行中出现了全面的需求不足,国民经济增长速度放慢。从1998年起,中央政府采取了增发国债、扩大基础设施建设、降低利率等一系列财政政策和货币政策,通过扩大需求来保持一定的国民经济增长速度。消费需求是总需求中的一部分,具有较强的稳定性,由于我国城乡居民对收入预期的看低和支出预期的看高,尽管央行连续7次降低存款储蓄利率,对居民消费的刺激作用仍不明显,银行吸收的储蓄总额继续保持了较高的增长速度。与居民收入快速增长相反,居民消费对经济增长贡献率呈逐年下降趋势。1998年更是降到38.7%。为了促进居民消费,政府出台了多项政策,但市场普遍反应冷淡。普遍冷淡的状况中有一个突出的反常现象,那就是"假日经济现象",1999年国家出台了新的假期制度,新的假期制度作为一项鼓励消费政策收到了良好的效果。2000年五一期间,七天的长假不仅给消费者带来了更多的可用于消费的闲暇时间,给各行各业创造了众多的商业机会,也产生了种种问题。对假日经济的讨论成为近期的热点,我们认为,有必要将这一讨论引向深入。

一、假日经济的本质是什么

"假日经济"概念的提出最早是在1999年国庆节实行新的假期制度后。一般认为,"假日经济"是一个内涵广泛的概念,涉及交通、商业、旅游等领域。的确,新的假期制度给交通、商业等领域都带来了无限的商机,影响着国民经济的诸多行业。但是,对某一现象的把握必须从其本质入手,只有真正地把握了现象的本质及其内在的发生机制,才能有效地调节其运行机制,解决存在的各种问题。

"假日经济"是在国务院调整了节假日时间,通过上移下借的方法,形成了三个黄金长假期以后出现的一个新概念。本质上它是一种消费现象,是消费在特定时段内的集中体现。一般来说,人们可以利用三个闲暇时间段进行消费,即每天工作之余的业余时间、周末时间和节假日时间。由于各个时间段的长短不一,人们在不同时间段的主要消费投向是不同的。业余时间和周末时间基本上用于居住地的日常性消费,而节假日时间的消费特点是非日常性的移动消费,只有在具备较长假期的条件下,移动消费才成为可能。

随着我国经济的发展,居民收入不断提高,人们的消费能力也在不断积累,消费结构发生了很大的变化。在目前我国居民对耐用消费品的消费基本满足的情况下,对旅游消费的需求不断增长,我国国内旅游的快速发展就表明了这一点。为什么2000年五一期间会发生前所未有的大规模旅游的现象呢?旅游活动的产生有三个必要条件——旅游动机、支付能力和闲暇时间。假期制度调整以前,居民的出游受到较短的闲暇时间的限制,不可能进行长距离的旅游活动;1999年十一和春节期间,恰逢国庆庆典和中华民族传统中最重要的节日,人们的出游积极性受到很大的影响,旅游热表现得并不明显。五一期间,正好处于旅游的最佳季节,长假将人们的旅游需求突然、集中、大量地释放出来,形成了假期期间的消费热点。

居住地消费只能称为"休息日消费",较长距离的移动消费才形成"假日消费"。因为在有效需求不足的状况下,假日经济与非假日经济的区别首先必须是假日需求在增长上高于非假日的需求,在"假日经济"中必须包含有新的需求,并引致经济收益的快速增长。而假日里商场等所实现的需求并不是新的需求,虽然各商场的销售额的确比平时要多,但是正如某商场老总所说,节假日的销售只是消费者将节前或节后的购买集中到节假日而已,也就是说,商场实现的需求主要是休息日消费需求的转移实现。在假日里,只有旅游消费才表现出与平时日常性消费活动不同的特点及不同的经济影响。也正是较长的、不同于周末的假期为旅游者的远距离出游提供了必要的条件,这种远距离出游与旅游者在周末进行的短距、短期旅游有着本质的区别,旅游消费作为一种移动消费在五一期间成为假期消费的主体。在长假期间,真正产生新的需求大部分都是由于旅游消费需求拉动的,交通运输业的供不应求是由于人们出游时间集中,各地商业销售的增加额中相当一部分也是旅游者购买的结果,旅游消费表现出很强的综合性。在1999年国庆和2000年春节期间,为什么假日经济现象没有引起像2000年五一期间那么多的关注?主要是由于2000年五一期间假日消费才真正体现出了移动性旅游消费的本质特点,并在其实现过程中突出地反映出旅游消费中存在的供求不对称的大量问题,引起了旅游者众多抱怨和投诉。这正是"假日经济讨论热"的根源。

从上述几个方面分析,基本可以认为假日消费的本质是旅游消费;假日经济的本质是旅游经济。

此外,旅游经济之所以被称为"假日经济",还在于旅游经济的增长不是一种短暂的经济现象,尤其是旅游经济在假日里的增长不是一种暂时性现象,旅游经济有长远的发展空间,假日旅游经济也有长远的发展前景。据中国经济景气监测中心调查显示,城市居民在假日期间,打算外出旅游的人数比重达50%,排在第二、第三位的是文化娱乐和宴会亲朋,增加日常采购和购买大件商品已经下降至第四、第五位。旅游已经越来越成为人们消费的热点。可以预料，五一旅游热还会在今后的长假中出现，这是和旅游经济的"逆动性"密不可分的。一般的观点认为，旅游产业具有明显的脆弱性，但是，必须看到，旅游产业的脆弱性只是旅游产业发展的一个阶段性特性。当旅游活动在示范效应、经济内在推动性下成为人们生活中的必需品，形成一种社会习惯的时候，旅游产业往往表现出"逆动性"，这一点在国内外旅游发展实践中已得到验证：在1981—1982年美国经济持续17个月衰退，失业率达10.8%，国民生产总值下降2.5%，但1979年美国居民国内旅游消费1407亿美元，1984年为2170亿美元，年均增长9.1%，旅游产业提供的就业机会1974—1984年均增长32.0%；法国在20世纪70—80年代两次经济危机中，居民出游率却保持了增长，每年度假出发率1974年为50.0%、1978年为54.3%、1980年为56.2%、1983年达到了58.3%，尤其是1982年和1983年，法国政府更是将旅游产业的发展作为应付经济危机的重要内容；还有许多国家也是如此，包括英国、日本等国。我国的情况也是如此：1996年全国社会消费品零售总额的增长速度是13.2%，旅游总收入增长速度是18.5%；1997年全国社会消费品零售总额的增长速度是11.1%，旅游总收入的增长速度是25.3%；1998年旅游总收入又较1997年有10.5%的增长。旅游产业之所以能被列入新的经济增长点，主要原因在于旅游产业的特性——在整个国民经济总体增长趋缓的大环境中表现出的"逆动性"。旅游经济的这种"逆动性"在平时由于闲暇时间的限制表现得不够明显，五一长假期间则在人们旅游需求的大量释放下充分体现出来。

二、假日集中性旅游产生及其引发问题的原因及影响分析

1999年国庆节期间，全国旅游人数4000万人次，旅游花费141亿元；2000年春节期间，旅游人数为2000万人次，总花费163亿元；五一期间，旅游人数达4600万人次，总花费181亿元。长假期间，在短期内产生了大量的旅游消费现象，假日旅游的集中性十分明显。具体表现在两个方面：时间上的高度集中和空间上的高度集中。也就是说，假日旅游经济是一种集中性的消费，一种"井喷式"消费。这种消费的高度集中性及其带来的交通、住宿、服务质量等方面的问题在各种新闻媒体中已经有一系列的数据作了说明。这里所要揭示的是之所以会出现这种旅游消费高度集中的现象，是由于旅游需求的发展与实现过程中明显的阶段性特征，进而将对其带来的种种问题及其影响进行较为详尽的分析。

1. 对集中性旅游消费必须有一个客观的认识

尽管旅游消费高度集中性在此次五一期间暴露出了众多问题，但是我们仍然必须对这种现象有一个客观、全面的认识。无论是国庆节时的旅游者激增，还是春节时旅游者的大流动，或者是五一的旅游需求"井喷"现象，一方面说明在过去的若干年里居民的收入已有了长足的增长，另一方面也说明旅游消费已经逐渐成为一种社会性

现象,逐渐进入到大众化时期。这是我国国内旅游发展来之不易的良好局面,同时也是我国旅游产业发展的真正基础,是我国在激烈的世界旅游业竞争中保持竞争优势的有力砝码。这次集中性的旅游消费为旅游产业发出了一个良好的信号,再次表明,旅游产业的发展具有广阔的前景。

2.用阶段性的视角考察集中性旅游消费的成因

阶段性发展,螺旋式上升是事物发展的必然规律。因此,对假日集中性旅游消费现象要有阶段性的考察视角,应该说,长假日中旅游消费的集中性是旅游发展走向大众化早期阶段的必然现象。

由于收入分配制度及其他一系列的相关政策的综合作用,我国居民在消费结构升级上往往表现为一种排浪式消费,引发消费的"同步性震荡"。假日旅游消费的集中性就是旅游需求实现的"同步性震荡"。

我们知道,旅游需求可以分解为潜在旅游需求和实际旅游需求。由潜在旅游需求向实际旅游需求的有效转化必须具备支付能力和闲暇时间两个基本条件。也就是说,居民从产生旅游动机到真正到达旅游目的地进行旅游消费,必须同时有支付能力和闲暇时间的保证,否则,只能以潜在需求的形式存在。随着居民收入的增加,旅游消费以其能够满足多层次消费水平的特点(表现为百元级、千元级、万元级等多层次的消费水平),逐渐成为缺乏消费热点时的最佳消费选择。但是由于另一保证条件——闲暇时间不充分,需求被压抑。因此,一旦时间条件得到满足,这种潜在的旅游需求必然如同火山喷发般爆发,形成集中性旅游消费现象。

假日旅游消费的集中性现象还源于旅游者的不成熟性。五一也好,十一也罢,无论在这些假日里有多少旅游者出游都改变不了中国旅游产业处于大众化旅游的早期阶段这个现实。大众化早期阶段的旅游者总是并不怎么成熟,这种不成熟性表现在旅游目的地的选择上往往有一种从众心理。一方面,国内部分旅游者并不是为了旅游而旅游,而是出于模仿跟风性的、炫耀性的动机而出游,因此,导致国内旅游者往往通过降低旅游享受因素来实现其旅游需求;另一方面,在旅游者收集信息渠道有限的前提下,正是这种变异的旅游需求实现方式导致了在旅游目的地的选择上随大流涌向老牌景点,造成消费空间的集中。

3.集中性旅游消费的负面影响

我们不能忽略集中性假日旅游消费对旅游经济的推动作用。经过20年的发展,我国旅游业已经基本完成了规模扩张,在某些地区某些行业甚至已经出现了严重的旅游供求非均衡,旅游企业之间的竞争日益激烈,由于旅游客源的增长难以赶上旅游供给的增长,所以,旅游企业出现了经营困难的状况。此时,假日旅游消费的兴起将对旅游企业经营产生积极的拉动作用,进而对整个旅游经济产生极大的拉动作用。但是,由于现阶段的假日旅游消费往往表现为集中性的冲击性的消费,所以,在产生积极的拉动作用的同时,必然会产生一些负面影响。具体表现在以下几个方面:

第一,出现了短期内的需求集中性导致的供给短缺。

旅游产业是一个综合性很强的产业,其供给能力在很大程度上取决于国民经济相关部门的供给。民航、铁路、公路、城建、商业、景区、住宿设施等的容量与规模都会对旅游接待能力产生重要影响。假日旅游集中消费给旅游景区、饭店、交通、餐饮等诸多方面的企业带来了强烈的冲击,大规模的旅游需求在一个较短的特定时间段内集中实现,给有限的供给能力带来了极大的压力,形成短期内的需求集中导致的供给短缺。供给的暂时性短缺是产生诸多问题的根源。

第二,旅游服务质量普遍下降,旅游者和下游旅游企业的权益受到损害。

相对于旅游需求,旅游供给在一定时期内是缺乏弹性的。在假日旅游集中消费中,为了满足人们的相应旅游需求,旅游企业经营中必然出现以放弃旅游服务的深度来换取旅游服务广度的现象,加之企业在黄金假日时间里扩大营业收入与获取利润的内在冲动,必然造成旅游服务质量的全面下降。从而导致了旅游者不能按照正常的旅游计划、旅游日程、旅游规格等实现其旅游消费的现象,旅游者正常的旅游消费权益不能保证。同时,作为旅游服务提供者的旅行社企业,由于旅游者权益受损并不是其自身行为所致,超出了企业能够控制的范围,许多旅行社也蒙受了巨额损失,行业之间的纠纷也随假日的结束而大幅度上升。

第三,严重打击了旅游者的旅游消费信心。

由于假日旅游消费中存在的种种问题,旅游者的旅游信心受到打击。在此次五一旅游热中,实际上,4600万的出游人数是实际需求,而这只是巨量潜在需求中很小的一部分,有大量的潜在需求并未转化为实际需求。此前,在1999年国庆和2000年春节暴露出的问题已经使旅游者对外出旅游的困难和不愉快有了相当的认识,放弃了2000年五一出游的打算。这次旅游消费的"井喷"使大量问题得到了有史以来最集中的爆发,媒体的大量报道使"长假外出旅游难"再次在旅游者的心目中得到印证。国家休假制度作出重大调整以来,对于消费者来说,长假期成为一种稀缺资源,消费者对这一资源的配置将越来越理性。在这种情况下。旅游消费的信心受到打击,将直接使旅游者的旅游动机弱化,压制潜在旅游需求的转化,这才是五一假期旅游热中将给旅游产业带来的最大的"硬伤"。

第四,影响了景区的环境质量和旅游地居民的生活。

假日旅游的集中性消费不仅给旅游地与客源地之间的交通造成了巨大的压力,而且,由于绝大多数的旅游需求都指向著名的名胜风景区,短期内使得游客数量远远大于景区的环境承载力,影响了景区的环境质量。此外,由于需求的集中性,旅游地的基础设施供给也面临着短时间集中性的冲击,短时期冲击性供给短缺给旅游地居民的生活造成很大的不便,如果这种现象不加以解决,类似国外"反观光浪潮"的出现并非不可能。

假日旅游中出现的种种问题,很大程度上可以归结为旅游供给与旅游需求之间的矛盾。因为旅游供给天然的地域分割性和在时间分布上的均一性,旅游需求的地域集中性和时间集中性,旅游供求之间必然存在结构上的非均衡性,这种旅游供求的结构性非均衡的调整不像工业产品一样,可以通过地域之间在量上进行相应的流动和通过库存等手段对需求的时间进行调节达到均衡。在短短的7天时间里,集中了4600万旅游者,这些旅游者的目的地选择又趋于集中在若干个地区性的重点旅游城市重点景点(景区),供求的严重结构非均衡必然导致产生大量问题。

三、从旅游产业可持续发展角度作进一步的分析

从长远来看,如果不采取有力措施解决假日旅游中存在的种种问题,消除负面影响,这种集中性的旅游消费将对旅游产业的可持续发展带来不利影响。旅游产业的可持续发展框架包括经济系统、社会系统和生态系统三个子系统。就社会系统而言,必须保证社会的均等,也就是保证人们享有旅游的权利;就经济系统而言,必须保证旅游经济总量的持续增长和旅游经济效益的最大化;就生态系统而言,必须保证生态完整性,在生态环境承载能力下利用资源。

第一,社会系统方面的要求。

旅游是公民的权利,所以,大众化旅游是旅游产业发展的必然,也是旅游发展的最终目的。但是旅游大众化如果没有很好的实现方式,依然如五一等几个长假日旅游一样,"我翻山越岭,却无心看风景",那么,旅游者并不是在享受旅游的权利,而是在受苦受难。而且,我国出境旅游开放的步伐将进一步加快,人们可选择的旅游目的地将更广,如果不能有效地解决好大众化与旅游质量的关系,旅游需求的流失并不是没有可能。因此,引申而言,就是说旅游的可持续发展在社会系统方面的标志是旅游质量的可保证性。

第二,生态系统方面的要求。

虽然相对于其他产业而言,旅游产业对于环境保护有天然的内在规定性,但集中性的旅游需求不利于旅游景区景点的旅游生态的保护。因此,生态系统方面,旅游可持续发展的重要标志是旅游需求在空间和时间上保持一定程度的均衡性。

第三,经济系统方面的要求。

旅游产业经济总量的持续增长和旅游经济效益的最大化要求旅游供给与旅游需求在时间和空间上的适应性,只有旅游供求在时间和空间上保持一定的适应性,才能保证旅游供给与旅游需求在最大程度上得以实现。这里不仅有旅游供给这块资源的充分有效配置问题,而且也存在旅游需求这块资源的充分有效的配置问题,旅游需求资源的有效配置就是通过将大蛋糕切成若干小蛋糕,分而食之,这样不仅吃蛋糕的人可能吃得更好,而且可能增加蛋糕的总量(旅游需求分期实现,提高了旅游供给的保障程度,潜在旅游需求会有一个自然的释放,旅游市场整体"蛋糕"在不增加投入的状

况下将有一个较大的增长)。这其实也是一个旅游产业素质提升的问题。产业素质的提升需要供求之间有良好的耦合性,良好的耦合性将促进产业内部自增长机制的建立。旅游产业效益的提高将有利于树立良好的产业盈利形象,从而吸引投资,推动旅游经济增量的扩大。

四、促进假日旅游良性发展的对策

1.理论依据

从理论上看,这种集中性假日旅游所造成的矛盾是可调节的。如果根据产生原因进行分类,可以将旅游供求非均衡分为两类:技术性旅游供求非均衡和制度性旅游供求非均衡。

所谓技术性旅游供求非均衡,是指由于技术性因素引起的非均衡,制度性旅游供求非均衡是指由于制度性因素引起的非均衡。其中,技术性因素是指不同的国家、不同的社会制度、不同的社会生产力水平所共有的一般性因素。以往经常提到的造成旅游供求非均衡的原因,诸如"旅游需求的多样性与旅游供给主体指向性之间的矛盾""旅游需求的多变性和发展性与旅游供给的相对稳定性之间的矛盾""旅游需求的地域性和季节性"等都可以划归为技术性因素,因为这些因素在任何一个发展旅游产业的国家都同样存在。

制度性因素是指文化、体制、转轨方式、发展战略等特殊性因素。例如,我国的旅游供求非均衡就与我国所选择的旅游发展战略有关,很明显的一点就是,"入境优先,观光切入"的非常规发展战略造成旅游供给体系的国际国内非耦合可能性,进而增加了旅游供求非均衡的可能性。如果具体到假日旅游中的旅游供求非均衡问题,同样可以发现,我国现有的休假时间的制度安排正是这种供求的非均衡产生的制度性原因。研究结果表明,在多数产业内,相对于旅游需求的变动,供给状况的改善总是有一定量的滞后性,也就是说,相对于需求的可变动性,供给往往表现出一定程度的固定性。由于旅游的特殊性,这种供给的滞后性表现得更加突出,而且旅游供给有一种天然的区域分割性特征,使得面对由于特定的长假安排而集中涌来的旅游需求无法采取旅游供给的地区间移动的方式来满足需求,从而造成旅游供求在地区结构上的非均衡。

这就是旅游供求的两面性。旅游供求非均衡的两面性暗示了旅游供求之间的非均衡状况是可以通过制度安排的改进而改善的。这就是为了扶持旅游产业的发展而进行休假制度的创新。

2.因应对策的出发点

引导旅游需求,积极扩大有效旅游供给,双管齐下调节供求。这是采取任何对策都必须把握的出发点。那种认为应该以扩大旅游供给来解决旅游集中消费的做法是不可取的。旅游需求产生的特点和旅游供给实现上的特点预示了旅游产业不能以需求高峰时期来配置旅游供给，否则，必将造成资源配置的浪费，而且更为严重的问题是这种以高峰时期的需求来配置旅游供给的解决之道必将影响旅游产业的长远发展。因为随着长假的过去，这种集中性旅游消费也将进入"休眠"，扩大了的旅游供给所要求的需求量自然就下降，削价竞争很可能又一次出现，在我国旅游产业的发展历史上，这种削价竞争的影响已经不用赘述了。但是在这里必须树立一个观念，那就是，并非所有在市场上存在的旅游供给都是有效的旅游供给，也即为了满足旅游需求的有效实现，适当地增加有效旅游供给是必要，比如增加像"锦江之星"一类的符合国内旅游需求的旅游住宿设施。

在扩大有效旅游供给的同时必须对旅游需求进行引导，而且由于旅游供给调整的滞后性，积极的旅游需求调节就显得更加重要。旅游需求的调节既可以是需求实现时间的调节，也可以是需求实现空间的调节；既可以是压抑性的需求调节（如采取旺季高价的时间价格策略），还可以是释放性的需求调节（如调节假日时间的分布）。

有了上述理论基础和应对策出发点，可以设计出一个粗略的对策框架，要点如下：

——实行休假制度的创新

实行休假制度的创新是增加和调节旅游需求的有效手段之一。1996年实行双休日后，城市周边旅游开始兴起，有力地推动了旅游经济的增长；1999年实行新的休假制度后，进一步推动了国内旅游的强劲启动。所以，休假制度的创新是旅游需求扩张的有效手段。

不仅如此，进行休假制度的创新还是有效推动旅游供求实现，提高旅游质量，增进旅游经济效益的有效手段。

下一步休假制度的创新可以立足于两个方面：一方面是将带薪休假制度法律化，促进带薪休假的社会化，从而增加旅游需求实现时间的自主性，改变需求实现在时间上的冲突；另一方面是在不改变现行休假总天数的前提下，改变休假时间的空间分布，比如实现单周休一天半，双周休两天，将每周累积的休假时间集中形成若干个长假期，再由国家统一安排或（最好）由各单位自行安排这些长假期的使用。

应该说，休假制度创新后，旅游需求还将有一个长足的增长。因为在现行休假制度下，还有很多旅游需求仍处于潜在旅游需求状态，一旦有"增加长假期，从而一定程度上改善旅游质量"的"利好"消息，这些潜在旅游需求必将快速转化为实际旅游需求，成为旅游经济总量增长的有效推动。

休假制度的创新还可包括学校放假制度的创新性改革，例如，参照国外学校实行三学期制，因为现在成人出游有很大程度上是因为孩子；又如，可以积极开展修学旅游，这些休假制度上的创新都可能有效地缓解旅游需求实现的集中性问题。

——供给调节的基调及方法

供给调节的基调是不能以高峰时期的旅游需求来配置旅游供给数量，旅游供给的调节应该尽可能地通过增加弹性旅游供给的途径来解决。这种弹性旅游供给已经开始在五一的浙江杭州和福建泰宁等地出现,2000年五一在杭州出现了3家家庭旅馆,在福建泰宁的金湖风景区出现了26家家庭假日旅馆,这种利用家庭的空置房间招待游客的供给形式就是一种典型的弹性供给。

——完善旅游地信息发布系统和旅游地游客服务系统

旅游者之所以会扎堆,很大程度上是因为对旅游目的地(主要是供给状况)只有模糊的静态信息,而缺乏准确的动态信息,而且在时间约束下,对旅游需求在特定旅游目的地的实现抱有侥幸心理。因此,从长远来看,应该建立一个联合的旅游地信息发布系统,系统可以通过国家权威部门以互联网及其他传统但比较快捷的发布方式进行发布。

在近期则可以先考虑在旅游地完善游客服务系统。例如,为到达旅游目的地但没有寻找到相应旅游供给(如住宿、购票等)的旅游者提供相应的信息服务,以帮助旅游者在旅游地尽可能地实现其旅游需求。这个游客服务系统可以说是国家性的旅游信息发布系统在各旅游地的信息采供站。

——培育国民的旅游意识

培养国民的旅游意识包括通过开展某些诸如旅游消费培训的方式,帮助旅游者解开"名胜名山"情结,培养旅游者每年出游的习惯,培养旅游者对旅行社的利用从而提高国内旅游的组织化程度,使假日旅游者树立大众旅游、大众质量等的思想。

——加强旅游产品创新及新产品的营销工作

旅游产品创新包括旅游地从事的旅游产品创新和旅行社企业从事的旅游产品创新。旅游地旅游产品创新指的是旅游产品体系的完善,比如在观光旅游产品之外,积极建设度假型旅游产品、疗养型旅游产品、探险型旅游产品等,其中,度假型旅游产品又可以推出与海滨度假产品不同的山地型度假产品、乡村型度假产品,等等。

而旅行社旅游产品创新指的是通过购入外源性服务并进行创造性的组合,引导旅游者的消费潮流,将新的旅游产品不断推向老市场,不断开发新的旅游地,引导不断成熟的旅游需求,其中的重点是在于形式;将老的旅游产品不断地推向新的市场,不断维护老的旅游地的生命力,组织新兴旅游需求有序地利用老牌旅游地旅游景区,并不断培育新兴旅游者走向成熟,其中的重点在于质量。套用工业产业创新的说法,前一种是真正的产品创新,后一种是工艺的创新。

虽然旅游者在旅游地选择的时候,总是倾向于选择高知名度的旅游地,但是在旅游需求实现过于集中的假日旅游中,如果能够采取适当的营销手段,是可以吸引分流一部分客流的,从而也是借假日旅游的东风,扩大自己的影响,为旅游地的迅速成长打下基础。这其中除了采取加强相关的旅游宣传方式外,还可以采取时间价格策略和人群差别价格策略,在假日旅游高峰时段和不同人群的收入特点适当降低价格吸引游客。

——积极发展福利旅游

在西方发达国家,福利旅游又称社会旅游。福利旅游是为体现"旅游是公民的权利"而针对低收入旅游者的一种产品设计。在操作上往往采取旅游者支付一部分,由相关社会机构或政府部门支付一部分的方法。在我国发展福利旅游,一方面可以体现"旅游是公民的权利",另一方面又可以有效地平衡旅游供求的时空均衡,避免旅游需求的集中分布。

——积极改进交通调配,大力发展东西间交通,加快西部支线机场建设

交通问题继国际旅游发展初期成为产业发展的瓶颈后,随着国内旅游的兴起,又一次成了瓶颈,在现有资源基础上要加快交通资源配置的科学化、灵活化和全电脑控制化,并在交通调整上充分考虑旅游需求的地区流向。

从理论上讲,西部地区是我国旅游产业实现持续发展的战略补给区,东部地区是我国旅游产业实现持续发展的客源保证区,两者之间的有效联结必须以东西部交通的改善为前提,西部有很多具有很高开发价值的旅游吸引物,如果能够较好地解决长途交通问题,那么不仅对假日集中性旅游消费问题有很大的区域均衡调节作用,而且对整个中国旅游经济的发展都将起到重大作用。

加快西部交通设施(如支线机场)的建设要优先考虑旅游产业发展的需要。交通设施的建设不仅可以加快解除东西部之间交通的制约,而且可以有效改善西部地区内部的交通瓶颈,增强西部整体的旅游吸引力。

(删减版刊发于 2000 年 6 月 2 日《光明日报》(理论版),
作者:张辉 殷敏 厉新建 秦宇 李宏;执笔:厉新建)

关于创造未来文化遗产之灵山宣言

我们,所有出席2005年9月4日在无锡灵山举行的"创造新的文化遗产"论坛的代表——

认识到在历史发展的长河中,在人与自然的关系中,曾经产生了无尽的文明,灿烂的文化遗存到今天,令后人惊叹和景仰;

回顾了联合国教科文组织颁布的《保护世界文化和自然遗产公约》以来,在文化和自然遗产的保存、保护、展示等方面所取得的杰出成就;

注意到联合国教科文组织积极在保护、可持续性和发展之间寻求适当而合理的平衡,希望在通过适当行动促进社会经济发展和提高社区生活质量的同时,使世界遗产得到保护;

鉴于世界遗产的终极价值在于集中代表一个国家和民族的精神与文化,全面反映一个国家和民族多元的文化艺术形式,反映一个民族和国家对自身特性的认同和自豪感,以及被世界认可的程度;

注意到已经有相当数量的现代建筑或文化艺术作品被列入《世界遗产名录》;

鉴于世界遗产体系中不断增加文化景观、人类口述与非物质文化遗产、现代遗产、遗产运河,以及遗产廊道等新类别所体现出的开放性特征;

注意到在城市化进程中全球化潮流对传统城市规划理论和城市固有文化的冲击,以及因此而在城市规划、城市设计、建筑设计中所表现出的特色缺失和主体迷茫;

意识到今天的文化就是明天的文物,世界文化遗产不仅是历史留给现在的,还应该是现在留给未来的;

注意到在市场经济大潮中,尤其是旅游发展中,出现了一批先期行动者,产生了一批能够传世的好项目和文化精品。

为此,我们在认同未来遗产概念的基础上呼吁:

(1)世界文化遗产及遴选标准不应该仅限于对历史文物的保护,更应该用于未来的城镇规划、景观设计和建筑物的营建,充分发挥《世界遗产公约》的潜在影响力;

(2)创造未来遗产应该成为文化建设的重点,并通过未来遗产所蕴含的文化力量来激发民族的创造力,增强民族的凝聚力和民族认同感;

(3)要避免城市一般化、农村庸俗化、景区同质化、环境沙漠化和建筑恶俗化,避免在文明演进过程中出现实证符号创作上的当代虚无主义和民族虚无主义;

（4）不应该将对世界遗产的破坏归结为旅游的发展，尽管旅游开发可能对遗产保护存有潜在的威胁；

（5）城市设计、景观设计和建筑营建不能只追求视觉效果，而应当从情景规划和体验设计出发追求给予消费者最大的享受；

（6）在未来遗产的创造过程中，应该高度重视旅游发展所将起到的重要推动作用，同时必须以创造未来遗产作为旅游开发的重要指导思想；

（7）在无锡灵山景区先期设立未来遗产论坛，在固定的时间召开年会和相关专题活动，未来遗产论坛会址本身就应该致力于成为未来的文化遗产；

（8）成立未来遗产研究会，根据未来遗产的类型，采取先易后难、先简后繁的原则制定各类国家标准；在中国遗产保护的总框架下设计未来遗产专业委员会，在国家层面建立未来文化遗产名录；

（9）拟定《创造未来遗产国际公约》，作为开放性的公约供各有关国家和组织签署并遵行；

（10）推动未来遗产发展的全过程都需要争取联合国教科文组织及世界遗产委员会的支持，争取条件成熟后将未来遗产纳入到世界遗产系列中。

最后，我们向全国各界倡议：

未来的中国，应当为人类做出更大的贡献。中华民族的百年复兴，不仅在于经济的发展，也在于文化的复兴。这种复兴，不是传统意义上的复古，而是对中国的历史传承，是文化的创新，是国民心态的健康，创造未来的文化遗产，必将是其中的重要方面。从根本上来说，在未来遗产的创造中，应当追求项目做特，文化做深，市场做透，产品做精，服务做细，产业做强，品牌做响，发展做大。创造未来遗产，是新的事物，如果能在中国这块古老的土地上形成操作模式，创造新的经验，是我们为人类作出的贡献，更是我们为子孙后代作出的贡献。

关于休闲城市国际论坛之成都宣言

我们,所有出席 2011 年 12 月 15 日在成都举行的首届休闲城市国际论坛的代表——

意识到休闲已经成为一种重要的生活方式和基本的生活权利,丰富多彩的休闲产品和高质量的休闲服务已经成为经济发展、社会进步和文化繁荣的重要内容;

注意到在我国社会经济转型发展过程中,快速经济增长并没有同步带来普遍的幸福感的提升,人们在紧张的工作中常常忽视了生活本来的意义;

意识到人类社会经过数千年的演进,正在向着更高层次地提高生活质量、坚持以人为本、促进和谐发展的方向迈进,世界各国政府均在着力促进经济发展和解决民生问题;

注意到我国有些地区和城市在继承独具特色的地方休闲传统的同时,积极尝试进行休闲供给创新,在满足休闲需求、加快旅游转型发展方面作出了突出贡献。

为此,我们在认同"休闲创造幸福"理念的基础上呼吁:

(1)各级政府都有义务加强休闲教育,引导人们树立正确的休闲观,倡导树立新的财富观念,鼓励充满活力的、健康的生活方式,承认并保证所在区域公民的休闲权利,积极推动带薪休假制度的落实。

(2)休闲应作为改善社会人群普遍存在的亚健康状态的最积极、最廉价、最有效的手段之一,最大限度地开放辖区内的休闲资源和休闲空间,并为后代人的休闲需求保护好自然、人文和社会的休闲环境。

(3)政府应当高度重视休闲机会的均等化问题,确保人们基本的休闲需求得到满足,而商业运营机构则应通过积极的创新,丰富商业性的休闲供给,满足人们更高层次的休闲需求。

(4)各地应充分挖掘当地的休闲文化传统,发展独具地方特色、具有差异化和竞争力的休闲产品,并处理好本地人群和外来人群、基础人群和高端人群、主体人群和弱势人群的休闲需求关系。

(5)充分认识到休闲发展对现代化发展具有重要的战略意义,认识到休闲能够创造快乐生活、创造就业机会、创造更多财富。尤其要在全球化竞争的背景下来认识乡村休闲发展对于创造乡村就业、促进城乡统筹、繁荣乡村经济的重要作用。

(6)重新审视因盲目混乱发展而被忽略了的休闲功能,优先并充分利用城市及城市周边的各种资源和条件,大力开发多种多样的休闲设施和产品,改善休闲服务,提升人民的生活水平,提高地区的发展质量。

(7)加强休闲管理中的制度供给,突出休闲标准的引导作用,积极推进城市休闲空间规划、休闲环境整治、休闲设施建设、休闲产品供给等方面的科学发展,逐步完善"休闲社区——中央休闲区——休闲城市"的整体架构。

(8)加强对休闲创新的制度性激励,重视休闲领域的民间投资,重视休闲与其他相关产业的融合发展,要围绕需求链、形成服务链、培育产业链、扩大产业面、壮大产业群,全面推动休闲产业群的形成。

(9)加强休闲教育、休闲文化、休闲产业等领域多方面、多层次的区际交流和国际交流,互相借鉴休闲发展的优秀案例和先进经验,共同推动休闲产品、休闲服务、休闲品牌的国际化发展。

(10)通过多样化的渠道,使休闲产品与服务相关信息为最广泛的消费人群所获知,采取实质性措施来提高人们最基本的休闲技能,拓展人们对新兴休闲方式和休闲业态的认知,丰富人们的休闲选择,改善人们的休闲体验。

最后,我们向全国各界倡议:

未来的中国,应该为世界发展作出更大的贡献。贡献的动力来自经济的发展、社会的进步和文化的复兴。而文化的复兴,既包括文化的传承,也包括文化的创新。从容的人生、休闲的生活不仅是社会进步的表现,也是文化创新的基础。因此,我们需要在快乐中发展经济、在休闲中创造财富,我们需要致力于适应玩的心态、研究玩的学问、建设玩的项目、开拓玩的市场、培育玩的氛围、追求玩的艺术、丰富玩的功能、创新玩的产品、创造玩的文化、谋求玩的财富。相信这样,我们一定能够在休闲中创造幸福,享受安逸人生。

"中国服务"发展论坛之泰山宣言

我们,所有出席2012年8月25日在泰安举行的第三届"中国服务"发展论坛的代表——

意识到在全球一体化背景之下,服务业与服务贸易的发展已经成为各个经济体中结构优化的重点,也成为一个国家发展水平的重要标志。今天,服务业和服务贸易的发展又成为应对金融危机的有效手段、促进经济复苏的重要动力、赢得全球竞争的关键要素;

关注到中国经济发展正经历着从依托资源和廉价劳动力制造物质产品向创造智慧、提升服务、建设文化方面的深刻转型,服务业的发展必将成为中国从工业化阶段向后工业化社会过渡的战略核心;

认识到人类社会在发展农业解决温饱问题、发展工业解决短缺问题之后,必将大力发展服务业,以集中解决便利问题,形成高效率的竞争模式和新的生活方式,并通过服务业与其他产业的融合带动传统产业的转型与创新;

注意到中国不少地区和企业因应社会、经济、技术、环境等方面的变化,积极推进服务化战略,通过服务制度、服务业态、服务模式、服务流程等创新形成了新的运作优势,在"中国制造"向"中国服务"转型方面作出了积极贡献;

感受到中国服务业发展质量与发达国家相比有很大差距,连续多年服务贸易逆差仍然持续,服务业状况与公众的要求严重背离。

在前两届"中国服务"发展论坛的基础上,我们认同"服务创造文化,文化引领服务"理念,共同呼吁:

(1)政府应当高度重视"中国服务"。将"中国服务"作为国家战略,建设成新的国家符号和国家品牌,与"中国制造"共同构成经济振兴和文化繁荣的两翼。为此:

——应当全面制定服务业发展规划,科学统筹基础服务、消费服务和公共服务的发展,全面提升服务产业素质,提高社会民生福利水平。

——应该简化服务业的行政性审批,扩大服务业市场对内、对外开放,增加服务业发展用地,深化政府服务的市场采购,加大服务人才教育培训投入,通过不断优化发展环境来激发服务业发展的投资热情和创新活力。

——要解决好公共服务均等化问题,确保人们的基本服务需求得到满足。企业应通过积极创新,研发具有自主知识产权、差异化和竞争力的服务产品和品牌,丰富商业性服务供给,满足人们更高层次的服务需求。

(2)应当充分认识服务业的本质就是以人为本。无论技术如何进步,以人为本仍是所有服务的出发点和落脚点。

(3)积极应用现代理念、新兴技术。研究探索服务新业态,推进服务市场新细分,坚持大项目带动、集聚化发展、标准化规范,在裂变与融合的双重推动下,不断壮大市场需求,拓展发展新方向,提升服务业的市场竞争力。

(4)适应全球化的竞争环境。发挥企业在服务业创新发展中的主力作用,培育强大的国际化服务企业集团。能够应对差异化国别环境和服务需求,服务企业要能够"走出去",发挥优势、把握市场、树立品牌。

(5)加强服务模式、服务业态等多方面、多层次的交流与研讨。借鉴服务创新发展的经验,树立服务业的知名品牌,丰富中国服务的理念,向世界展示中国服务的魅力。

(6)旅游业率先倡导、践行"中国服务"。作为改革开放的先行,服务发展的先导,旅游业从服务环境、服务设施、服务人才、服务意识、服务效率、服务文化等方面已经创造了丰富经验,需要进一步探索构建完善的体系,形成国际竞争力,真正成为"让人民群众更加满意的现代服务业"。

最后,我们向全国各界倡议:

工业化、城市化、全球化进程中的中国,正面临服务业大发展的机遇,同时也面临着服务贸易竞争的巨大压力,只有政、产、学、民、媒等各方共同努力,协力营造良性互动的环境,将服务业发展上升到国家战略的高度、文化创造的广度、以人为本的深度,才能谋求中国服务的增长速度,达到中国服务的发展强度,形成中国服务的文化气度,展现中国服务的翩翩风度,共同创造"中国服务"的国家品牌!

国际旅游度假目的地舟山宣言

我们,所有出席2014年12月21日在舟山举行的首届"国际旅游度假目的地"论坛的代表——

意识到随着中国经济进入新常态阶段,走过了三十多年的中国旅游发展也正在进入新常态阶段。在旅游发展的新时期,传统旅游消费将加快转型,休闲度假需求将持续上升。经济的发展、社会的进步、文化的繁荣将促使人们越来越多在工作与闲暇之间进行合理有序的资源配置,休闲度假将在人们的生活中扮演越来越重要的角色。

注意到中央政府高度重视休闲旅游发展在改善国民人文素养、提升国民生活质量、活跃国内消费市场、提高社会发展质量等诸多方面的突出作用,连续发布了《关于促进旅游业改革发展的若干意见》等多个推动旅游业改革发展、促进休闲消费的重要文件,专门部署旅游休闲消费升级的重点领域和具体措施。

注意到不断适应新市场、新需求,不断挖掘旅游消费新潜力、不断激发旅游发展新活力将成为旅游目的地发展的新常态。对于先行的、已有较高知名度的旅游目的地,二次创业、转型发展是永恒的话题;对于后发的、起步伊始的旅游目的地,如何面对迭代的消费市场寻求创新突破则是棘手的难题。

意识到我们身处开放的世界,跨越边界的自由旅游流动意味着旅游目的地将要面对的是拥有着国际视野的全球化的消费者;虚拟世界里广泛迅捷的旅游信息分享机制意味着旅游目的地将要面对的是拥有着全球资源的挑剔的消费者。开放的世界为我们带来全球化的旅游者和全球化的竞争者。

为此,我们呼吁:

(1)更加积极地响应国家大力发展入境旅游的号召,开发多层次、谱系化的旅游度假产品,适应旅游度假信息获取的在线化大趋势,努力改进国际市场营销的措施,吸引更多高质量的国际入境客源,推动国际游客更深入地来华休闲度假,更真切地体验"美丽中国"。

(2)跳出观光型旅游发展的"路径依赖",充分利用好中国在休闲度假领域的后发优势,加强对国际上各种休闲度假类型的学术研究,充分吸收国际上旅游发达国家在休闲度假发展上的经验和教训,在休闲度假的新轨道上少走弯路、创新发展、超越发展。

(3)高度重视理念的国际化,理念的国际化远比客源国际化重要,也更能产生深远而持久的影响。不用简单复制的方式建设国际旅游度假目的地,而是要消化吸收国际上休闲度假产品开发的前沿理念、休闲度假设施设计规划的科学基准、休闲度假利益分享机制的普适精神。

(4)深入剖析旅游度假目的地发展的国际成功案例和国内典型样板,充分借助国际顶尖学术团队的外脑力量,加快制定国际旅游度假目的地规划、建设、管理、运营等方面的综合性标准,引导各地科学、有序、健康地建设旅游度假项目、开发旅游度假产品。

(5)高度重视旅游度假软环境和硬环境的建设,把自然环境、社会环境、技术环境等环境建设视为休闲度假目的地的生命。完善多元、智能的休闲度假公共服务体系,营造"轻松度假、悠闲度假、惬意度假"的休闲度假大环境。区别对待旅游度假开发建设过程中景观性用地与项目性用地,营造"放心、舒心、开心"的休闲度假小环境。

(6)自觉践行全域化发展的理念,跳出观光旅游目的地节点型发展的老路子,走出休闲度假目的地板块型发展的新路子。用生态群落的理念大力推进休闲度假产业项目的发展和休闲度假产品的开发,致力于构建休闲度假生态圈,最终建成"无处不风景、无处不休闲、无处不度假"的全域化、国际化的旅游度假目的地。